Tatjana Kuschtewskaja

Der Baikal

Geschichte und Geschichten
rund um den Baikalsee

Aus dem Russischen von
Stanislaw Deschurow

Berlin 2009

Tatjana Kuschtewskaja, geboren 1947 in der Turkmenischen SSR in der Wüstenoase Dargan-Ata; verbrachte ihre Jugend in der Ukraine; Studium der Musikpädagogik an der Musikhochschule von Artjomowsk (Diplom); arbeitete acht Jahre lang als Musikpädagogin in Jakutien; 1976 bis 1981 Studium an der Fakultät für Drehbuchautoren der Filmhochschule Moskau (Diplom), wo sie 1983 bis 1991 einen Meisterkurs für Drehbuchautoren leitete und als freie Journalistin tätig war; verfaßte zahlreiche Drehbücher und Reportagen; unternahm Reisen durch alle Regionen der ehemaligen UdSSR; lebt seit 1991 in Deutschland.

Veröffentlichungen (in deutscher Sprache): „Ich lebte tausend Leben", Velbert, 1997; „Russische Szenen", Berlin, 1999; „Mein geheimes Rußland", Düsseldorf, 2000; „Transsibirische Eisenbahn", Berlin, 2002; „Die Poesie der russischen Küche", Düsseldorf, 2003; „Meine sibirische Flickendecke", Düsseldorf, 2005; „Hier liegt Freund Puschkin. Spaziergänge über russische Friedhöfe", Düsseldorf, 2006; „Sibirienreise - die Lena", Berlin, 2007; „Küssen auf Russisch", Düsseldorf, 2007.

© 2009 Tatjana Kuschtewskaja und Wostok Verlag
Lektorat: Britta Wollenweber
Übersetzung: Stanislaw Deschurow

Umschlag und Layout: Peter Franke, Wostok Verlag
Fotos: Privatarchiv der Autorin; Franz Kiesl; Marlies Ritter; Artjom Tokmanow; Wostok Verlag
Foto der Autorin: Klaus Kammerichs
Satz: Wostok Verlag - Berlin
Druck und Einband: Druckhaus Köthen - Köthen
Printed in Germany 2009
Wostok Verlag, Am Comeniusplatz 5, 10243 Berlin
Im Internet: www.wostok.de

ISBN 978-3-932916-45-8

Inhalt

Den Baikal im Herzen

Dürfte ich einen Augenblick meines Lebens noch einmal verleben, so würde ich diesen einzigartigen Moment wählen, als ich den Baikal zum ersten Mal sah. Aus irgendeinem Grunde fällt es mir schwer, mich an all jene Orte zu erinnern, die mir früher Heimat waren, die Orte in der Wüste, an Flüssen, inmitten von Wäldern und am Rande der Steppe. Und selbst das Städtchen meiner Kindheit scheint mir fremd zu sein. Als ob ich in meiner nostalgischen Erinnerung an der Grenze des Baikal stehengeblieben wäre, eine Grenze, die ich nicht überschreiten kann.

Der Baikal ist zu meinem Paradies auf Erden geworden. Doch als mich einmal jemand fragte, was denn nun das Besondere an der am Baikal verbrachten Zeit gewesen sei, stammelte ich Unverständliches. Ich wußte nicht - und weiß es bis heute nicht -, wie ich erklären sollte, daß der Baikal der einzige Platz auf der Welt ist, an dem man sich nicht fremd fühlt. Mir war damals, als ob ich unvermittelt in die Welt meiner Träume geraten wäre. Ich trat durch die Zaubertür, die jemand schon lange Zeit für mich geöffnet hielt. Gerade auf dem Baikal fühlte ich erstmals eine ungewöhnliche Beziehung zur ganzen Welt. Nach den Worten des Anthropologen Marc Augé könnte es das Alter des Sees von 25 Millionen Jahren sein, das uns überzeugt, daß „die unvergängliche Zeit uns gehört und wir neben dem bestehen, was immer an diesem Ort bestanden hat".

Oftmals wanderte ich mit meinen sibirischen Freunden in den Bergen am Baikal, wir durchstreiften die Buchten und Täler am herrlichen See, überquerten das „sibirische Meer" nicht nur einmal mit Booten und auf Motorschiffen. Kleine Anlegestellen, still und malerisch, und Wanderer, die entlang der Straßen schreiten, und die Lichter der weiten Baikalsiedlungen und die Schiffe wie schwimmende Paläste aus dem Märchen - all das erscheint mir auch heute noch in meinen Träumen, und mitweilen höre ich die Signale der Schiffe in einem Konzert mit dem unendlichen Klang der Hunderten Baikalglocken. Die Sibirier galten landläufig als rauh und finster. Ich fand jedoch schnell Freunde. Und gemeinsam entdeckten wir immer neue unerforschte Winkel des Baikal. Für uns alle war und ist der Baikal ein Wunderland - Terra magica. Für Wissenschaftler bleibt er bis heute Terra incognita, denn seine Natur und Geschichte bergen viele Geheimnisse und Rätsel.

Wenn der Baikal all jene, die von weit hierher kommen, so stark in seinen Bann zieht, was soll man dann von jenen sagen, die hier geboren sind? In der Tat verlassen nur wenige aus freien Stücken den Baikal. Und wenn einer doch weggeht und das Meer, das Heim, die Freunde, die Ruhestätten seiner Vor-

fahren hinter sich läßt, so leidet er sein ganzes Leben lang an Heimweh. Denn die Macht des Baikal über die Seele ist grenzenlos. Ich denke an einen Bekannten - Maler und am Baikal geboren. Er fand in Berlin ein neues Zuhause, doch nach wie vor ist sein künstlerisches Sujet der Baikal - Blockhäuser, die Taiga, die riesigen sibirischen Zedern - Zirbelkiefern, wie sie hier heißen. Er malt Stilleben mit in Netzen gefangenen Fischen. Er hat vielleicht schon alle Olivenhaine des Mittelmeerraumes durchwandert und die schönsten Landschaften Europas besucht, doch in seiner Kunst bleibt der Baikal das vorherrschende Thema.

Am Baikal gibt es einen Ort, den ich ganz besonders mag. Vielleicht ist es am besten, den See gerade von hier aus kennenzulernen. So lade ich Sie am Anfang unserer Baikalreise dorthin ein - nach Listwjanka.

Kleine Anlegestellen, still und malerisch...

Die Straße von Irkutsk bis zur Baikalsiedlung Listwjanka führt den Baikaltrakt am rechten Angara-Ufer entlang - eine Strecke von 68 Kilometern. Man kann den Baikal mit dem Auto innerhalb von vierzig Minuten erreichen. Ich nahm stets den Linienbus. Und der startet nach wie vor um neun Uhr morgens vom Busbahnhof Irkutsk. Die Busfahrt dauert wenig mehr als eine Stunde. Man kann natürlich auch mit dem Schiff nach Listwjanka fahren. Das eine legt um zehn Uhr morgens ab, ein zweites um elf Uhr. Mit Bus oder Auto fährt es sich jedoch besser, denn rechts und links der Straße gibt es vieles zu entdecken. Nur wenige können sich heute noch daran erinnern, daß diese Straße in Rekordzeit asphaltiert wurde. Geplant war am Baikal ein Treffen des Generalsekretärs der KPdSU Nikita Chruschtschow mit US-Präsident Dwight D. Eisenhower. Das Treffen wurde jedoch abgesagt: Am 1. Mai 1960 war über dem Ural ein amerikanisches Spionageflugzeug vom Typ U-2 - am Steuerknüppel saß Oberst Francis Powers - vom sowjetischen Militär abgeschossen worden. Auf dieser Straße reiste Jahrzehnte zuvor der russische Schriftsteller Anton Tschechow mit einem Pferdegespann, und in seinem Tagebuch notierte er: „Wir fuhren am Ufer der Angara zum Baikal... Die Ufer sind malerisch. Berge und Berge. Die Berge durchgehend bewaldet. Das Wetter war wunderbar, still, sonnig, warm; ich fuhr und fühlte aus unverständlichem Grunde, daß ich ungewöhnlich gesund bin, mir ging es unbeschreiblich gut."

Wie oft bin ich selbst auf dieser Straße zum Baikal gefahren? Sehr oft. Ich lebte einige Jahre in Lensk am Ufer der Lena, und das ist nach „nördlichen" Maßstäben nicht wirklich weit entfernt. Alles wird ja heutzutage gemessen und in Zahlen ausgedrückt. Und die Anzahl meiner Baikalreisen ist der Zahl „google" gleich. Sie bedeutet „soviel man möchte".

Um einmal mit dem Schiff den ganzen Baikal zu umrunden - das sind etwa 2 000 Kilometer -, braucht man zwischen zwei bis vier Wochen. Vor dreißig Jahren konnte man für 35 Rubel ein Ticket für einen Deckplatz auf dem damals einzigen Passagiermotorschiff „Komsomolez" kaufen. Man schlug dann sein Zelt auf dem Deck auf, und schon begann die Kreuzfahrt. Das letzte Mal absolvierte die „Komsomolez" die Baikalkreuzfahrt in den 70er Jahren. Später fuhren wir mit dem rostigen Pott „Sewan", dessen Kapitän wir persönlich kannten. Die „Sewan" schob Holzflöße. Im Sommer 2003 verwandelte sich der alte Kahn nach einer Generalüberholung allerdings in ein schwimmendes Vier-Sterne-Hotel und wurde zum besten Kreuzfahrtschiff Sibiriens und dem komfortabelsten auf dem Baikal. Das schneeweiße Drei-Deck-Schiff trägt heute den Namen „Nikolai Jeroschtschenko". Der Großunternehmer Nikolai Jeroschtschenko war in den 90er Jahren des 20. Jahrhunderts stellvertretender Gouverneur des Gebietes Irkutsk.

Am Baikal gibt es beinahe keine Siedlung und keine Bucht, die ich nicht besucht habe, und es gibt keine Insel, auf der ich nicht wenigstens einmal gewesen bin. Im nördlichen Baikalgebiet sahen wir oft Bären, besonders viele leben in den Naturschutzgebieten Baikal-Lena und Bargusinski. Für diese Touren mußten wir stets einen Führer mit Gewehr mitnehmen. Diesen Reisen habe ich Hunderte Seiten meines Tagebuches gewidmet, und dank dieser Notizen kann ich mir vieles wieder in Erinnerung rufen.

Weckt man mich mitten in der Nacht und fragt: „Wo liegt die Höhle, in der sich die Robben mit rotem Ocker behandeln?", so antworte ich wie aus der Pistole geschossen: „Die Robbenhöhle befindet sich an der nordöstlichen Seite des Kaps Sagan-Morjan." „Wo findet sich der singende Sand?" - „Auf dem Kap Turali!" „Wie kommt man zum Kap Chorgoi?" - „Man biegt an der Siedlung Chadaja ab und legt dann noch etwa sieben Kilometer zurück."

Von Irkutsk erreicht man den Baikal mit dem Auto innerhalb von vierzig Minuten

Die meisten Menschen ziehen es vor, den Baikal im Sommer zu besuchen. Doch selbst in der warmen Jahreszeit stellt der Baikal - der wohl unruhigste Binnensee auf der Erde - oft seinen stürmischen Charakter unter Beweis. In der Mitte des Sees - zwischen den Inseln Olchon und Bolschoi Uschkani - schlagen die Wellen fünf Meter hoch. Ich mag den Baikal zu jeder Jahreszeit, ganz besonders aber im März und April. Denn zu dieser Zeit feiert man im Freilichtmuseum „Talzy" - es liegt bei Kilometer 47 an der Straße von Irkutsk nach Listwjanka - das, wie ich meine, schönste Baikalfest. Es ist das heidnische Fest der Begegnung mit dem Frühling „Masleniza", das auf eine mehr als tausendjährige Geschichte zurückblicken kann! Die Männer in Listwjanka sind in dieser Zeit wie überall am Baikal vor allem mit Eisangeln beschäftigt. Es ist die Zeit, da die Sonne blendend scheint, der weiße Schnee funkelt und glitzert; und durch das Eis kann man die sich im durchsichtigen Baikal-wasser tummelnden Fische bestaunen. Während der Eisangelweltmeister-schaft im Jahre 2007 haben die rund 200 teilnehmenden Sportler innerhalb von drei Stunden 750 Kilogramm Fisch gefangen. Ich war Augenzeugin, als mein Freund, ein großer Liebhaber des Eisangelns, in eben drei Stunden vier-einhalb Kilogramm Fisch aus dem Wasser geholt hat, darunter einen 820 Gramm schweren Barsch.

März und April - das ist auch die Zeit der Ausflüge mit schneegängigen Fahr-zeugen auf dem Baikaleis. Ich mag besonders die „Goljadki" - so nennt man die glatte, schneefreie Eisfläche des Baikal. Hier fährt es sich besonders gut. Vorbei geht es an Eisgrotten mit gigantischen Eiszapfen, an Eisfelsen, die sich bis dreißig Meter hoch auftürmen! Den Baikal besuchen, ohne einmal auf dem Eis zu übernachten? Wer es riskiert, wird durch den „nächtlichen Ge-sang" des Baikaleises belohnt. Was für ungewöhnliche, geheimnisvolle, zau-berhafte Laute!

Ich habe das Buch so angelegt, daß wir von Listwjanka aus den gesamten Baikal umwandern und umfahren; zuerst geht es die Westküste bis zum Nord-baikal hoch und anschließend die Ostküste hinunter bis nach Kultuk und wei-ter nach Irkutsk. Das Buch enthält zahlreiche Berichte über die Abenteuer aus meinen Baikaltagebüchern, ein Wörterbuch der burjatischen Schamanenbe-griffe, eine Karte und praktische Ratschläge.

Doch widmen wir uns zunächst der Herkunft des Namens „Baikal", der Ge-schichte des Sees und seinen Besonderheiten.

Der Baikal wurde erstmals im Jahre 110 vor unserer Zeit urkundlich erwähnt. In den Notizen eines chinesischen Diplomaten lesen wir von einem „Nördli-chen Meer" - „Bei-Chai". Wer weiß, vielleicht ist diese Bezeichnung in leicht abgewandelter Form in die russische Sprache eingegangen! Es gibt indes noch andere Erklärungen: In der Sprache der Turkstämme bedeutet „bai-kul" „rei-cher See". Das Turkvolk der Kurykanen, auch Guliganen genannt, kam im 6. bis 10. Jahrhundert aus dem Osten zu seinen Ufern. Sie trafen hier auf die Urbevölkerung - die Ewenken. Das traditionelle Leben der Ewenken - sie gin-gen dem Fischfang nach, sammelten Beeren und züchteten Rentiere - wur-de weder durch die turkische Invasion noch durch die der mongolischspra-chigen Urahnen der heutigen Burjaten im 13. Jahrhundert verändert. Der Je-nissej-Kosak Kurbat Iwanow traf wieder vier Jahrhunderte später, im Jahre 1643, auf die Burjaten als alleinige Herrscher des Baikalgebietes. Iwanow fer-tigte „die Zeichnung vom Baikal und von den in den See mündenden Flüs-sen" an. Es war die erste Beschreibung des riesigen Gewässers. Die erste wis-senschaftliche Darstellung stammt jedoch erst aus dem Jahre 1729. Sie floß

aus der Feder des Deutschen Daniel Gottlieb Messerschmidt, der von Zar Peter I. beauftragt worden war, Sibirien zu erforschen.

Die Wissenschaftler kamen bereits im 19. Jahrhundert zu dem Schluß, daß der Baikal einzigartig ist. Das russische Akademiemitglied Wladimir Obrutschew, der viel über den Ursprung des Sees forschte, arbeitete die Lehre über die Bewegung der Erdkruste aus. Die Mitglieder der russischen Geographischen Gesellschaft Benedikt Dybowski und Viktor Godlewski, die ebenfalls über den Baikal forschten, legten die Grundlagen einer neuen Wissenschaft - die Limnologie ist die Wissenschaft der Binnengewässer und ihrer Organismen. Das Institut für Limnologie der Russischen Akademie der Wissenschaften befindet sich in Listwjanka.

Anfang des 20. Jahrhunderts wurde der erste Baikalatlas zusammengestellt, es gab erste Angaben über die Tiefe des Sees. Echte Sensationen erwarteten die Wissenschaftler im Jahre 1977. In die Tiefen des Baikal tauchte erstmals das Tiefwassertauchgerät „Paisis". Dessen starker Lichtstrahl entriß dem Dunkel der Jahrmillionen einige Geheimnisse.

Erstens. Das Relief des Baikalbodens erreichten weder „Paisis" noch spätere modernere Geräte. Sie kamen bis in eine Tiefe von 1 637 Metern. Es gelang nicht, noch tiefer zu tauchen. Doch Wissenschaftler meinen, daß dies nicht der tiefste Punkt des Sees ist.

Zweitens. Wie es scheint, stellt der Baikal eine Riftenschlucht - eine gigantische Grabensenke - dar, die zwischen fünfzehn und zwanzig Kilometern in die Tiefe reicht. Solche Gräben gibt es nur am Rande der ozeanischen Bergkämme.

Drittens. Der Baikal hält mit Blick auf sein Alter den Rekord unter den Binnengewässern der Welt. Er entstand vor 25 Millionen Jahren. Sein Becken faßt zwanzig Prozent der Süßwasservorräte der Welt. Wissenschaftlern zufolge kann die Menschheit, falls aus irgendeinem Grunde das saubere Trinkwasser auf unserem Planeten versiegen und nur der Baikal bleiben würde, mit seinen Vorräten noch vierzig Jahre leben.

Viertens. Wir sagen Baikalsee. Es gibt jedoch die Theorie, daß der Baikal kein See und kein Meer, sondern ein künftiger Ozean ist. Die Seeufer entfernen sich auch heute mit einer Geschwindigkeit von drei Zentimetern im Jahr voneinander, was nach Aussagen von Wissenschaftlern überaus schnell ist. Die vor Millionen Jahren begonnenen unterirdischen Verschiebungen spüren die Baikalbewohner am eigenen Leibe: In der Region werden jedes Jahr im Durchschnitt 2 000 Erdstöße verzeichnet. In der Regel gibt es keine Opfer, aber 1862 wütete die Natur dermaßen, daß 200 Quadratkilometer Erde mitsamt den burjatischen Siedlungen vom Wasser des Baikal verschlungen wurden. Dieses Gebiet trägt bis heute den Namen Prowal (Bruchstelle) und befindet sich an der Ostseite des Baikal unweit des Selenga-Deltas.

Fünftens. Nach jedem starken Erdbeben sinkt der Baikal drei Meter ab. Selbst die genausten Angaben und Karten sind also stets schnell überholt.

Sechstens. Das Leben im Baikalgebiet ist voller Widersprüche. Man sollte denken, daß die unruhigen Erdbewegungen einen solchen Reichtum an Naturformen nicht erlauben würden, doch weit gefehlt! Der Baikal steht in Rußland auf Platz eins mit Blick auf endemische Lebensformen, das heißt Pflan-

Der Besuch des Baikal ist zu jeder Jahreszeit interessant

zen und Tiere, die nirgendwo sonst auf der Erde vorkommen. Der „schmackhafteste" Endemiker ist der Omul, der Baikallachs. Der „sympathischste" Endemiker ist die Baikalrobbe. Und der „fleißigste" Endemiker ist der Flohkrebs Epischura (Amphipoda). Er ist der wichtigste „Reiniger" des Sees. Das Baikalwasser kann man trinken, ohne es vorher abzukochen.

Flächenmäßig nimmt der Baikal den achten Platz in der Welt ein. Größer sind nur der Victoriasee in Afrika, das Kaspische Meer und die fünf Großen Seen in den USA. Aber kein Süßwassersee der Erde kann sich mit Blick auf Tiefe und Klarheit mit unserem „ruhmreichen Meer", wie wir Russen den Baikal nennen, messen. Wissenschaftler des Nowosibirsker Akademgorodok (Akademiestädtchen), darunter der Ökonom und Mathematiker Abel Aganbegi-

an, errechneten einmal, was das Baikalwasser kostet. Und sie kamen zu dem Schluß: Sauberes Wasser in der Zusammensetzung und Qualität des Baikalwassers steigt im 21. Jahrhundert im Preis auf das Hundert- bis Tausendfache! Kann man dies mit dem Wert des Zellstoffes vergleichen, den das am Ufer des Sees befindliche Papier- und Zellulosekombinat produziert?

Bis Ende 2009 werden die Tiefwassertauchgeräte „Mir-1" und „Mir-2" noch zur Erforschung des Baikal eingesetzt. Ziel der Expeditionen ist, neue Er-

Die Länge der Küstenlinie beträgt etwas mehr als 2 000 Kilometer

kenntnisse über die Tier- und Pflanzenwelt zu sammeln und nach archäologischen Spuren zu suchen. Finanziert wird dieses bislang größte Forschungsprojekt aus Mitteln der privaten Stiftung zur Bewahrung des Baikal. Der Präsident des Fonds ist der Dumaabgeordnete Artur Gilingarow. Er erwähnte allerdings auch, daß in einer Tiefe von 400 Metern Gashydritkristalle entdeckt wurden, die sich aus Methan und Wasser zusammensetzen. Und so stecken vielleicht weniger wissenschaftliche Erkenntnisse und die Bewahrung des Baikal als vielmehr schnödes Profitdenken aufgrund möglicher Gasvorkommen hinter der Arbeit der Stiftung.

Der Baikal ist der Stolz der Nation und Erbe des gesamten Volkes. Er ist klar wie die Träne eines Säuglings. 23 000 Kubikkilometer Säuglingstränen! Bis in eine Tiefe von vierzig Metern durchsichtig wie die Sargassosee - auch das ist ein Rekord. Die Gemüter in Rußland streiten sich um den Schutz des Baikal dermaßen leidenschaftlich, daß weder die Gesellschaft noch die Regierung diesem Problem ausweichen kann.

In meinem Baikaldossier gibt es viele trockene Zahlen, die dennoch in Atem halten. Man liest und versteht, warum der Baikal als Meer bezeichnet wird.

Der Baikal ist ein Süßwassersee im Süden Ostsibiriens.

Lage: 51°29' bis 55°46' nördliche Breite, 103°43' bis 109°56' östliche Breite

Höhe über dem Meeresspiegel: 456 Meter.

Aus dem föderalen Gesetz „Über den Schutz des Baikal" vom 26. März 2001: „Festgesetzt werden die maximale und die minimale Höhe des Wasserpegels im Baikal bei der Nutzung der Wasservorräte für wirtschaftliche und sonstige Zwecke auf dem Stand von 457 respektive 456 Metern."

Alter: 25 Millionen Jahre.

Pflanzen- und Tierwelt: 3 500 Arten, jedes Jahr werden neue Lebensformen entdeckt.

Tiefe: 1 637 Meter.

Fläche: 31 500 Quadratkilometer.

Gesamtvolumen: 23 000 Kubikkilometer.

Länge: 636 Kilometer (nach Angaben des „Baikalatlas").

Maximale Breite: etwa achtzig Kilometer.

Minimale Breite: etwa dreißig Kilometer.

Länge der Küstenlinie: 2 000 Kilometer.

Anzahl der Kaps: 174 (nach Angaben von Iwan Tscherski).

Anzahl der Inseln: 26 (nach Angaben von Oleg Gussjew). Die größte von ihnen ist die Insel Olchon.

Die größten Buchten: Bargusinski (725 Quadratkilometer), Tschiwyrkuiski (270 Quadratkilometer), Prowal (197 Quadratkilometer).

Flußeinmündungen: 336 (nach Angaben von Tscherski) oder 544 (nach Angaben von Gussjew). Der größte Zufluß ist die Selenga.

Abfluß aus dem Baikal: einer - die Angara.

Sommertemperatur im offenen See: maximal 16 Grad Celsius, minimal 4,2 Grad Celsius.

Wassertemperaturen an den seichten Stellen an der Küste: höchstens 23 Grad Celsius, mindestens 18 Grad Celsius.

Die Buchten mit dem wärmsten Wasser: Muchor (Kleines Meer), Tschiwyrkuiski, Posolski Sor.

Mich hat stets fasziniert, daß der See niemals, nicht einmal einen Tag, ja, nicht einmal eine Stunde, der gleiche scheint. Hier gibt es keine ruhige Strömung, keinen voraussagbaren Wind. Die Alteingesessenen haben sich dem

Baikal angepaßt: „Wir suchen gute Beziehungen zu den Geistern des Sees", sagen sie.

Ich besitze eine Reihe von Mappen mit der Aufschrift „Baikal. Geschichten von Schiffbrüchen". In diesen bewahre ich Kopien von historischen Urkunden, Aufzeichnungen und Erinnerungen auf: In einem plötzlich aufkommenden Unwetter sank am 14. September 1702 die Barkasse mit den Einnahmen des gesamten Verwaltungsbezirkes. 1890 ging das Schiff „Naslednik Zesarjewitsch" unter. Und hier haben wir die Chronik der Katastrophe des Segelschiffes „Excalibur", das 1996 mit französischen Touristen an Bord unterwegs war:

31. Mai: Kap Solnetschny. Seit dem frühen Morgen geht der „Werchowik" mit einer Geschwindigkeit von 25 bis dreißig Metern pro Sekunde. Ruder beschädigt.

1. Juni: Kap Sunduk. In der Nacht preßt der „Kultuk" das Schiff an die Kieslandzunge, Floßkiel verloren.

2. Juni: Kleines Meer. Unerwartetes Aufkommen des „Gorny", 22 Meter pro Sekunde. Verlust des Hängemotors.

3. Juni: In der Nacht macht das Schiff an der Insel Olchon fest. Reparatur in der Siedlung Chuschir.

7. Juni: Der böige „Werchowik" bricht gegenüber der Pestschanaja-Bucht den zwölf Meter hohen Großmast.

8. Juni: Südlicher Baikal. Sturm. Bruch des 8,5 Meter hohen Besanbaumes. Das Schiff ist nicht mehr steuerbar.

10. Juni: Das Schiff treibt zur Ostküste und wird an Land geschleudert.

Zu den Opfern von Wind und Wellen kommen die Opfer des heimtückischen Baikaleises, des Nebels und der Trugbilder hinzu.

Man sagt, daß der Boden des Baikal zahlreiche Bodenschätze birgt. Und dem ist in der Tat so. Einst fand man sogar Gold in der Mündung des Bargusin, mit der Zeit wurde es jedoch ins Buchtengewässer gespült.

Der eigentliche Reichtum des Baikal ist aber das Wasser. Es wird aus einer Tiefe von 400 Metern geholt und auf Flaschen abgefüllt. Der Geschmack und die Klarheit sind mit Worten nicht zu beschreiben. Die Wissenschaftler behaupten, daß es aufgrund seines hohen Sauerstoffgehalts besonders gesund ist.

Nun aber genug der Einleitung, kehren wir zurück zur Straße von Irkutsk nach Listwjanka. Hier gibt es vier lohnenswerte Sehenswürdigkeiten.

Verwiesen habe ich bereits auf „Talzy" bei Kilometer 47. Hier machen wir eine Pause. „Talzy" gehört zu den fünf größten Freilichtmuseen Rußlands und

bietet eine einzigartige Sammlung historischer und architektonischer Denkmäler der Völker Sibiriens vom 17. bis zum 20. Jahrhundert. Die wertvollsten
Architekturdenkmäler sind der Spasski-Turm aus dem Jahre 1667 und die Kasaner Kapelle eines sibirischen Ostrog (Holzfestung) aus dem Jahre 1679. Diese Denkmäler wurden vor mehr als 300 Jahren aus Lärchenholz und ohne einen einzigen Nagel gebaut. Machen wir uns also mit den einzigartigen Anlagen des Museums näher bekannt!

15

„Talzy" gehört zu den fünf größten Freilichtmuseen Rußlands

Die Sommer- und Wintersiedlung der Ewenken vom 19. und Anfang des 20.
Jahrhunderts wurde in den kulturellen Traditionen der Ewenken wiederauf-
gebaut. Beachtenswert ist der Winter-Tschum (der Tschum, das Nomadenzelt, ist die traditionelle schnell auf- und abbaubare Behausung der Ewenken und anderer sibirischer Völker) mit dreifacher Bedeckung - Rundstan-
gen, Halbbaumstämme und Moos mit Baumrinde.
Die Kaskade aus drei Wassermühlen vom Ende des 19. Jahrhunderts stammt
aus dem Dorf Wladimirowka im Bratsker Rayon. Die sibirischen Bauern kannten drei Arten von Mühlen: Quirlmühlen, Nachgußmühlen und eigentliche
Wassermühlen. Am verbreitetsten waren Ende des 19. Jahrhunderts Wassermühlen, da sie höhere Leistungen erbrachten. Die Besonderheit der hier zu
besichtigenden Anlage ist, daß das Wasser von einer Mühle zur anderen fällt.
Das Bauernhaus des Bauern Moskowski vom Ende des 19. Jahrhunderts wur-

de aus dem Dorf Antonowo im Bratsker Rayon nach „Talzy" gebracht. Hier wird die Ausstellung „Der städtische Kosak" gezeigt. Zu den einzigartigen Exponaten gehört das Werkzeug für die Radfertigung.

Die „Mangasseja", die gemeinschaftliche Kornkammer (19. Jahrhundert), stammt aus dem Dorf Sawino, Keschemsker Rayon im Gebiet Krasnojarsk. Kornspeicher für die Lagerung des Saatguts sind typisch für gemeinschaftlich genutzte Gebäude in Sibirien. Der Saatgutvorrat war unantastbar. Nur im Falle einer Mißernte durfte er angebrochen werden, um eine Notlage abzuwenden. Der Vorrat an Saatgetreide wurde jedes Jahr erneuert.

Die Ilimsker Kasaner Gefängnistorkirche (Kapelle) wurde gleichsam als Hüterin des Gefängnisses gebaut. Sie ist das einzige aus dem 17. Jahrhundert erhaltene Denkmal der sakralen Architektur Sibiriens. Die Torkirche stammt aus dem Kirchdorf Ilimsk und wurde im Jahre 1970 dort abgebaut und nach „Talzy" gebracht. Die Restaurierung wurde 1985 abgeschlossen. Der Metropolit von Irkutsk und Angarsk Wadim weihte sie im Jahre 1991.

Der Spasski-Turm des Ilimsker Ostrog stammt ebenfalls aus dem 17. Jahrhundert. Der Ilimsker Ostrog war die erste Holzfestung im Baikalgebiet. Das Gefängnis und die Holzfestung entstanden etwa 1630. 1648 wurde der Ostrog zum Zentrum der Ilimsker Wojewodschaft. Der Wojewode Onitschlow legte am 21. Juni 1667 den Grundstein für den Spasski-Turm. Insgesamt wies der Ostrog acht Türme auf, von denen nur der Spasski-Turm erhalten ist. In ganz Rußland gibt es heute übrigens nur noch vier solche Festungstürme - zwei des Bratsker Ostrog, einer ist in Bratsk zu besichtigen, der andere in Kolomenskoje in Moskau, der dritte steht in Belsk im Gebiet Irkutsk, und der vierte ist der in „Talzy". Der Spasski-Turm ist nach der „Zapfenmethode" (ohne Nägel) gebaut, das zeltförmige Dach ist mit Schnittholz gedeckt.

Die kirchliche Einklassengemeindeschule aus dem Kirchdorf Keul im Ust-Ilimsker Rayon wurde 1880 gebaut und gehört heute ebenfalls zum Bestand des Freilichtmuseums.

Das Haus des Mittelbauern Nepomilujew (17. bis 19. Jahrhundert) stammt aus dem Dorf Garminki im Bratsker Rayon. Nach statistischen Angaben aus dem Jahre 1890 waren 87 Prozent der Bauern Mittelbauern. Bauer Nepomilujew besaß zehn Hektar Ackerboden, sechs bis neun Pferde und ebensoviel Rindvieh. Das in „Talzy" zu besichtigende Haus ist eines der ältesten bis heute erhalten gebliebenen Wohngebäude Sibiriens. Das Haus ist in seiner Konstruktion einzigartig, da es, wie die Russen sagen, „schwarz" beheizt wurde, das heißt, es gab keinen Rauchfang.

Das Haus des Bauern Seryschew (60er Jahre des 19. Jahrhunderts) stand einst im Dorf Antonowka im Bratsker Rayon. Die Ausstellung darin macht mit Leben und Alltag eines gewerbetreibenden Töpfers bekannt.

Das Haus des Bauern Prokopjew (60er Jahre des 19. Jahrhunderts) stammt aus dem Dorf Sytjanowo im Nischneilimsker Rayon. Dieses Haus unterscheidet sich vom oft einfachen Stil sibirischer Häuser durch die durchbrochene Schnitzerei am Ziergiebel. Mit derlei Schnitzereien wurden sibirische Häuser ab Anfang des 19. Jahrhunderts geschmückt. Der saubere Holzhof ist für die Angara-Ulimsker Taigazone typisch. Hier waren die Höfe mit massiven Lärchenholzplatten ausgelegt.

Die Troizki-Kirche (1914) stammt aus dem Dorf Djadino im Schigalowsker Rayon. Im Freilichtmuseum wurde 1990 bis 1992 der sowjetisch-japanische Film „Träume von Rußland" gedreht. Und gerade für diesen Film wurde die Kirche auf Kosten der japanischen Produzenten nach „Talzy" gebracht. Doch wurde die Kirche provisorisch und nicht dem Kirchenkanon folgend mit dem Altar gen Osten aufgebaut. Das Museum plant, die Kirche an einen anderen Ort zu versetzen und sie entsprechend russisch-orthodoxer Tradition wiederzuerrichten.

Die burjatische Sommersiedlung (Ende des 19. bis Anfang des 20. Jahrhunderts) besteht aus sechs achteckigen Holzjurten (Nomadenzelten), die aus der Siedlung Alagujewski (nahe der Siedlung Buguldeika im Olchonsker Rayon) und der Siedlung Bajansagui hierher gebracht wurden. Sie sind etwas Besonderes, da sie aus dreiseitig zugeschlagenen Baumstämmen gefertigt sind, was selten geschah. Laut burjatischen Überlieferungen fördert die Bauweise mit dreiseitigen Holzstämmen - die Spitzen gehen nach außen, nach innen bilden die Stämme eine geschlossene Wand - die Gebärfähigkeit der Jurtenbesitzerin. In den Jurten machen wir uns mit dem Alltag der nomadisierenden Viehzüchter des 17. und 18. Jahrhunderts bekannt. In einer Jurte befindet sich die Ausstellung „Der alte Glaube der Burjaten", in einer anderen erfährt man vieles über den Alltag einer jungen burjatischen Familie.

Der Friedhofskomplex von „Talzy" zeigt uns einen typischen sibirischen Friedhof des 19. Jahrhunderts. Hier finden wir Einzelgräber aus der Überschwemmungszone sowie das Massengrab der Bewohner des alten Kirchdorfes Talzy.

Das Haus des Bauern Saridan von Anfang des 20. Jahrhunderts beherbergt die Ausstellung der Erzeugnisse der Glasfabrik von „Talzy".

Und zum Abschluß treten wir in den kleinen Souvenirladen ein, der schöne Erinnerungsstücke aus den museumseigenen Birkenrindenwerkstätten (ein traditionelles sibirisches Kunsthandwerk) und Töpferwerkstätten anbietet. Dann lädt das Café zu einer kleinen Pause ein.

Hinter dem Museum „Talzy" gibt es an der Straße nach Listwjanka eine Abzweigung zur Siedlung Bolschaja Retschka. Wie biegen hier ab, um einen Maler zu besuchen, der zehn Jahre in den Stalinschen Lagern einsaß. Juri Panow wohnt heute noch in der Angarskaja Straße 11. Vor seinem Haus stehen drei Holzdenkmäler für die Opfer der Stalinschen Repressionen. Die Skulpturen sind jeweils aus einem ganzen Baumstamm gefertigt und ungemein aus-

Der Abfluß der Angara aus dem Baikal ist 863 Meter breit

drucksstark. Die Siedlung entstand wie das Holzgewinnungskombinat, in dem politische Häftlinge arbeiteten, in den 30er Jahren.

Einer weiteren Sehenswürdigkeit begegnet man bei Kilometer 57 am rechten Ufer der Angara. Es ist ein besonderes Hotel - die Regierungsresidenz „Angarski Chutor-2". Gerade hier steigt Wladimir Putin gerne mit seinen Gästen ab.

Die interessanteste Sehenswürdigkeit aber ist die Angara selbst. Mit dem Fluß ist wie stets in Sibirien eine schöne Legende verbunden:

Der graue Baikal hatte eine erwachsene Tochter, sie hieß Angara. Er versteckte sie vor aufdringlichen Blicken in seinem Gewässer. Er war bemüht, einen Bräutigam in der Nähe zu finden, wollte die geliebte Tochter nicht in ferne Regionen entlassen. Baikal wählte den reichen und würdigen Irkut. Doch Angara gefiel der Erwählte nicht. Von einer Möwe hatte sie vom mächtigen Recken Jenissej erfahren. Gegen den Willen des Vaters beschloß sie eines Nachts, zu Jenissej zu fliehen. Als der Alte erwachte, hatte sie sich bereits auf den Weg gemacht. Zornerfüllt schleuderte Baikal einen riesigen Felsen hinter der Flüchtenden her, um sie aufzuhalten. Angara aber wollte sich dem Willen des Vaters nicht beugen und warf sich mit ihrer Brust gegen die Küstenfelsen, um sich einen Weg zu bahnen. Und dort, wo sich Angara den Zwängen Baikals entgegenstellte, erhebt sich bis heute der Schamanenstein.

Die 1 779 Kilometer lange Angara ist der einzige Abfluß aus dem Baikal

Die 1 779 Kilometer lange Angara ist der einzige Abfluß aus dem Baikal. Die Angara („Anga" bedeutet im Burjatischen und Ewenkischen „Maul" oder „Mund") wurde nach der Schlucht benannt, durch die das Wasser aus dem See abfließt. Der Abfluß der Angara ist mit 863 Metern der breiteste Abfluß aus einem See in der Welt. In der Flußmitte erhebt sich der sagenumwobene Schamanenstein bis anderthalb Meter aus dem Wasser. Es ist ein Granitfelsen. Bis zum Bau des Irkutsker Wasserkraftwerkes und dem damit verbundenen Wasseranstieg um einen Meter war der Fels natürlich besser zu sehen.
Den Überlieferungen zufolge meinten die Bewohner des Angara-Gebietes, daß der Schamanenstein Zauberkraft besitze. Nach alten Sagen war er Wohnort des Besitzers der Angara - Ama-Sagaan-nojon. Auf dem Schamanenstein wurden besonders bedeutsame Schamanenrituale zelebriert, hier wurden

neue Schamanen in ihr Amt eingeführt. Hier betete man, um falsche Anschuldigungen auszulöschen und seine Ehre zu verteidigen. Hierher wurden Verbrecher gebracht, die hoch über dem eiskalten Fluß die Nacht alleine verbringen mußten. Doch war ein Verbrecher nicht aus Angst oder am eisigen Atem des Baikal gestorben und beteuerte er weiter seine Unschuld, wurde ihm verziehen. Der von Münzen bedeckte Flußboden rund um den Schamanenstein zeugt von der althergebrachten Verehrung der heiligen Stätte.

In der Flußmitte erhebt sich der sagenumwobene Schamanenstein

Dem Schamanenstein gegenüber liegt ein Platz, an dem Souvenirs und Fisch verkauft werden. Besonders groß ist das Angebot an Mitbringseln aus den sibirischen Halbedelsteinen Tscharoit, Nephrit, Lasurit und Karneol.
Wenn Sie im Winter hierher kommen, dann richten Sie Ihre Aufmerksamkeit auf die 3 000 bis 4 000 Enten am Angara-Abfluß. Es ist die einzige Überwinterungsstätte von Wasservögeln wie der schwarz-weißen Quäkerente sowie vielen anderen Enten- und sonstigen Wasservogelarten in ganz Nordasien. Das Eisloch, an dem sie überwintern, ist fünf Kilometer lang. Nur einmal in den letzten 300 Jahren - im Sommer 1983 - verzeichnete man ein kurzzeitiges Zufrieren dieses Eisloches. Der flache Angara-Abfluß bietet den Enten im Winter ausreichend Nahrung. Jeden Abend fliegen sie zum Übernachten auf die Eisberge des Baikal und kehren am Tage zur Angara zurück.

Listwjanka

Ihren Namen bekam die Siedlung Listwjanka vom Wort „Listwennizy" (Lärchen), die gar prächtig auf dem nahe gelegenen Listwenny Mys (Lärchenkap) gedeihen. Listwjanka ist die wichtigste Anlegestelle am Baikal. Die Siedlung wurde erstmals in den Aufzeichnungen des Deutschstämmigen Johann Gottlieb Georgi erwähnt, der 1772 und 1773 den See auf einfachen Fischerbooten bereiste und als erster die Baikalküste detailliert beschrieb.
Listwjanka zählt heute 1 500 Einwohner. Die Siedlung erstreckt sich über fünf Kilometer entlang des Sees. Mein Auge erfreute sich dort noch an den traditionellen sibirischen Blockhäusern, die leider nach und nach durch die oft unpersönlich wirkenden Einfamilienhäuser aus Backstein verdrängt wurden. Aber das Wichtigste ist natürlich der Baikal selbst. Im Sommer gibt es Tage, an denen nicht das geringste Kräuseln auf dem Wasser zu beobachten ist. Wie in einem phantastischen Spiegel strahlt der sanftblaue Himmel vom Baikal zurück, und das Wasser ist besonders klar und durchsichtig. Bei gutem Wetter kann man von Listwjanka aus sogar das Ostufer mit den schneebedeckten Gipfeln des Chamar-Daban sehen - das Ufer ist immerhin vierzig Kilometer entfernt. Wer dieses Bild - der Baikal eingerahmt von majestätischen Bergen - einmal gesehen hat, wird es niemals vergessen.
Ich habe den Baikal bei ungestümen Unwettern erlebt wie auch still und friedvoll, dann gefesselt unter schwerem Eis, von der wunderbaren Eisspiegelglätte ließ ich mich hinreißen - und allmählich verstand ich, warum die Burjaten den Baikal stets „heiliges Meer" nannten. Anton Tschechow schrieb darüber: „Der Baikal ist erstaunlich, und nicht von ungefähr nennen ihn die Burjaten nicht See, sondern Meer. Das Wasser ist ausnehmend klar, so daß man die Luft durch das Wasser sehen kann. Das Wasser ist von sanftem Türkisblau, was wohltuend für die Augen ist. Die Ufer sind bergig und bewaldet; überall undurchsichtiges und unüberwindbares Dickicht. Zahlreiche Bären, Zobel, Wildziegen und andere Tiere."
Aus allen den Baikal lobenden Beiträgen kann man eine ganze Enzyklopädie zusammenstellen. Der zeitgenössische sibirische Schriftsteller Valentin Rasputin - einer der beliebtesten Autoren Rußlands - schrieb: „Lange Zeit löste der Baikal allgemeine Bewunderung aus, obwohl bei den einen vor allem mystische Gefühle, bei den anderen ästhetische und bei wieder anderen ganz praktische Gefühle angesprochen werden. Der Mensch zögerte beim Anblick des Baikal, weil der See den Vorstellungen, die man von ihm hatte, nicht entsprach, weil der Baikal nicht dort lag, wo dergleichen hingehörte, weil er nicht war, was er sein konnte, weil er auf die Seele anders wirkte, als die Natur üb-

licherweise wirkt. Da war etwas Besonderes, Ungewöhnliches - ja, Ausschließliches."

An der Anlegestelle Listwjanka kann man entweder ein Privatboot für seine Seereisen mieten oder ein Linienschiff nehmen und einen Ausflug in die Siedlung Bolschije Koty (achtzehn Kilometer) und weiter in die Pestschanaja-Bucht (neunzig Kilometer, für eine Strecke braucht man zwei Stunden) unternehmen. Eine schöne Tour mit dem Motorschiff „Babuschkin" führt durch die Listwennitschny-Bucht zum Hafen Baikal und zurück (ungefähr zwei Stunden).

Hat man dem See genügend Aufmerksamkeit geschenkt, muß man Listwjanka entdecken. Lohnenswert sind die folgenden sechs Örtlichkeiten beziehungsweise Besonderheiten.

Das Museum für das Studium der Geschichte des Baikal. Bin ich mit jemandem unterwegs, der den Baikal zum ersten Mal besucht, so führt mein Weg

Listwjanka ist die wichtigste Anlegestelle am Baikal. Ihren Namen bekam die Siedlung vom Wort „Listwennizy" (Lärchen), die gar prächtig auf dem nahe gelegenen Listwenny Mys (Lärchenkap) gedeihen

immer zuerst in dieses Museum. In Listwjanka wurde im Jahre 1926 die Baikalische Station für Limnologie eröffnet, auf deren Basis 1961 dann das Limnologische Institut der Akademie der Wissenschaften entstand. Die Sammlung des Museums stammt aus dem Jahre 1928, doch der Status eines Museums wurde dem Haus erst 1993 zuerkannt. Heute befindet sich dort das große Aquarium, in dem alle Lebewesen des Baikal, darunter der Omul und die Baikalrobbe, leben. Die Ausstellung des Museums macht uns mit der gesamten dortigen Tierwelt bekannt. Vergessen Sie nicht, im Museumsshop eine gute Baikalkarte und den Baikalfilm mit einzigartigen Unterwasseraufnahmen aus einer Tiefe von 1 637 Metern zu kaufen.

Ein zweites lohnenswertes Ziel ist die in den 40er Jahren des 19. Jahrhunderts erbaute Swjato-Nikolski-Kirche, in der wunderbare Ikonen des 18. Jahrhunderts zu sehen sind. Gemäß der Überlieferung erlitt der Kaufmann Xenofont Serebrjakow im 19. Jahrhundert während einer Baikalreise Schiffbruch. Den sicheren Tod vor Augen begann er, inbrünstig zu beten und den heiligen Nikolai um Rettung anzuflehen. Und das Wunder geschah! Als Dank für die wundersame Rettung gelobte der Kaufmann, eine Kirche zu Ehren des Heiligen zu errichten. Und die Kirche wurde gebaut. Die Holzkirche mit Glockenturm steht im Krestowaja-Tal, rund einen halben Kilometer vom Baikal entfernt. Dort wird heute wieder der Gottesdienst verrichtet.

In Listwjanka sein und die Kunstgalerie nicht besuchen? Nein, nichts wie hin! An der Tschapajew-Straße 76 befindet sich der siebzig Quadratmeter große Ausstellungssaal. Initiator und Betreiber der Privatgalerie ist der Dichter und Architekt Wladimir Plamenewski. Das künstlerische Hauptthema ist natürlich der Baikal. Findet man etwas, was einem gefällt, kann man es erwerben. Dann kann man in Listwjanka natürlich die sibirische Küche genießen. Die hiesige Delikatesse ist der Omul. Der frisch gesalzene Lachs gilt unter den sibirischen Feinschmeckern als optimaler Begleiter zum eiskalten Wodka. Und man sollte auch die sibirischen Pelmeni (gefüllte Teigtaschen) und das Fleisch auf sibirische Art kosten. In früheren Zeiten nahmen die Jäger im Winter gefrorene Pelmeni in Leinensäcken in die Taiga mit. So einfach war das: sie warfen die Pelmeni in kochendes Wasser und hatten in kürzester Zeit ein fertiges Gericht - duftende Pelmeni! In den meisten Restaurants in Listwjanka werden Pelmeni nach etwas raffinierteren Rezepten zubereitet: Pelmeni in Fleischbrühe mit Leber wird beispielsweise in Tontöpfen serviert, die mit frischen Fladen zugedeckt sind.

Die Besonderheit der Fleischzubereitung auf sibirische Art - wir sagen „auf Taigaart" - besteht in den Zutaten: das Fleisch wird mit Farnkraut und Tscheremscha (Tscheremscha ist eine Art Wildlauch) gespickt. Dazu werden im Ofen

gebackene Kartoffeln und Beeren - Preisel- und Moosbeeren - gereicht. Der sibirische Tisch ist undenkbar ohne Piroggen! Piroggen werden mit Preiselbeeren, mit Fisch, mit Pilzen, mit Tscheremscha, mit Reis, auch mit Kohl gefüllt. Von der baikalischen Ucha (Fischsuppe) haben Sie vielleicht schon gehört. Doch richtig genießen kann man Ucha, Fisch am Spieß und Salat aus frischem Tscheremscha während der Baikalreise nur am Lagerfeuer in der Taiga. Überhaupt: die schmackhaftesten Mahlzeiten sind natürlich die, die man in der

Exponate im Museum für das Studium der Geschichte des Baikal

Auch sibirische Souvenirs kann man in Listwjanka erstehen

Natur einnimmt. Einige alte Zeitungen als Tischdecke und was noch: ein verrußter Kessel mit gekochten Kartoffeln, frischgesalzener Omul und ein Bund frischer Tscheremscha. Im Winter ist Stroganina (dünn geschabter, roher gefrorener Fisch) die beste Speise. Jedoch heißt Stroganina hier am Baikal Raskolotka. Ich rate Ihnen davon ab, Bärenfleisch zu kosten. Sollten Sie es doch wollen, dann sollten Sie in ein gutes Restaurant gehen, wo Sie sicher sein können, daß das Fleisch der Veterinärkontrolle unterzogen wurde.

Und schließlich ist die sibirische Sauna ein Muß. Eine sibirische Sauna gibt es in jedem Hotel, aber das ist natürlich nicht das Nonplusultra. Unübertroffen sind die privaten Saunen am Baikalufer, und die Attraktivität besteht darin, daß man direkt aus der Sauna in das größte Eiswasserbecken der Welt, in den Baikal, springen kann. Eine dieser Saunen befindet sich direkt gegenüber dem Anwesen „U Medwedej" („Bei den Bären"), das einen kleinen Tierpark beherbergt. Zwei gute Saunen finden sich zudem direkt an der Angara gegenüber dem Schamanenstein. Die Sibirier lieben es, im Winter nach der Sauna in die Eislöcher zu tauchen, im Sommer springen sie nach dem Dampfbad ins kalte Wasser und kehren dann wieder in die Sauna zurück!

In der „Powest wremennych let" („Chronik der vergangenen Zeiten") aus dem 12. Jahrhundert - sie war eine der ersten russischen Chroniken überhaupt - finden sich folgende Zeilen über die Sauna: „Wunderliches erlebte ich unterwegs im slawischen Land. Ich sah die Holzsaunen, die bis zur roten Glut geheizt werden. Man entkleidet sich, und nackt begießt man sich mit Kwas (alkoholhaltiges Getränk auf Basis von Brot). Man nimmt junge Birkenzweige in die Hand und schlägt sich selbst so lange, bis man halb lebendig, halb tot ist; dann begießt man sich mit eiskaltem Wasser und ist wieder lebendig. Und das jeden Tag, doch man wird nicht geplagt, sondern man plagt sich selbst, und doch ist es keine Plage, sondern eine Reinigung." Wenn Sie die Sauna zusammen mit Sibirjaken besuchen, bereiten Sie sich also auf ein heißes Dampfbad, auf das Schlagen mit Birkenzweigen und das obligatorische Bad im See oder Fluß beziehungsweise den Sprung in den Schnee vor.

Bevor Sie in Listwjanka das Denkmal des Dramatikers Alexander Wampilow, das unmittelbar gegenüber der Stelle seines tragischen Todes im Baikal steht, besichtigen, hören Sie meine Geschichte.

Im Jahre 1972 stand ich in einer kalten Aprilnacht in der Karl-Marx-Straße in Irkutsk und redete aufgeregt auf einen dunkelhaarigen stämmigen Mann mit ernsten, traurigen Augen ein. Es war eine Flut warmer und herzlicher Worte, die sich über den Dramatiker Alexander Wampilow, Sanja, wie wir ihn nannten, ergoß. Ich war ein echter Fan von ihm, war überzeugt, daß bald die ganze Welt von seinen Stücken erfahren, er Bücher schreiben würde, und sagte, daß auch ich über ihn schreiben wolle. Dann verunglückte er am 17. August 1972, zwei Tage vor seinem 35. Geburtstag. Heute löse ich mein damaliges Versprechen ein.

Wampilow wurde am 19. August 1937 in der kleinen Siedlung Kutulik im Irkutsker Gebiet geboren. Der Vater war Schuldirektor, dessen Vorfahren waren burjatische Lamas (buddhistische Mönche). Die Mutter war Mathematiklehrerin, in ihrer Familie gab es russisch-orthodoxe Geistliche. Der Vater wollte seinen Jungen Lew nennen, zu Ehren von Lew Tolstoi, doch angesichts des hundertsten Todestages von Alexander Puschkin überlegte er es sich anders. Der Sohn bekam also den Namen Alexander. Dabei hat der Vater die Zu-

kunft seines Sohnes schon damals vorhergesagt. An seine Frau im Entbindungsheim schrieb er: „Ich bin sicher, daß alles gut wird. Der Räubersohn wird geboren, und ich denke, daß er Schriftsteller wird, da ich im Traum immer nur Schriftsteller sehe..." Es war dem Vater nicht gegeben, den Jungen groß zu ziehen. Einige Monate nach der Geburt seines Sohnes wurde Valentin Wampilow nach einer Denunziation verhaftet und zum Tod durch Erschießen verurteilt. Man beschuldigte ihn, „Panmongolist" zu sein – so bezeichnete das

Bei gutem Wetter kann man von Listwjanka aus sogar das Ostufer sehen

Volkskommissariat für Innere Angelegenheiten der UdSSR diejenigen, die sich für die Wiederherstellung der Einheit von Burjatien und der Mongolei einsetzten. Wampilow wurde Anfang 1938 bei Irkutsk erschossen. Erst viele Jahre später konnte seine Frau seine Rehabilitierung erreichen: Irgendwann kam ein Papier, das seine Unschuld bestätigte.
Sein Sohn mußte lange mit dem Schandmal „Sohn eines Volksfeindes" leben. Das Leben war hart. Alexander hatte drei Geschwister. Seinen ersten Anzug kaufte er, als er schon erwachsen war. Nach der Schule gelang es ihm, in der Fakultät für Geschichte und Philologie der Irkutsker Universität eingeschrieben zu werden. Nach Abschluß des Studiums arbeitete er als Journalist in Irkutsk, dann belegte er die Höheren Literaturkurse beim Institut für Literatur in Moskau. Er schrieb Theaterstücke, Erzählungen; seine Stücke wurden je-

doch nicht aufgeführt, denn seine Helden waren „unsowjetische Sonderlinge". Doch kam Wampilow ein glücklicher Zufall zu Hilfe, der schicksalsträchtig werden sollte. Er begegnete 1965 im Zentralen Postamt in Moskau dem damals berühmten Dramatiker Alexej Arbussow und drückte ihm mit der Bitte, es zu lesen, sein neues Stück in die Hand. Es war „Abschied im Juni", und das Stück beeindruckte den bekannten Dramatiker so sehr, daß er Alexander einlud, sich mehrere Stunden mit ihm unterhielt und zu seinem Förderer wurde. Das Stück wurde später im Dramatischen Theater im lettischen Klaipeda uraufgeführt. Ich kannte alle seine Stücke fast auswendig und war bei mei-

Beeindruckend sind die Felsformationen an der Küste

nen Freunden als „Wampilow-Expertin" bekannt. Ich liebte die Stücke „Der älteste Sohn", „Die Entenjagd", „Abschied im Juni" und „Letzten Sommer in Tschulimsk".
Zwei Tage vor seinem 35. Geburtstag war Wampilow gemeinsam mit einem Freund mit dem Boot auf dem Baikal. Das Boot kenterte. Der Freund schrie laut um Hilfe, und die Menschen am Ufer kamen ihm zu Hilfe, er wurde gerettet. Wampilow jedoch schwieg. Da er ein ausgezeichneter Schwimmer war, wollte er das Ufer aus eigener Kraft erreichen. Doch im eiskalten Wasser versagte sein Herz. In Sibirien sagt man: „Man muß nicht denjenigen zuerst retten, der um Hilfe ruft, sondern denjenigen, der schweigt." So war es auch...
Bei der Beerdigung geschah Merkwürdiges. Die Freunde hatten vergessen, die Seile mitzunehmen, mit denen der Sarg ins Grab gelassen werden sollte. In

großer Aufregung stürzten sie los, Seile zu besorgen. Alle anderen warteten am Grab, und einer sagte: „Sanja will nicht so früh ins Grab gehen." Diese Worte hatten alle im Ohr, als der Sarg schließlich ins Grab hinabgelassen werden konnte. Denn der Sarg paßte nicht ins Grab, das Grab war zu klein.

Kaum ein Jahr war verflossen, als Wampilow posthum Ruhm erlangte. Ich habe nachgezählt: im Laufe von zwei Jahren hatten 44 sowjetische Theater sein Stück „Der älteste Sohn" aufgeführt. Viele Stücke von ihm wurden verfilmt!

Von Listwjanka kann man ein Linienschiff nehmen, um den Baikal zu entdecken

Seine Bücher erschienen. In Kutulik wurde ein Wampilow-Museum eröffnet. Das Irkutsker Theater für den jungen Zuschauer trägt heute seinen Namen. Der Ausflugsdampfer „Alexander Wampilow", der 34 Passagieren Platz bietet, fährt über den Baikal. Am Ort, wo er verunglückt ist, fand sich zuerst nur ein kleiner Gedenkstein, und heute erhebt sich hier sein Denkmal.

Alexander Wampilow war ein lustiger und humorvoller Mensch, unersetzlich im Freundeskreis, in dem er stets das Wort führte. Sein Witz wurde bejubelt. Einen Witz über Listwjanka möchte ich hier anführen:

Im Reisebüro klingelt das Telefon. „Verkaufen Sie Baikalreisen?" - „Ja, sicher." - „Gibt es am Baikal größere Ortschaften?" - „Sewerobaikalsk, Chuschir, Listwjanka..." - „Halt, Listwjanka, ganz genau. Listwjanka paßt!" - „Wann wollen Sie fahren?" - „Wir lösen hier eigentlich nur ein Kreuzworträtsel!"

Die Krugobaikalski Eisenbahn

Aus der Siedlung Listwjanka kann man in der Sommerzeit mit dem Linienmotorschiff „Woschod" zur Krugobaikalski Eisenbahn fahren. Diese legendäre, mehr als hundert Jahre alte Eisenbahn ist ein einzigartiges Beispiel der Ingenieurbaukunst!

Auf Bestellung von Zar Alexander III. wurde im Jahre 1900 in der Werkstatt des bekannten Juweliers Fabergé ein dem Bau der Transsibirischen Eisenbahn gewidmetes Ei gefertigt. In diesem befinden sich ein zusammenklappbares Modell eines Zuges aus Gold und Platin und ein kleines Schlüsselchen, um den Mechanismus in Gang zu setzen. Der Zug besteht aus einer Lokomotive mit Scheinwerfern aus Diamanten und fünf Waggons mit Fenstern aus Bergkristall. An den Waggons sind kleine Schilder angebracht: „Für Damen", „Für Raucher", „Für Nichtraucher". Vermerkt sind die Wagenklasse und die Anzahl der Plätze. Nachdem ich in jungen Jahren dieses Ei in der Ausstellung der Rüstkammer im Moskauer Kreml gesehen hatte (insgesamt waren dort zehn von 56 in der ganzen Welt verstreuten Eiern zu bestaunen), wollte ich unbedingt mit der Transsib reisen. Später fuhr ich so oft auf dieser Magistrale, daß ich ihr ein ganzes Buch widmete. Meine Lieblingsstrecke ist gerade der Abschnitt der Krugobaikalski, das kürzeste - insgesamt „nur" 260 Kilometer lang - und für die Erbauer schwierigste Teilstück, da das Landschaftsrelief überaus kompliziert ist.

Der Bau der Krugobaikalka, so nennen die Russen die Baikalrundeisenbahn, begann Ende 1899 und verlief in verschiedenen Etappen. Als die Gleise der mittelsibirischen und der transbaikalischen Strecke die westliche beziehungsweise die östliche Küste des Baikal erreicht hatten, mußten sie schnell miteinander verbunden werden. Man beschloß, einen Eisenbahnfährverkehr über den Baikal einzurichten. Schon im Sommer 1899 lief der Fährschiffeisbrecher „Baikal" vom Stapel, im Jahr darauf folgte der Fährschiffeisbrecher „Angara"; im Winter, erstmals im Jahre 1901, wurden die Gleise direkt auf dem Eis des Baikal verlegt. In Listwjanka bestand übrigens früher die größte Schiffswerft am Baikal, auf der viele Schiffe der Baikalflotte, darunter auch die berühmten Fährschiffeisbrecher „Baikal" und „Angara", gebaut wurden. Im Frühjahr 1902 begann man die Arbeiten am schwierigsten Teil der transsibirischen Magistral - von der Station Sljudjanka bis zur Station Baikal. Der durchgehende Verkehr wurde 1904 aufgenommen, der ständige Betrieb im Jahre 1905. Der Bau der Eisenbahn wurde durch den Ausbruch des Russisch-Japanischen Krieges beschleunigt, denn die ununterbrochene Versorgung der im Fernen Osten kämpfenden Truppen sollte gesichert werden.

Der Bau dieses Abschnitts der Transsib sucht hinsichtlich der Schwierigkeiten der zu bewältigenden Arbeit in der Geschichte des weltweiten Eisenbahnbaus seinesgleichen. Die heute befahrene Strecke der Krugobaikalka weist 41 Tunnel, sechzehn Steingalerien, 248 Brücken und Viadukte sowie 268 Stützmauern auf - nirgendwo sonst trifft man auf eine so große Zahl ingenieurtechnischer Bauten auf einer so kurzen Strecke. Interessant dabei

Das Osterei mit dem Modell der Zarenjacht „Standart" zählt zu den 56 in der ganzen Welt verstreuten Fabergé-Eiern

ist, daß die Krugobaikalka als solche offiziell nie bestand, sie gilt einfach als Stück der transbaikalischen Strecke der Transsib. Doch hatte es offiziell eine Bauverwaltung der Krugobaikalski Eisenbahn gegeben.
Sehen wir uns die Baugeschichte der Krugobaikalka an:
1891: Zar Alexander III. erläßt den Ukas über den Bau der Transsibirischen Eisenbahn. Am 1. Juni wird in Wladiwostok der Grundstein für das Gebäude des Ussurischen Bahnhofs gelegt. Die Erkundungsarbeiten für die Verlegung des Gleiskörpers entlang des Moskauer Trakts beginnen gleichzeitig von beiden Seiten - aus Tscheljabinsk und aus Wladiwostok.
1893: Zar Nikolai II. bestätigt den Streckenverlauf der Krugobaikalka.
1895: Um den Fährverkehr über den Baikal einzurichten, faßt die russische Regierung den Beschluß, einen speziellen Fährschiffeisbrecher bauen zu las-

Tatjana
Kuschtewskaja

Wostok Verlag
Am Comeniusplatz 5
10243 Berlin
Tel.: 030/44008036-7
Fax: 030/44008038
e-mail: verlag@wostok.de

Im Internet
www.wostok.de

Russische Szenen

In ihren ebenso vielfältigen wie einfühlsamen Reportagen vermittelt Tatjana Kuschtewskaja ein eindrucksvolles Bild von der Vielschichtigkeit des Lebens in Rußland - vor und nach 1992. Mit einem sensiblen Blick für das eigene Land, für dessen Phänomene und vor allem für dessen Menschen, schreibt die Autorin über ihre Begegnungen zwischen Moskau und Wladiwostok. Die bemerkenswerte Auswahl der geschilderten Erlebnisse und ihr Nebeneinander machen das Buch zu einem mitreißenden Leseereignis. Tatjana Kuschtewskaja berichtet, dokumentiert und erzählt - über eine Wunderheilung durch einen Schamanen in Jakutien, einen österreichischen Spion im Hohen Norden, Politische Kommissiare der Roten Armee. Über Pressefreiheit und Kinder, die Selbstmord begehen. Über Musikunterricht in Sibirien und Pater Pawel...

176 Seiten • 12,78 Euro • 978-3-932916-01-4

sen. Die britische Firma W. G. Armstrong, Witworth & Co. erhält den Zuschlag für den Bau des Eisenbahnfährschiffs „Baikal".

1896 bis 1899: Die 68 Kilometer lange Eisenbahnstrecke Irkutsk-Hafen Baikal wird verlegt.

1898: Am 16. August kommt der erste Zug in Irkutsk an.

1899: Am 17. Juli wird das Fährschiff „Baikal", damals das zweitgrößte der Welt, vom Stapel gelassen.

1899 bis 1904: Bau einer Strecke der Krugobaikalski Eisenbahn.

1900 bis 1906: Der Eisenbahnfährverkehr auf dem Baikal funktioniert.

1904: Zwischen den Bahnstationen Baikal und Tanchoi werden Gleise auf das Baikaleis gelegt, Lokomotive und Waggons werden von Pferdegespannen gezogen.

12. September 1904: Von Sljudjanka bis zur Eisenbahnstation Baikal fährt der erste Zug mit dem Minister für Verkehrswesen Fürst Chilkow an Bord.

1905: Inbetriebnahme der Krugobaikalka am 13. Oktober 1905. Mit dem Bau des westlichen Abschnitts der Baikalrundeisenbahn hatte man im März 1902 im Hafen Baikal begonnen.

1956: Von Irkutsk bis Sljudjanka wird eine neue elektrifizierte Eisenbahnstrecke gebaut, das alte Eisenbahngleis am Angara-Ufer wird infolge des Baus des Irkutsker Wasserkraftwerkes überschwemmt. Die Krugobaikalski Eisenbahn wird damit zur Sackgasse und verliert ihre strategische und wirtschaftliche Bedeutung.

1990er Jahre: An der Krugobaikalka werden Tourbasen eröffnet, die Eisenbahn wird zum Museums- und Tourismuskomplex.

Doch auch wenn die Rundeisenbahn um den südlichen Baikal ihre strategische und wirtschaftliche Bedeutung verloren hat, ist sie heute immer noch ein Denkmal ingenieurtechnischer Leistungen sowie ein landschaftlich-architektonisches Schutzgebiet.

Meine Reise mit der Krugobaikalka begann in der Station Sljudjanka. Sljudjanka ist nicht einfach irgendein Bahnhof an der Magistrale, denn das 1904 erbaute Bahnhofsgebäude ist ein einmaliges Monument, das das grandiose Werk der Erbauer der Krugobaikalka krönt. Es ist das einzige Bahnhofsgebäude der Welt, das vollständig aus örtlichem weißen Marmor errichtet wurde. Auf der Strecke gibt es heute fast keinen Verkehr mehr. Allein der Touristenzug - eine Diesellokomotive mit drei Waggons - „bevölkert" die Strecke. Scherzhaft wird er „Motjanja" (Hin- und Herzug) genannt. Aber die Reise auf diesem Hin- und Herzug ist wunderbar! Von Sljudjanka bis zur Station Baikal fährt der Zug sieben Stunden (oder sind es acht, ich verlor das Zeitgefühl). Der Zug hält oft, er erreicht eine Höchstgeschwindigkeit von nur fünf-

zehn Stundenkilometern. In den Waggons sitzen Touristen und Einheimische. In der Diesellokomotive saßen damals zwei Lokführer - Pjotr und Gennadi. Jeder kannte sie. Und ständig wurden sie um etwas gebeten: „Gena, mein Lieber, bring mir morgen doch Batterien mit!" „Könnt ihr uns morgen nach der Jagd auflesen?" „Können wir hier kurz anhalten, wir möchten gerne fotografieren?" Aber am interessantesten waren wohl die Gespräche. Ich dachte bei mir: Hier sollte man eine Filmkamera installieren, die alles aufzeichnet, sieben oder acht Stunden in Echtzeit und mit allen Erzählungen der Hiesigen. Was für ein Dokumentarfilm würde das! Einige Erzählungen habe ich in meinem Tagebuch festgehalten:

„Ich habe mein Leben lang alles gesammelt, was irgendwie mit der Eisenbahn zu tun hat! Die Eisenbahn ist eine einzigartige, für Außenstehende geschlossene Welt. Ich möchte vom ersten Stück meiner Sammlung und vom jüngsten berichten. Wie hat also alles angefangen? Es geschah gerade in Sljudjanka, das war kurz nach dem Krieg. Ich war jung und sang im Chor. Und zu den Proben fuhr ich immer mit dem Zug. Unser Chorleiter war ein herzensguter, schon ziemlich bejahrter Herr. Einmal fuhren wir nach der Probe alle gemeinsam nach Hause. Wir mußten auf den Zug warten, spazierten bei frischfrostigem Wetter auf dem Bahnsteig auf und ab. Das Pfeifen der Lokomotiven echote aus der Ferne. Wir alle hingen unseren Gedanken nach. Der Blick unseres Chorleiters bohrte sich plötzlich auf den Eisenbahnpfeiler, an dem ein Agitationsplakat klebte. Es zeigte Hühner, die sorglos vor einer Lokomotive auf den Gleisen laufen, ein Huhn lag auf dem Gleis. Darunter stand ein Gedicht:

Oh ihr Dummen,
oh ihr Hühner
Lauft nicht über Glei
Und nicht nur sie,
die dummen Hühner,
liegen kalt auf dem Ei

Unser Chorleiter starrte dieses ‚Meisterwerk' an, doch schien er seinen Augen nicht zu trauen, denn er bat mich, den Vers laut vorzulesen. Dann meinte er empört: ‚Was für ein Kauderwelsch hier in Sibirien! Wie kann man das zulassen? Was bedeutet das: Glei, auf dem Ei...?'

Also suchten wir den Stationsvorsteher. Machten im Bahnhofsgebäude einige Türen auf und zu und fanden den ‚Chef' schließlich. Er saß am Steuerpult und schimpfte in den höchsten Tönen mit einem Lokführer, der den Bahnhof noch immer nicht verlassen hatte. Er wandte sich vom Mikrofon ab und fragte unwirsch: ‚Was denn?' Nachdem er den höflich vorgetragenen Erklärungen unseres Chorleiters gelauscht hatte, sah er uns an, als ob wir vom Mars gekommen wären, und sagte: ‚Das Plakat paßte nicht auf den Pfeiler. Wir mußten etwas abschneiden!' Und er drehte sich zum Mikrofon zurück: ‚Verflucht noch mal! Ich sagte doch: Verschwinde da endlich! Der Schnellzug kommt!'

Wir schlossen die Tür und lachten herzhaft. Und ich nahm mir fest vor, am nächsten Tage erneut nach Sljudjanka zu fahren und das ‚gekürzte' Plakat mitzunehmen, das heißt, es zu klauen. Das war also das erste Exemplar meiner Eisenbahnsammlung.

Mein jüngstes Stück kann ich Ihnen gleich zeigen. Ich komme nämlich gerade von meinem Freund, mit dem ich manchmal interessante Sammlungsstücke tausche. Sehen Sie, es ist die Speisekarte des Irkutsker Bahnhofsbü-

Hafen Baikal - hier beginnt die berühmte Baikal-Rundeisenbahn

fetts aus dem Jahre 1920: ‚Kwas, Krebse, Piroggen, Lachs, gedörrter Störrücken, Kaviar rot und schwarz, fünf Sorten Wurst, Schinken, Nußschinken, Wodka - weich, naturrein, Salzgurken, die von selbst in den Mund springen, marinierte Pilzchen...' Keine Speisekarte, sondern ein Poem!"

Nun die Erzählung eines anderen Mitreisenden: „An unserem Flughafen ist eine Sanitätsstelle eingerichtet, eine Art ‚Schnelle Medizinische Hilfe auf Flügeln', und man hat viel Arbeit dort. Da greift ein Bär einen Jäger an, da wird ein Holzfäller von einem angesägten Baumstamm verletzt, da erkältet sich

wieder ein anderer bei vierzig Grad Frost. In der Sanitätsstelle herrschte die Feldscherin, eine alleinstehende korpulente Frau mit lauter Stimme, irgendwo zwischen vierzig und fünfzig. Während des Krieges hatte sie als Krankenschwester gedient. Vera hieß sie. So ein schneidiges Weib - sie konnte es mit jedem aufnehmen! Sie rauchte, trank manchmal ein Wässerchen. Was nach drei Stunden im mehr oder weniger aus Holzfunier gebauten Flugzeug kein Wunder war. Kranke waren zu behandeln, Entscheidungen zu treffen, was mit dem Patienten geschehen sollte. Vera war herzensgut, anspruchslos, und kam ein Funkspruch, daß jemand Hilfe brauchte, griff sie ihren alten Koffer - und weg war sie mit dem Flugzeug. Einmal kam ein Funkspruch aus ei-

Heute nutzen fast ausschließlich Touristen die Krugobaikalski Eisenbahn

ner weit entfernten Taigasiedlung: eine Frau hatte eine schwere Geburt. Man hatte Angst, sie könne sterben. Vera eilte zur Wöchnerin und verstand schnell, daß sie ihr dort nicht helfen konnte. Die Frau mußte in ein Krankenhaus gebracht werden. In warme Decken gehüllt wurde sie in die Maschine gebracht, und los ging es. Die Hälfte der Strecke hatte man hinter sich gebracht, da setzten Stoßwehen ein, und die Frau brachte Zwillinge - einen Jungen und ein Mädchen - zur Welt. Was tun? Im Flugzeug war es hundekalt. Die Kabine kalt wie ein Eisschrank! Vera hatte nur eine warme Strickjacke und einen Mantel an. Sie riß einen Ärmel von der Strickjacke, wickelte einen der beiden noch feuchten Säuglinge hinein, dann streifte sie einen Pelzstiefel ab, in dem der zweite Säugling wohlige Wärme fand. Beide waren gut versorgt. Alle kamen zurück, alle waren am Leben - die Kinder wie die Mutter. Das Mädchen wurde Vera genannt."

Und eine dritte Geschichte möchte ich anfügen: „Nein, was war das Anfang der 80er Jahre für ein Schreck! Wir waren Augenzeugen einer furchtbaren Tragödie. In der Nähe unserer Siedlung direkt am Ufer der Angara existierte in den 30er Jahren ein Gefängnis für kritisch zur Macht stehende Menschen, ‚Andersdenkende', wie sie später genannt wurden. Sie sind da zu Tausenden gestorben! Da das Gefängnis direkt am Fluß lag, wurden sie gleich am Ufer begraben. Kreuz oder Gedenkstein gab es für sie nicht. Irgendwann wurde das Gefängnis geschlossen. Die Angara veränderte dann ihren Lauf ein wenig und unterspülte eines Frühlings das Ufer, auf dem das Gefängnisgebäude stand. Die Leichen wurden in den Fluß geschwemmt. Hunderte, Tausende waren es! Alle Bewohner der Siedlung stürzten zum Ufer - es war ein lautes Weinen und Klagen! Die Obrigkeit hatte Angst, orderte die alten Raddampfer, damit die umhertreibenden Leichen in den Rädern zerstückelt und auseinander getrieben würden. Und das vor unser aller Augen! Meine Schwiegermutter sank ohnmächtig zu Boden! Was für eine Tragödie!"

In dem Moment mischte sich ein bejahrter, leicht angetrunkener Mann ein: „Ach, die Weiber! Warum müssen sie immer nur Schreckliches erzählen! Hört doch meine Geschichte. Erst kürzlich begegnete ich einem alten Kameraden. Wir gingen in die Speisewirtschaft, um unser Wiedersehen zu feiern. Ich griff sofort nach der Speisekarte, um sie zu studieren, und da sagte mein Freund: ‚Wanja, Wanja, alt bist du geworden, früher sahst du immer erst die Bedienung an und dann die Speisekarte...'"

So fahren wir weiter und weiter - bald wird eine traurige Begebenheit erzählt, dann folgt ein lustiges Erlebnis. Aus dem Fenster unseres kleinen Zuges blicken wir zur einen Seite auf die phantastischen Baikallandschaften, zur anderen Seite auf majestätisch schöne Berge. Unser Hin- und Herzug rattert, gelenkt von den erfahrenen Lokführern, langsam weiter und weiter...

Eine Gruppe junger Reisender mit Gitarre stürzt in den Waggon. Sie singen Lieder eines sibirischen Liedermachers:

Transsibirskaja, Gleise und Stationen,
Weiber in bunten Kopftüchern:
Wo soll ich Halt machen, wo soll ich Bleibe finden,
Um nicht in die Wolken zu fliegen.
Was ist mein Leben? Ein Wartesaal,
Die Geschwindigkeit der fliegenden Zeile.

Fern - nah, nah - fern,
Die Hügel der trauten Gräber...
Das Leben endet mit dummen Versen,
Mit einem dem Gestöhn ähnlichen Lied.
Transsibirskaja, Gleise und Stationen,
Der lange süße Traum.

Die „gute" alte Zeit der Stagnation! Damals konnte man für ein paar Kopeken den ganzen Baikal bereisen! Später wehten die Stürme der Geschichte, man hörte schon das unterirdische Donnerrollen. In heruntergekommenen Kulturhäusern sangen wir lustige Lieder, weil wir glaubten, daß wir aus dem sozialistischen Leben „den halben Liter Glück für alle" herauspressen könnten. Ja, so sangen wir am Baikal. Aber die Staatsmacht wird uns über Tschernobyl belügen, und noch viel später über die „Kursk", wird uns über dies und jenes etwas vorgaukeln. Und am Baikal werden riesige Datschen hinter hohen Mauern entstehen. Das Leben wird so teuer werden, daß die Baikalreisen für viele nicht mehr erschwinglich sind.

Aber all das geschieht später - noch sitze ich im Zug der Krugobaikalka, rauche zum erstenmal in meinem Leben eine bulgarische Zigarette, die mir der Gitarrenspieler angeboten hat. Ich stehe der Sowjetmacht gleichgültig gegenüber; ich liebe den Baikal; mir ist danach, die Flasche Portwein zu leeren, auf deren Etikett ein freundlicher Herr mit Hut dargestellt ist. Mir ist egal, was ich esse, wie ich mich kleide und was man über mich erzählt. Ich kann mich erinnern, daß in den 80er Jahren meine gute Stimmung jahrelang dauerte!

Eine der reizendsten Touren entlang der Krugobaikalka werde ich nie vergessen. Es war die Fahrt mit einer Draisine zwischen den Stationen Kultuk - hier konnte man Draisinen mit Führer mieten - und Hafen Baikal. Wir waren zwölf Personen, fuhren im selbstlaufenden überdachten Gefährt mit einer Geschwindigkeit von vierzig Kilometern pro Stunde und hielten, wo wir wollten. Es war September, und ich hatte Geburtstag. Dieser ungewöhnliche Tag ist mir vor allem auch deshalb unvergeßlich, weil wir Hunderte, ja, Tausende Vögel sahen, die nach Süden zogen. Hier am Baikal nisten sieben Adlerarten. Der herrlichste von ihnen ist der Königsadler mit seinem gold-weißen Kopf und dunkelbraunen Gefieder. Seine Flügelspanne kann bis zu zwei Metern betragen. Er kann hundert Jahre leben. Einen Königsadler sah ich auf der Insel Olchon. Wie die Ornithologen sagten, soll es damals nur noch fünf Paare gegeben haben, und ich hatte Riesenglück, einen beobachten zu können.

In der mongolischen Chronik wird berichtet, daß die burjatischen Stämme Dschingis Khan im Jahre 1189 als Zeichen ihrer Unterwerfung einen Adler schenkten, der „vom großen Baikalgewässer kam". Dieser geographische Hinweis und die Verehrung des Adlers auf der Insel Olchon erlauben die Annahme, daß das Geschenk ein „göttlicher Adler" vom Baikal war. Laut Überlieferung lebte der Sohn des schrecklichen Inselherrschers in Gestalt eines weißköpfigen Adlers.

Bei unserer Draisinenfahrt konnten wir andere Adler beobachten, die nicht weniger majestätisch waren und ihre Flügel ebenfalls bis zu zwei Metern spannten. Ich habe nie zuvor so viele dieser riesengroßen Greifvögel auf ein-

37

Der Tunnel Nummer 12 ist mit 778 Metern der längste Tunnel der Strecke

mal gesehen. An jenem freundlichen Septembertag begann vor unseren Augen der Vogelzug der Adler. Die Gegend an der alten Krugobaikalski Eisenbahn ist ihr Sammelplatz vor dem Abflug. Von allen sieben Adlerarten überwintert am Baikal nur der Königsadler.

Wir fuhren mit der Draisine und frönten ohne Ende der alten Tradition, die örtlichen Geister uns wohlgesinnt zu stimmen: Wir stippten die Finger in den Wein und schüttelten die Tropfen ab. Dann erst durfte man trinken. Laut Überlieferung hat jeder Ort seinen eigenen Geist, und man muß ihnen etwas opfern, damit sie keinen Schaden anrichten, sondern Hilfe erweisen. Und unsere Draisine fuhr und fuhr: See - Felsen - Hügel - See - Felsen - Hügel. Ich erinnerte mich an die Worte Tschechows aus seinen Aufzeichnungen „Über

Sibirien": „Macht und Charme der Taiga bestehen nicht in den Baumriesen und nicht in der Grabesstille, sondern darin, daß vielleicht nur die Zugvögel wissen, wo sie endet. Am ersten Tag beachtet man sie nicht; am zweiten und dritten Tag wundert man sich; am vierten und fünften kommt man auf den Gedanken, daß man dieses irdische Ungeheuer nie wieder verlassen wird. Man erklimmt einen hohen bewaldeten Hügel, blickt Richtung Osten in Straßenrichtung und sieht, daß da noch ein bewaldeter Hügel kommt, und dann der nächste ebenso bewaldete Hügel - und so ohne Ende: Nach wieder einem Tag blickt man vom Hügel nach vorne und - es zeigt sich das immer gleiche Bild..."

Die Sehenswürdigkeiten entlang der Krugobaikalka:

Kilometer 72: Hafen Baikal. Der Passagierbahnhof wurde von 1904 bis 1905 gebaut. Das Holzgebäude wurde restauriert. Über der Bahnhofsanlage befindet sich der Leuchtturm.

Kilometer 76: Moderne Felszeichnungen von Ende des 20. Jahrhunderts auf Kap Sobuschka. Ausgeführt hat sie ein Maler, der hier zur Erholung weilte.

Kilometer 77: Zweigleisige Galerie Nummer 1, die erste der Galerien und Tunnel der Krugobaikalski Eisenbahn.

Kilometer 81: Eine Miniaturstützmauer im Felsen - die erste von vielen solcher Anlagen.

Kilometer 82 bis 84: Die ersten drei Tunnel der Krugobaikalka folgen schnell aufeinander.

Kilometer 84: Eisenbahnviadukt vom Balkentyp, Tunnel und mächtige Wellenschutzmauer.

Kilometer 87: Tunnel Nummer 5 mit einer hohen, an das Ostportal angebauten Stützwand.

Kilometer 90: Im Katorschanka-Tal liegt ein alter Steinbruch. Hier wurde Stein für den Bau der Eisenbahn gewonnen und bearbeitet. Am Ufer sind die Ruinen eines Stromkraftwerkes zu sehen. Im Taleinschnitt befindet sich eine der stärksten Stützmauern entlang der Strecke, sie besteht aus zwei versetzt stehenden Teilen aus gemeißeltem Stein.

Kilometer 91: Das Tolsty Kap ragt weit in den Baikal. Hier befindet sich die Anlegestelle des Dieselmotorschiffes „Woschod". Vom Pier steigen die Besucher zum 343 Meter langen Tunnel Nummer 8, Tolsty genannt, hinauf.

Kilometer 97: Die zehn Meter lange Eisenbahngalerie Nummer 5, Schirokaja genannt, wuchert allmählich zu.

Kilometer 98: Hier lädt die Ausstellung der Eisenbahntechnik ein. Zu besichtigen sind auf dem Nebengleis stehende Dampflokomotiven.

Kilometer 99: Am Ufer der Beresowski-Bucht versinkt Tunnel Nummer 6 im Wasser. Hier gab es früher eine 123,5 Meter lange Brücke. Diese Brücke mit einem Brückenbogen über die Bucht von 27 Metern war die längste an der Krugobaikalka. Die Tiefe der Bucht erschwerte die Montage. Doch wurde eine originelle ingenieurtechnische Lösung gefunden. Da man die Behelfs-stützen aufgrund der Wassertiefe nicht errichten konnte, wurde die fertige Brücke mit Seilwinden und fünf auf Kähnen errichteten Behelfsstützen von einem Kap zum nächsten geschlagen. Als die Brücke richtig positioniert war, wurden die Kähne mit schwerem Sand abgesenkt und unter der Brücke weg-gezogen. Nach dem Bau des Umgehungstunnel Nummer 9 wurde die Brücke zur Tanssibirischen Magistrale zum Fluß Wadrino gebracht.
Kilometer 100: Der etwa 500 Meter lange Beresowski-Tunnel Nummer 9 mit seinem hervorstechenden Portalschmuck, gebaut 1911 bis 1914, ist der schön-

Die Krugobaikalski Eisenbahn zählte zu den teuersten Eisenbahnprojekten der Welt

ste Tunnel der Strecke. Aus dem Tunnel gibt es Ausgänge zur Bucht, von denen aus man das Tunnelportal Nummer 6 auf einem Steilabhang sieht.
Kilometer 102: Eine malerische Galerie mit sogenannter italienischer Stütz-mauer mit Bögen und Zinnen. Im Tal der Bolschaja Schumicha wurde Mitte der 1990er Jahre eine Tourbase eröffnet.
Kilometer 103: Eine der größten Stützmauern aus behauenem Stein.
Kilometer 104 bis 105: Das „Weiße Tal" liegt auf Kap Iwanowski. Hier gibt es große Marmorvorkommen, entdeckt wurden etwa siebzig Mineralien. Hierher kamen die Exkursionen des 27. Internationalen Geologenkongresses. Man kann einfach nicht vorbeigehen, ohne zu staunen: Besonders an sonnigen Tagen leuchten die Abhänge farbenprächtig, der Marmorboden verliert sich

in einem tiefen Blau. Liebhaber der Mineralogie kennen diesen Ort überaus gut, da sie hier zahlreiche Kristalle des wertvollen Spinells unterschiedlicher Schattierungen finden. Erkundungs- und Bohrlöcher sind der Bequemlichkeit halber mit roter Farbe markiert.

Kilometer 106: Das astrophysikalische Labor für Neutrinos hoher Geschwindigkeit. Seit 1981 werden hier wissenschaftliche Experimente für das Aufspüren von Neutrinos tief unter Wasser vorgenommen. Das Neutrinoteleskop besteht aus 192 zylinderartig angeordneten Lichtsensoren.

Kilometer 109: Der mit 778 Metern längste und fast schnurgerade Tunnel Nummer 12 wird Polowinny genannt. Auf dem fast anderthalb Kilometer in den Baikal ragenden Kap lädt ein Kiessandstrand zum Zelten ein. Wie ich meine, ist es einer der bequemsten Plätze für Erholungsuchende.

Kilometer 110: Eine neue Tourbase.

Kilometer 120: Station Maritui - eine der größten Stationen der Strecke. Im breiten Tal des Flusses Maritui erstreckt sich die gleichnamige Siedlung, in der Holzhäuser vom Anfang des 20. Jahrhunderts erhalten sind.

Kilometer 123: Zwei parallel verlaufende Tunnel, die zu verschiedenen Zeiten gebaut wurden. Der eine ist der von 1911 bis 1914 errichtete Umgehungstunnel Nummer 18. Zudem sind eine riesige Stützmauer einer mehrgeschossigen Konstruktion und das stillgelegte Gleis mit zahlreichen Stützmauern auf dem Kap Kirkerej zu besichtigen. Hier pflegen viele Wanderer zu übernachten.

Kilometer 130 bis 131: Zwei parallel verlaufende Brücken über den Schabartui, die ebenfalls zu verschiedenen Zeiten gebaut wurden.

Kilometer 133: „Vogelbasar" auf einem 300 Meter hohen Felsen und Naturschutzgebiet, von Mai bis August der einzige Aufenthaltsort der Silbermöwe im südlichen Teil des Baikal. Für die Einheimischen ist die Ankunft der Möwen das sichere Zeichen dafür, daß der Baikal bald eisfrei sein wird.

Kilometer 139: Krutaja Guba ist bekannt für seine Skipiste. Hier gibt es eines der schönsten Viadukte der Krugobaikalka zu besichtigen.

Kilometer 144 bis 145: Das Chabartui-Tal mit einem verfallenen Wärmekraftwerk. Auf dem Kap gibt es bequeme Zeltplätze.

Kilometer 149: Die alte Angasolka, wo die Loipe durch Temnjaja Pad vor der neuen Angasolka endet. Der steinerne Bogenviadukt „Angasolski" über den Fluß Angasolka.

Kilometer 152: Der Tunnel Nummer 39 „Kirkidaiski".

Kilometer 156: Siedlung Kultuk.

Von Bolschije Koty zur „Sibirischen Riviera"

Bolschije Koty - Sennaja-Tal - Kap Soboljew - Bolschaja Kadilnaja-Tal -
Siedlung Bolschoje Goloustnoje - Pestschanaja-Bucht

Die „Komsomolez" fuhr in den 70er Jahren über den ganzen Baikal - vom
südlichen Teil des Sees bis zum nördlichsten Zipfel, das heißt bis Nischneangarsk. Das Motorschiff brauchte fünf Tage für die „Baikalkreuzfahrt", und
meine Freunde und ich organisierten unsere Ausflüge immer so, daß wir auf
der Rückfahrt wieder zusteigen konnten. Die „Komsomolez" durfte 150 Fahrgäste an Bord nehmen, nahm jedoch stets mehr, manchmal bis zu 500 Passagiere mit. Diejenigen, die keine Kabine hatten, hielten sich da auf, wo sich
ein Plätzchen fand. In den „Salon" retteten wir uns nur, wenn es regnete.
Wenn das Schiffshorn heiser über dem Hafen ertönte und die „Komsomolez"
langsam von der Landungsstelle ablegte, erinnerte sie an eine menschliche
Arche Noah: an Bord waren Geographen, Geologen, Botaniker, Zoologen, Kli-
matologen, Meteorologen, Studierende, Touristen, Jäger und Förster. Die Menschen kamen stets schnell ins Gespräch.

„Wohin geht die Reise?"

„Wir wollen zur Pestschanaja-Bucht."

„Wo werdet ihr unterkommen?"

„Wir haben ein Zelt mit."

„Bequemer wäre es, ihr bliebet nicht in der Pestschanaja-Bucht, sondern lauft
weiter ins Sennaja-Tal, das eine gute Stunde Fußmarsch entfernt ist. Dort
lebt ein Förster, ein entfernter Verwandter von mir - Onkel Michej. Bei ihm
kann man übernachten. Tut es ohne Bedenken."

Wir breiteten die Baikalkarte auf dem Deck aus, und unser Ratgeber, ein junger Bursche mit rotem, von Wind und Wetter gegerbtem Gesicht, ruhig und
besonnen wie alle Baikalbewohner, zog eine Linie mit dem Finger über die
Karte: „Nach Sennaja Pad kommt ihr wie folgt: Zuerst geht es hoch über den
Kolokolnja, dann müßt ihr vorbei an den Buchten Babuschka, Deduschka und
Wnutschka - und schon seid ihr in Sennaja. Es ist eine Strecke von nicht mehr
als drei Kilometern."

Unser Gespräch wurde durch den tiefen Signalton der „Komsomolez" unterbrochen. Das Motorschiff erreichte die Reede. Die Seile, die die Schaluppe
hielten, wurden gelöst und das Boot ins Wasser gelassen. Bolschije Koty, so
heißt die Siedlung am Ufer des Baikal. Hier wurde 1919 das erste Expediti-
onslager der Akademie der Wissenschaften eingerichtet. Damit begann die
intensive Beobachtung und systematische Erforschung des Lebens im und am
Baikal. Die Beiträge über den ungewöhnlichen See füllten die Seiten der na-

tionalen und internationalen Presse. Denn die zum Baikal entsandten Expeditionen gewannen immer neue Erkenntnisse über die Geheimnisse des „sibirischen Wunders".

Wissen Sie, was Endemiker sind? Das Wort kommt aus dem Griechischen: „Endemos" bedeutet „Örtlicher". Endemiker sind Lebewesen und Pflanzen, die nur an einem bestimmten Ort oder in einer bestimmten Region und sonst nirgendwo auf der Welt vorkommen. Von 3 500 Tier- und Pflanzenarten des Baikalgebiets sind drei Viertel Endemiker. Auch das ist ein Rekord!

Heute ist Bolschije Koty am besten mit dem schnellen Tragflügelboot „Wostok" zu erreichen. Es sind nur achtzehn Kilometer von Listwjanka. Touristen machen die Reise vor allem mit dem Ziel, das Museum für Baikalkunde und das Aquarium des Instituts für Biologie zu besichtigen. Das Museum verfügt über eine überaus reiche Sammlung an Käfern, Schmetterlingen und Libellen. In der wissenschaftlichen Station leisten Studierende der Universität Irkutsk ihr Praktikum. Ich kann mich noch erinnern, daß sich einst ein sympathischer Biologiestudent erbot, mich durch das Museum zu führen. Er erzählte interessant, und zunächst glaubte ich alles, was er berichtete. Eine seiner Erzählungen schien mir allerdings vollends unglaubwürdig zu sein. Der Student gab sich beleidigt: „Was ist los? Ich erzähle alles so, wie es war!"

Was hatte er mir also erzählt? „Während meines letzten Praktikums in einer Polarstation widmete ich mich dem Thema ‚Bienenzucht in der Antarktis'. Das Polargebiet ist eine unwirtliche Gegend, dort herrschen Polarnacht, Frost, Eis, Schneestürme; im Winter kann man es so richtig satt haben, und dann gibt es plötzlich frischen Tee mit Honig! Das ist sehr wichtig für die Gesundheit der Bewohner des Hohen Nordens. Es gibt dort natürlich keine Blumen, ich aber war da mit meinen Bienen, also spendierte ich ihnen Zucker, den ich in einem Teller in warmem Wasser auflöste. Den Teller stellte ich vor den Bienenstock. Die Bienen freuten sich! Bienen müssen fliegen, aber wo? Überall Schneegestöber und Nacht. Ich dachte, daß sie wenigstens im Zelt herumfliegen werden, doch das schien ihnen langweilig, sie wollten ins Freie. Aber die Kälte und der Schnee... Ich mußte mir also etwas einfallen lassen, damit sie bei ruhigem Frostwetter hinaus konnten. Ich nahm meine alte mit Eiderdaunen gefüllte Jacke, zerriß sie und verteilte die Daunen auf dem Rand eines mit Sirup gefüllten Tellers. Die Daunen klebten fest. Die Bienen tranken den Sirup, und siehe da: sie waren mit Daunen bedeckt. Es war, als ob sie Daunenjacken angezogen hätten. Warm eingehüllt flogen sie - wenngleich nur für kurze Zeit - hinaus und mußten die Kälte nicht fürchten! Für dieses

Experiment bekam ich von meinem Professor ein ‚ausgezeichnet'. Ich brach-
te ihm arktischen Honig mit."
Solche Geschichten erzählte er in rauhen Mengen. Ich dachte, was für ein
Geschichtenerzähler er ist, wie interessant er seine Phantasien zum besten
gibt! Später lachten wir über seine „Erfindungen", obwohl ich - ehrlich ge-
sagt - seinen „wissenschaftlichen Erkenntnissen" zuerst geglaubt hatte.
Die nächste Anlegestelle der „Komsomolez" war die Pestschanaja-Bucht. Die
Seile wurden einmal mehr gelöst, die Schaluppe wieder zu Wasser gelassen.
Wir waren in Pestschanaja - und trauten unseren eigenen Augen nicht, denn

43

Die weite und ruhige Pestschanaja-Bucht

wir schienen in eine andere Welt geraten zu sein. Nach den von Nebel um-
wobenen Bergen lag die weite Bucht ruhig und freundlich vor uns, und im
Wasser sahen wir die Lichtspiele der Sonne. Zwei Felsen scheinen gleichsam
Wächter der hufeisenförmigen Bucht zu sein. Der Strand ist von blendendem
Gelb. In der Ferne erhebt sich der Primorsker Bergkamm - gewaltiges Fels-
gestein, das in unterschiedlichsten Gelbschattierungen - von creme bis stroh-
gelb - flimmert. Zum Strand hinunter streben vom Bergkamm sanft Lärchen,
Kiefern und Zedern.
„Ihr wollt also wirklich nach Sennaja?" fragte uns der junge Mann von der
„Komsomolez". „Dann sind wir also Reisegefährten, ich nehme euch gerne
mit. Mein Motorboot liegt hier am Ufer! Bis Sennaja haben wir eine halbe
Stunde Fahrt."

So erreichten wir das Haus des Försters - das Haus von Onkel Michej. Es war recht groß, gebaut aus massiven Zedernstämmen. Der Förster, ein Mann in den Fünfzigern, lebte alleine. Hohe Stiefel, die Mütze mit ihrem großen Schirm tief auf die Stirn gedrückt. Fünfzig Küstenkilometer sind sein Revier. Nach allem muß er schauen - daß kein Feuer ausbricht, daß die Wilddiebe keine Tiere erlegen, daß Stämme wertvoller Baumarten nicht gefällt werden, daß die Tiere bei eisiger Kälte Futter finden, daß umgestürzte Bäume fortgeschafft werden - jeden Tag durchstreift er die fünfzig Kilometer zu Fuß und mit dem Boot. Onkel Michej lebte sein ganzes Leben lang alleine, und seine nicht an die Menschen „verschwendete" Liebe hat er dem Baikal, den Tieren und dem Wald geschenkt.

Was in der Abgeschiedenheit erstaunte, war, daß das Haus des Försters nie leer war. Stets war jemand zu Besuch: bald Bekannte aus Irkutsk, bald Fischer, bald Geologen, bald Jäger. Die Tür des Hauses stand stets offen. Jeder konnte einkehren - jeder war ein gern gesehener Gast.

Am Abend bereiteten wir am See auf einem Feuer aus trockenen Zedernästen „Fisch auf Roschon nach Baikalart" zu. Der Förster entschuppte die früh am Morgen gefangenen Omule und schob sie auf dünne Stöcke. Diese an einer Seite spitzen Stöcke heißen hier „Roschon". Dann nahm er Kohlen aus dem Feuer und legte sie um die Fische. Der wie Schaschlik zubereitete Omul war von bestem Geschmack.

Ein alter Mann saß mit am Feuer, ein Freund von Michej und ehemaliger Jäger. Ich denke noch heute an seine Geschichte:

„Während des Krieges wurde ich zweimal verwundet. Man schickte uns Sibirier nach Moskau; es galt, die Hauptstadt zu verteidigen. Hinter Dmitrow nahe Moskau standen bereits die Deutschen. In der Nacht nach unserer Ankunft gingen wir zum Angriff über. Ich wurde verwundet. Kaum war die Wunde verheilt, wurde ich wieder an die Front geschickt. Nun nach Deutschland. Wir alle dachten schon: Der Krieg ist zu Ende, der Sieg ist da! Aber für mich endete der Krieg im Spital, ich war erneut verwundet worden. Dann kehrte ich an den Baikal zurück. Hier jagten schon meine Ahnen und Urahnen. Sie fertigten Zobelschlingen. Und ich tat dasselbe. Manchmal erbeutete ich bis zu hundert Stück, manchmal waren zehn Zobel schon ein Glücksfall... Einmal hingen bei mir fünf Zobelfelle, getrocknet und für den Verkauf vorbereitet, so, wie es sich gehört. Ich hatte einen strengen Abnehmer. Fand er ein Loch im Fell, drückte er gleich den Preis. Aber diesmal hatte ich Glück - alle fünf Felle waren wie eine Eins! Ich machte mich auf den Weg, nach den anderen

Schlingen zu sehen, solange noch Licht war. Meinen Hund - ein sibirischer Polarhund - ließ ich in der Hütte. Ich hörte, wie er vor Wut heulte. Habe die Ohren zugemacht und bin los. Als ich nach Hause zurückkehrte, stand ich starr vor Schreck. Meine Prachtzobel lagen auf dem Boden, der Hund hatte sie alle zerfetzt! Mein Zorn schwoll an, schon griff ich zum Gewehr, um Nasar, so hieß mein Hund, zu erschießen. Nasar beobachtete mich, als ich die Patronen in den Lauf schob, schnell sprang er durch die offene Tür und verschwand im Schnee. Ich ihm nach. Das Thermometer war auf unter vierzig

45

Das Kap „Malaja Kolokolnja" („Kleiner Glockenturm") in der Pestschanaja-Bucht

Grad gefallen. Als ich in ein tiefes Schneeloch fiel, pfiff ich auf den Hund und kehrte heim. Am nächsten Morgen sah ich Nasar am Ufer sitzen, den Blick starr auf das Haus gerichtet. Ich ergriff das Gewehr und schoß; meine Wut war lange nicht verraucht. Soll er laufen, wohin er will. Was brauche ich einen Hund, der Felle zerfetzt, wütete es in mir. Einige Tage später merkte ich, wie schade es mir um Nasar war. Es war doch ein starker und treuer Hund. Einmal hatte er mir sogar das Leben gerettet, denn er hatte mich aus einem Eisloch gezogen.
Am nächsten Morgen fand ich Spuren von Nasar direkt am Haus, er hatte an den Knochen genagt, die am Boden festgefroren waren. Sie lagen schon den ganzen Winter da, kein Tier wollte sie haben. Es war klar, daß der Hund hung-

rig war. Am nächsten Tag sah ich ihn erneut - er saß 200 Meter entfernt und beobachtete mich beim Holz hacken. Ich beendete die Arbeit und stellte seinen Freßnapf vor die offene Tür. Wartete. Dann bemerkte ich einen Schatten. Aber nicht am Freßnapf - nein. Der Hund kam direkt auf mich zu und legte seinen Kopf auf meine Knie. Mir kamen fast die Tränen. Welch ein Glück,

Blick auf das Anwesen - Haus und Wirtschaft - des Forstaufsehers

daß ich ihn nicht abgeknallt hatte. Und doch: Wie weit hatte mich mein Zorn beinahe getrieben!

Mit der Zobeljagd mußte ich schließlich aufhören. Das Jahr war schlecht gelaufen, und ich konzentrierte mich auf die Edelhirschjagd. Wenn ich nur einen Isubr erlegte, hatte ich Fleisch für ein halbes Jahr, den Rest - etwa achtzig Kilogramm - verkaufte ich an die Bauarbeiter der Baikal-Amur-Magistrale für einen Rubel pro Kilo.

Aber dann passierte das Schreckliche. Der Hund und ich gingen auf die Jagd. Nasar stöberte einen Isubr auf. Ich hörte ihn irgendwo über mir bellen, machte mich an den Anstieg, konnte aber nicht sehen, was weiter oben los war. Ich hörte nur das Bellen. Ich erreichte einen Steilhang, blickte mich vorsichtig um. Da. Auf der Spitze eines Felsens, etwa fünfzehn Meter von mir entfernt, stand ein prachtvolles Exemplar. Vor ihm der bellende Nasar. Der Isubr versuchte, ihn mit dem Geweih über den Felsrand zu treiben. Doch der Hund verstand es, immer rechtzeitig wegzuspringen. Ich schoß. Der Hirsch zuckte, verlor das Gleichgewicht und stürzte den Steilhang hinunter. Als sich die Schneewolke, die durch den Sturz aufgewirbelt worden war, gelegt hatte, sah ich das unbeweglich liegende Großtier - und gleich daneben den Hund. Nasar röchelte, die Augen halb geschlossen, die heraushängende Zunge war trocken und fast weiß. Da lagen sie nebeneinander. Zwei Alte - der alte Isubr und der alte Hund. Nasar hatte die Jagd hervorragend gemeistert und starb wie ein Held. Von da an ging ich allein auf die Jagd. Um einen Isubr zu erlegen, brauchte ich in der Regel zwei, drei Tage; das bedeutete auch, in der Taiga zu übernachten. Wenn ich Glück hatte und ein Tier niederstreckte, mußte ich es zerlegen und Stück für Stück nach Hause schleppen. Mit den Jahren fiel es mir immer schwerer, und ich gab die Jagd schließlich auf."

„Ja, Nasar war wirklich ein guter Hund. Ich denke oft an ihn", sagte der Förster, und das war der längste Satz, den wir während des ganzen Tages von ihm hörten.

Am nächsten Morgen machten wir uns auf den Weg zu den Goldminen. Im Sennaja-Tal kann man auch heute noch die stillgelegte und verfallene Goldgrube besuchen. Erhalten geblieben sind die senkrechten Schächte mit Steigleitern. Im Flußtal der Bolschaja Sennaja (der Fluß ist sieben Kilometer lang!) trifft man auf zahlreiche Gesteinshalden, und im Flußbett findet man noch heute die hölzernen Schüttelrinnen der Goldwäscher. Gold wurde hier nicht nur im Flußsand und im Geröll, sondern auch im Baikal gefunden. Und unweit der Mündung der Flüsse Bolschije und Malyje Koty holte man Goldkies vom Baikalboden. Mit der Goldgewinnung im Baikalgebiet begann man im Jahre 1842. Innerhalb von 51 Jahren wurden mehr als 160 Kilogramm Gold gewonnen. Dann ging es mit der Goldgewinnung bergab.

Am Rande des Flußtales erhebt sich der Berg Skriper. Wenn man den Pfad hochsteigt - vorsichtig, er ist nicht ganz leicht zu bewältigen -, gelangt man auf einer Höhe von rund 200 Metern zu einer Höhle. Sie weist zwei kleine Säle auf, der eine sechs, der andere acht Meter lang. Beide etwa vier Meter breit und bis zu vier Metern hoch. In einer Tiefe von 28 Zentimetern im Höhlenboden fanden die Archäologen Pfeile mit Steinspitzen, Tontöpfe, Knochennadeln und uralte Gefäße mit altturkischen Zeichen. Im zweiten Saal wurden Menschenknochen und Pfeilspitzen aus Eisen freigelegt. In der Eisenzeit war der Berg womöglich ein Bestattungsort. Die Einheimischen erzählten unglaubliche Geschichten über diese Höhlen. Dort hat man angeblich Felszeichnungen des Yeti entdeckt, und es heißt auch, daß Bilder be-

haarter Menschen in den Manuskripten der umliegenden Klöster gefunden wurden.

Als ich zum ersten Mal vom Schneemenschen las, dachte ich, es müsse ein kluger Mensch sein. Er hinterläßt seine Spuren immer dann, wenn die Zeitungsverlage mit Sonderausgaben neue Abonnenten zu werben versuchen. Dann findet sich mit großen Lettern auf dem Titel etwas wie: „UFO landete auf dem Baikaleis! Augenzeugen berichten!" Liest man einen Monat lang solche Sondernummern, meint man, in einer irrealen Welt zu leben. Die wichtigsten Ereignisse sind der Yeti, besagtes UFO und die Trugbilder auf dem Baikal oder Geschichten wie „Wer klaute die Million", „Neue Methode der Verjüngung" und „Das Ungeheuer von Loch Ness nun im Baikal". Ich verschmerzte leicht den Diebstahl fremder Millionen, aber wenn ich einige Zeit keine Zeile über den Schneemenschen las, fehlte mir etwas. Also nahm ich irgendwann die Reste meines gesunden Menschenverstandes zusammen und hörte auf, Zeitungen zu kaufen, für die versierte Experten Beiträge gegen den Verstand produzieren. Manchmal allerdings kann ich mich den Werbeversuchen der netten Mädchen und jungen Frauen doch nicht entziehen, die auf den Straßen von Irkutsk kostenlose Broschüren anbieten: „Der ,Poisk'-Klub lädt Interessierte ein, sich in den weiten Höhlen des Baikal auf die Suche nach den Spuren des Schneemenschen zu begeben." Ich bin bereit! Man müßte nur die Jungs aus dem Ufo dazu bitten...

Zwischen Bolschije Koty und der Pestschanaja-Bucht gibt es vieles zu entdecken. Kap Soboljew ist gekennzeichnet durch seine steilen Felsblöcke. Und es ist auch bekannt dafür, daß der Pfad auf das Kap über einen gefährlichen Vorsprung führt. An einer Stelle war der Pfad unterbrochen, und man hatte einen schmalen Steg aus Holz und Ästen gebaut. „Teufelsbrücke" wurde der genannt. Gerade hier trafen Jäger und Bär sozusagen Nase auf Nase aufeinander. Der Pfad war so schmal, daß sie unmöglich aneinander vorbeikommen konnten. Der Bär aber wollte den Jäger irgendwie passieren und stürzte dann den Abhang hinunter. An dieser Stelle hat man den Pfad verbreitert. Und neben der berühmten Brücke kann man sich vor einer tiefen Felsspalte fotografieren lassen. Benannt ist das Kap nach einem Jäger gleichen Namens, der hier einst überwinterte.

Das Tal der Bolschaja Kadilnaja und das Kap Bolschoi Kadilny liegen über Wasser 24 Kilometer von Listwjanka entfernt. Marschiert man von Listwjanka aus zu Fuß, so sind es 36 Kilometer. Wir legten die Strecke in zwei Tagen zurück. Im Flußtal liegt das Anwesen - Haus und Wirtschaft - des Forstaufsehers des

Pribaikalski Nationalparks. Angeschlossen sind zwei kleine Gästehäuser; es gibt eine russische Sauna und eine Bootsanlegestelle. Es gilt als besonders schick, seine Gäste hierher zu bringen, sie in der Sauna zu verwöhnen und mit einer „Ucha" zu bewirten.

Das Flußtal ist geschütztes Naturreservat. Der Name Kadilnaja ist mit dem Dorf Kadilnaja verbunden, das sich hier einst befand. Die Bewohner bauten Kalkstein im Tagebau ab. Im Tal gibt es zahlreiche Versteinerungen.

Von der Forstwirtschaft aus kann man vierzig Minuten einen malerischen Pfad entlang wandern, um das Tal der Malaja Kadilnaja zu erreichen. In den herrlich weißen Felsen finden sich in einer Höhe von sechzig bis 250 Metern über dem Baikal einige Höhlen.

Kap Bolschoi Goloustny ragt weit in den See hinein. Die Kapitäne meiden es wegen der häufigen Winde und des hohen Wellengangs. Die Baikalwinde sind überhaupt ein Kapitel für sich, ein jeder hat seinen eigenen Charakter: „Werchowik" - das ist der Nordwind, er kommt aus dem Tal der Angara. Ab Mitte August muß man mit ihm rechnen. Bei diesem Oberwind ist das Wetter sonnig. Der „Werchowik" geht ruhig, ohne Böen, und man kann vor dem Sonnenaufgang hellrot leuchtende Horizonte genießen.

„Bargusin" - das ist ein starker Wind, er wird besungen im berühmten Volkslied „Ruhmreiches Meer, heiliger Baikal". Er bläst aus dem Bargusin-Tal weit über den zentralen Teil des Sees. Dieser Wind weht gleichmäßig mit zunehmender Kraft, er ist jedoch anders als der „Werchowik" nicht langanhaltend. Der „Bargusin" bringt stabiles, meist sonniges Wetter mit sich.

„Kultuk" - das ist der Wind vom Südbaikal. Er bringt böiges Sturmwetter und Regen. „Kultuk" ist der typische Herbstwind. Charakteristisch für diesen Wind sind die dichten Nebel über dem Chamar-Daban-Gebirge.

„Gorny" - das ist ein plötzlich aus dem Gebirge hereinbrechender Wind. Er ist heimtückisch, mit harten Böen und erreicht schnell die Geschwindigkeit und Kraft eines Sturmes. Dieser Wind ist typisch für die Monate Oktober und November, die niederschlagsreichste Zeit am Baikal.

„Sarma" - das ist der stärkste und furchtbarste Wind am Baikal. Er strömt aus dem Tal des Flusses Sarma. Im Sommer kommt er schnell auf und flaut ebenso schnell wieder ab; im Herbst aber kann er den ganzen Tag über den See jagen. Nach wissenschaftlichen Erkenntnissen entwickelt sich dieser Wind mit der Gewalt eines Hurrikans in dem sich zur Mündung verjüngenden Tal der Sarma. Die Mündung stellt eine Art Windkanal zwischen steilen Felsen dar.

Die Siedlung Bolschoje Goloustnoje ist über eine Landstraße mit Irkutsk verbunden. Eine Strecke von rund 120 Kilometern. Wir kamen mit dem Linienbus dort an. Man kann die Siedlung auch auf dem Wasserweg erreichen. Das

Dorf ist dadurch bekannt, daß die Straße von hier über das Eis des Baikal bis zum Dorf Podolskoje Teil der sogenannten Großen Teestraße von China nach Europa war. Der Name Goloustny stammt von der Gegend, die „leer" (goly), unbewaldet und lauter Steppe ist. Hier mündet der Fluß gleichen Namens in den Baikal. In der Siedlung leben 800 Menschen.

Meine Freunde lieben Flußfahrten - und jedes Jahr kommen sie mit ihren Kindern, um mit Hartgummibooten den Goloustny hinunterzufahren. Man mag ihn als echten „Familienfluß" bezeichnen - ruhig ist er, schön, es gibt keine reißenden Stromschnellen und keine gefährlichen Wasserfälle. Der Fluß ist fünf Kilometer lang und vier Kilometer breit. Und so viele Vögel - Wildenten, langbeinige Goldaugen, rotköpfige Tauchenten und andere mehr. Zur Vogelzugzeit sammeln sich hier Tausende Enten!

Die Kirche des Heiligen Nikolai des Wundertäters kann auf eine lange Geschichte zurückblicken, die viele tragische Seiten aufweist. Die Legende erzählt, daß an der Stelle des heutigen Gotteshauses vor langer Zeit die Ikone von Nikolai dem Wundertäter erschien. Die erste Kapelle wurde 1701 gebaut. Die Mönche des nahe gelegenen Klosters errichteten hier ein Kreuz. 1937 wurde die Kirche - wie so viele - geschlossen; die Ikonen wurden verbrannt und der Kirchenraum in einen Speicher umfunktioniert. Nach Berichten Hiesiger wurde der Verwaltungschef, der befohlen hatte, die Kirche zu zerstören, noch in derselben Nacht vom Schicksal bestraft - er verlor sein Augenlicht. Bereits im Jahre 1988 wurden die Restaurierungsarbeiten aufgenommen, und 1998 wurde die Kirche wieder eröffnet. Doch legte ein Brand sie nur wenige Tage nach der Weihe in Schutt und Asche. Die örtlichen Einwohner bauten eine neue Kirche, wobei sie die nötigen Gelder, wie es in Rußland heißt, „in der ganzen Gemeinde" sammelten. Und in dieser dem Heiligen Nikolai dem Wohltäter der Seeleute gewidmeten Kirche wird heute der Gottesdienst abgehalten.

Aus dem Tal des Bolschoi Goloustny zieht sich ein „ökologischer Pfad" entlang dem Baikalufer bis zum Flußtal der Uschkanja. Diese Gegend ist ein besonders gehüteter Teil des Pribaikalsker Nationalparks. Hier befinden sich Haus und Wirtschaft des Jagdaufsehers und eine Zuchtfarm für ostsibirische Laikas (sibirischer Polarhund). Hier sieht man an den Hängen des Vorbaikalischen Bergkamms 400 Jahre alte Zedern! Es ist eine wunderbare Gegend: alpine Wiesen verbinden sich mit der Flora und Fauna der Taiga und der Berge. Hier trifft man auf Isubr und Rentier. Hier findet man die schönsten Waldlichtungen und Meere von Taigablumen. Will man einen Ausflug machen, sollte man einen Führer suchen, denn im Wald gibt es viele Braunbären.

Jäger schenkten einem meiner Freunde aus Bolschoje Goloustnoje einst ein Bärenjunges. Es war gerade einen Monat alt und sehr lustig, tapsig und drollig. Wie ein Meteor flitzte das Kleine durch das Haus, es liebte, gestreichelt und getätschelt zu werden. Und es liebkoste selbst gern. Brachte man das Bärenjunge in den Hof, kamen alle, um mit dem kleinen Gast aus der Taiga zu spielen. Aber aus dem Bärchen wurde ein kleiner Bär und dann ein Bär. Und seine Spiele waren nicht mehr ganz so drollig. Er kippte alle Stühle um, hinterließ das Zimmer in totaler Unordnung. Nun, all das könnte man dulden. Das Schlimmste aber war, daß Mischutka, so der Name des Bären, Bücher liebte! Natürlich nicht so wie wir. Er griff sie und zerriß sie, Seite für Seite.

51 ——

„Morgen im Kiefernwald" (1889) von Iwan Schischkin zählt zu den beliebtesten Gemälden in Rußland

Eine Katastrophe! Und sein Charakter veränderte sich. Aus dem drolligen Bärchen war ein Raubtier geworden, das auch mit der Tatze zuschlug, wenn es schlecht gelaunt war. Meine Freunde hatten Glück, daß in der Gegend just zu der Zeit, als Mischutka richtig unleidlich zu werden begann, ein Zirkus sein Zelt aufgebaut hatte. Dieser bekam schließlich den Bären geschenkt. Später schickte der Zirkus Fotos von Mischutka in der Manege! Er ist ein hervorragender Artist geworden!
In alten Baikal-Reiseführern stieß ich auf folgende Sätze: „Trugbilder beobachtet man auf dem Baikalsee an drei Orten: im nordöstlichen Teil der Insel

Olchon, am Kap Solnetschny und bei der Insel Bolschoi Uschkani." Das war alles. Aber was wollten die Autoren damit sagen? Ich befragte die Einheimischen dazu, und sie erzählten mir so viel über Trugbilder, daß man darüber ein ganzes Buch schreiben könnte. Aus allen Erzählungen wähle ich nur eine, die in Bolschoje Goulustnoje aufgezeichnet wurde.

Am Rande der Siedlung Bolschoje Goloustnoje, 300 Meter vom Baikal, steht ein zweigeschossiges sibirisches Herrenhaus. Es ist ein Jagdschloß und trägt

In der Pestschanaja-Bucht herrscht ein besonderes Mikroklima. Hier gibt es so viele Sonnentage im Jahr wie in den Kurorten am Schwarzen Meer

heute den Namen Baikal-Safari. Organisiert werden Ausritte, Bootsausflüge und Exkursionen ins Tal der Uschkanja. Und der Fremdenführer erzählte von der Uschkanja folgendes: „Diese Baikalgegend ist weithin berühmt aufgrund des Nebels, in dem viele Augenzeugen, wie sie behaupten, seltsame Trugbilder gesehen haben. Die einen sahen Krieger in alten Harnischen, die durch das Gras marschierten. Andere beschrieben die Umrisse einer mysteriösen Stadt im Wasser, wieder andere hörten seltsames Glockengeläut, das aus der Tiefe des Sees heraufstieg. Oft sah man über dem See ein rosarotes Leuchten, das aus der Tiefe kommt, dann den Schatten eines langsam aufsteigenden Schiffes... All das dauert immer etwa zehn Minuten. Im Winter sahen unsere Fischer in der Mitte des Sees einen Dampfausbruch, der das Eis bersten ließ. Und mit den riesigen Eisblöcken flog ein silberner, kugelförmiger Körper in den Himmel. Das Eis fiel krachend zurück, doch der Körper verschwand am Himmel. Solche ungewöhnlichen Erscheinungen sind hier und auf Olchon außerordentlich oft zu beobachten."

Und damit sind wir wieder in der Pestschanaja-Bucht, eine der bekanntesten und malerischsten Ortschaften des Baikal. Sie wurde zum Naturdenkmal erklärt, man nennt die Bucht auch „Sibirische Riviera". Die Fotos vom Baikal in den verschiedensten Zeitschriften und Reiseprospekten sind alle in der Pestschanaja-Bucht aufgenommen. Der saubere Sandstrand, malerisch umrahmt von pyramidenförmigen Felsen.

Über eine Holztreppe stiegen wir zum Leuchtturm hoch. Früher gab es im Leuchtturm gewöhnliche Petroleumlampen, und es war Aufgabe des Leuchtturmwärters Manwel, die Lampen anzuzünden und zu löschen. Manwel war in der Tat ein Unikum, ein Besessener, Exiltrotzkist, der in Sibirien seine Lagerzeit abgeleistet hatte und nicht ins „Kernland" zurückkehren wollte. Er lebte als Einsiedler, stapfte im Winter die 35 Kilometer nach Bolschoje Goloustnoje, um Fisch gegen Lebensmittel und Wodka zu tauschen. Wenn er, schon leicht angetrunken, seine Geschichten erzählte, konnte er uns begeistern. Was hatte dieser Mensch für eine Phantasie! In seinen wunderlichen Erzählungen besuchten ihn ungewöhnliche Halbmenschen - Halbtiere, Menschen - Fische... Der Alte wurde erstmals vom Baikal getrennt, als er ernsthaft erkrankte. Als er im Krankenhaus zu sich kam, begann er zu schreien, daß er „jetzt gleich sterben wird" und zurück zum Baikal wolle. Als man ihn endlich zum Leuchtturm zurückbrachte, starb er dort mit Frieden im Herzen. Anfang der 90er Jahre wurde der Leuchtturm aufgegeben, die Holztreppe wurde abgerissen.

Wir erklommen den Gipfel des Kolokolnja von der nördlichen Seite, obwohl dies schwer und gefährlich ist. Aber belohnt wird man mit einem grandiosen Blick. Steht man hoch über dem See, fühlt man die seltsame Beziehung zur ganzen Welt, die ich eingangs erwähnt habe. Der Baikal scheint vertraut wie ein naher Verwandter und sogar gemütlich zu sein. Das Blinken der weit entfernten Leuchttürme, die Schiffe im „offenen Meer", Wanderer in der Bucht, die Luft getränkt vom Duft vielzähliger Blumen - solche Augenblicke schenken uns die Gewißheit, daß die Welt unser Haus ist.

Eine der merkwürdigsten Naturerscheinungen in der Pestschanaja-Bucht sind die sogenannten Stelzbäume, die auf einem sandigen Abhang im nördlichen Teil wachsen. Mächtige Kiefern und Lärchen auf menschenhohen Luftwur-

53

zeln, denn Wind und Wasser haben in unendlicher Arbeit den Boden weggespült und die Wurzeln freigelegt. Wir fotografierten uns in den 80er Jahren gegenseitig unter den Wurzeln des größten Baumes, die Arme über dem Kopf gehoben, um zu zeigen wie hoch sie sind. Die Wurzeln erinnerten an senkrecht gestellte Fühler! Der Baum war damals schon abgestorben, und heute ist er nicht mehr da. Von insgesamt fünf wirklich hohen Stelzbäumen gibt es noch drei. Wie lange werden sie den Kampf gegen Wind und Wasser noch führen? Stelzbäume gibt es auch auf der Insel Olchon, aber dort sind die freiliegenden Wurzeln nicht einmal einen Meter hoch. Mich faszinierte hier immer besonders ein Baum mit „entblößten", fast waagerecht am Boden liegenden Wurzeln. Und er lebte trotzdem! Unglaublich!

In der Pestschanaja-Bucht herrscht ein besonderes Mikroklima. Hier gibt es so viele Sonnentage im Jahr wie in den Kurorten am Schwarzen Meer. Es ist der einzige Ort in ganz Ostsibirien, wo die Jahresdurchschnittstemperatur ein kleines Plus aufweist.

Die Wassertemperatur in der Bucht ist allerdings auch im Sommer niedrig. Aber das hat uns nicht vom Baden abgehalten. Das Baikalwasser ist gesund. Viele Gläubige kommen Jahr für Jahr im Januar zum Dreikönigsfest zum See. Der orthodoxe Geistliche vollzieht dann den Ritus der Weihe des Wassers - dreimal wird das Kreuz in das Baikalwasser gesenkt -, und die Gläubigen nehmen das geweihte Wasser zum Trinken mit nach Hause. Die besonders Tapferen tauchen dreimal ins eisige Wasser ein, um ihre Seele zu reinigen. Frauen müssen dabei ein neues Hemd tragen, denn im bereits Getragenen, so heißt es, sind die alten Sünden versteckt. Es wird erzählt, daß noch keiner nach dem Tauchen im Eisloch krank wurde!

Wer aus der Pestschanaja-Bucht mit dem Boot weiterreist, kann im Küstengebirge die Grotte mit Bogen passieren. Als wir einmal eine ganze Woche lang in der Tourbase „Buchta Pestschanaja" weilten, haben wir alle Pfade und Bergpässe erkundet. Mit der Zeit begriffen wir, daß man die Schönheit der Natur am besten erlebt, wenn man hoch ins Gebirge steigt. Aus der Höhe sieht die Bucht göttlich aus! Als ob sich der Schöpfer, als er an den Baikalufern arbeitete, von seiner Begeisterung forttragen ließ und mit besonderer Liebe die Felsen, die sanften Berghänge und das perfekte Halboval der Bucht formte und all das auf diesem kleinen Raum der Baikalküste unterbrachte.

Von Göttern, Petroglyphen und Möwentränen

Burchan-Skulptur - Siedlung Buguldeika - Kap Krestowski - Petroglyphen
von Sagan-Saba - Aja-Bucht - Kap Ulan-Nur

Von der Bucht Pestschanaja kann man auf einem sehr bequemen Pfad die
Mündung des Flusses Schumilicha in den Baikal erreichen - man läuft etwa
sechs bis sieben Kilometer. Vom dortigen Kiesstrand beginnt die Steigung bis
in eine Höhe von 1187 Metern. Es sind nur vier Kilometer, doch führen sie
einen gefährlich glitschigen Pfad hinauf, der sich bald im Wald verliert, bald
nahe an den Klippen entlang führt. Doch für seine Mühe wird man belohnt,
denn hier erhebt sich die riesige Holzskulptur des burjatischen Burchan, was
„Gott" oder „Buddha" bedeutet. Im Altertum stellte man solche Skulpturen
an den heiligen Stätten auf; sie waren für besonders verehrte Geister bestimmt,
die in ihnen ihren Wohnsitz nehmen sollten. Vor einigen Jahren beschloß man,
an die alte Tradition anzuknüpfen; und im Juli 1991 errichtete man die
Burchan-Skulptur auf dem schwer zu bewältigenden Gipfel der Vorbaikalischen Berge. Und hierzu gibt es eine Legende:

Einst fand man in der Nacht am Ufer der Insel Olchon einen vom Baikalwasser gebleichten, ungewöhnlich glatten, riesigen Baumstamm. Der örtliche Schamane hatte kurz zuvor eine Vision gehabt, daß aus einem solchen
Baumstamm der neue Holzongon für alle obdachlosen Eschinen (Geister von
Wäldern, Seen, Flüssen und Bergen) gefertigt werden müsse. Örtliche Künst-
ler schufen auf der Grundlage alter Überlieferungen eine genaue Kopie der
alten Gottheit. Der Schamane hatte auch gesagt, daß man auf ein „Zeichen
von oben warten" müsse, das anzeigen werde, daß die Skulptur „dem Himmel" willkommen sei. Und das Zeichen kam. Es kamen sogar drei Zeichen.
Das erste: In dem Moment, als die Holzschnitzer ihre Arbeit abgeschlossen
und die Hände nach oben gehoben hatten, ertönte im Nebel vom Baikal her
ein langer Ton. Das zweite: Als ein Hubschrauber den Burchan zum Gipfel
brachte, standen dort zwei Isubre, die, wie der Schamane angekündigt hatte, auf den Burchan warten würden. Das dritte: Als die Skulptur aufgestellt
war, verschwand wie von Zauberhand der Nebel, die Sonne schien, und erneut kam der seltsame Laut vom Baikal herauf. Und er war weder einem
Dampfersignal noch einem anderen Laut ähnlich. So berichteten die Ansäs-
sigen.

Der Fluß Buguldeika ist einer der größten Flüsse, die an der Westküste in den
Baikal münden. In der Flußmündung liegt die gleichnamige Siedlung. Mit
dieser ist eine ganze Reihe Erinnerungen verbunden. In den 70er Jahren hielt
sich hier eine Expedition der Akademie der Wissenschaften der UdSSR - Geo-

logen, Geochemiker und Mineralogen - auf. Wir freundeten uns mit den Wissenschaftlern an und wurden schließlich begeisterte Edelsteinsammler.

Ich kann mich gut erinnern, als sich vor uns - unterwegs war ich mit einem Freund - erstmals der breite Streifen der Landzunge des Flusses Wiljui unweit der Burjatensiedlung Suntar auftat. Das ganze Ufer war bedeckt mit Kies aus weißem und gelbem Chalcedon, moosfarbenem Achat, orange-rotem Karneol und Jaspis... Die Pracht der Steinlandschaft wurde durch die leuchtenden Sonnenstrahlen aus wolkenlosem blaß-blauem Herbsthimmel verstärkt. Uns schien, daß wir in eine Märchenlandschaft geraten waren. Und natürlich stopften wir unsere Taschen mit Steinen voll.

Das Kap Ulan-Nur ist als Ort seltener Mineralien bekannt

Mein Freund wurde passionierter Mineraloge, der über Edelsteine Bescheid wußte. In seiner Sammlung fanden sich Amethystmandeln aus Kamtschatka, Karneole und Achate vom sibirischen Polarkreis, Rubine vom Jenissej sowie rosarote Turmaline und goldgelbe Topase aus Transbaikalien. Man sah ihn nie ohne das zerlesene Buch des Mineralogen und Akademiemitgliedes Alexander Fersmann „Erzählungen über die Mineralien", das er oft zu Rate zog, um gefundene Steine zu identifizieren. Dieses Buch hatte er in Buguldeika von den jungen Wissenschaftlern geschenkt bekommen. Mir schien immer, daß er es auswendig kannte, Seite für Seite. Wir lasen uns der Reihe nach beim Licht des Lagerfeuers aus dem Buch vor. Unsere Lieblingsseiten waren die über die sibirischen Expeditionen auf der Suche nach lauch- bis graugrünen Nephriten. Aus diesem Buch möchte ich eine Passage von einer Reise, die vor fast hundert Jahren aufgezeichnet worden ist, zitieren: „Morgens früh orderte ich ein Floß, um die Nephritstücke zu befördern. Über das Wasser konnte ich das Lager schnell erreichen, ohne mich selbst und die anderen zu ermüden. Die Straßen sind unbequem. Trotzdem mußte ich einen Arbeiter mit den Pferden über diesen Weg losschicken. Das Floß aus sechs Baumstämmen war um ein Uhr mittags fertig. Ich lud die Steine mit einem Gewicht von zwanzig Pud (ein Pud gleich 16,38 Kilogramm) und sonstiges Gepäck darauf und machte mich in Begleitung von zwei Meistern über den Onot auf zum Lager.

Wir kamen schnell voran, doch nach drei Werst (ein Werst gleich 1,067 Kilometer) stießen wir plötzlich auf einen Wasserfall: auf einer Strecke von etwa dreißig Saschen (ein Saschen gleich 2,13 Meter) fällt das Wasser hier um drei Saschen ab. Es trifft auf seinem Wege auf zahlreiche, ziemlich große Unterwasserfelsen, schlägt je weiter das Flußbett fällt mit immer größerer Geschwindigkeit und mit ohrenbetäubendem Lärm auf das Gestein... Trotz aller unserer Anstrengungen wurden wir vom Wasserfall herabgerissen und landeten mit einer Floßseite auf einem Unterwasserfels. Schon bei diesem ersten Schlag stellte sich das Floß quer, und das Wasser schlug vom Rand, der nach unten geneigt war, über uns zusammen. Beim Aufprall und der schnellen Wende des Floßes konnten wir uns gerade noch an der Querstange festhalten, an der das Ruder befestigt war, sonst wären wir dem schäumenden Element zum Opfer gefallen. Ohne Aussicht auf Rettung und kniehoch im Wasser stehend, fühlten wir, wie die Kälte an unseren Kräften zehrte. Um dem sicheren Tod zu entgehen, kam ich auf die Idee, die beiden ziemlich dünnen Ruder über dem Wasser anzubringen. Wir befestigten sie in einer Höhe von zwei Zoll über dem Wasser und setzten uns darauf. Zu unserem Unglück ging um neun Uhr abends ein heftiger Regen nieder, der uns bis auf die Knochen naß zurückließ. Nach dem Regen und dem Sonnenuntergang kam wie stets in den Bergen die Kälte zurück, und wir erstarrten, auf den dünnen Brettern sitzend, zu Salzsäulen. Glücklicherweise sank das Wasser am nächsten Morgen. Unter Lebensgefahr erklommen wir das Ufer und erreichten völlig erschöpft das Lager. Einen Teil der Nephrite brachte ich nach Irkutsk, dann kehrten wir zum Onot zurück, um die anderen Steine zu holen."

In der Siedlung Buguldeika fand die Expedition der Akademie der Wissenschaften der UdSSR Marmor von vorzüglicher Qualität. Und Marmor kann man heute noch nördlich der Siedlung an einem nahen Hügel entdecken.

Dort ist ein offener Marmorsteinbruch, vorbereitet zur Erschließung, doch heute verfallen. Wenn ich diesen Steinbruch betrachte, denke ich oft: Hätte man hier in Buguldeika nicht das Marmorlager entdeckt, wäre die Expedition nicht hergekommen und wir hätten nie das Fersmann-Buch zur Erinnerung geschenkt bekommen, das uns während unserer Wanderungen stets begleitete.

Kap Krestowski heißt auf Burjatisch Dain-Choschun - Kap des Krieges. Vom Kap aus eröffnet sich eine herrliche Sicht in enorme Weiten. Im Süden bis zum Rayon Goloustny, im Norden bis zur Insel Olchon. Auf dem Dain-Choschun sind die Ruinen einer alten Festung aus der Zeit der Kurykanen erhalten. Hier erhob sich einer ihrer Wachposten, von hier aus warnte man mit Rauchsignalen vor heranrückenden Feinden. Die 3,5 Meter hohen Steinmauern auf Dain-Choschun sind 150 Meter lang.

Der Weißmarmorfels Sagan-Saba sticht aus dem grauen Felsgestein der Baikalküste hervor. Er erhebt sich fünf Kilometer nördlich vom Kap Krestowski. Sagan-Saba kann man auch mit dem Auto über die Landstraße erreichen. Dieser Felsen ist weit über Sibirien hinaus bekannt, da man hier zahlreiche Petroglyphen gefunden hat. Nach Darstellung, Komposition und Vielfalt der Sujets zählen sie zu den vortrefflichsten Felszeichnungen der Welt. Fachleute sind der Meinung, daß die ältesten dieser Felszeichnungen - sie zeigen tanzende Schamanen, mit Hörnern geschmückt und die Hände hoch über dem Kopf erhoben, laufende Hirsche und ausdrucksvoll dargestellte Schwäne - 4 000 Jahre alt sind! Die Figuren sind punktiert, in den Fels geritzt oder mit Ocker gemalt. Der Urmensch war überzeugt, aufs engste mit einem bestimmten Tier durch Verwandtschaftsbande verbunden zu sein, von dem seine Sippe stammte. Nach Überlieferungen stammt jede burjatische Sippe von einem Totemtier ab. Bei den einen war es der Stier, bei den anderen der Adler, und bei wieder den nächsten der Schwan. Deshalb kann man auf den Felsen von Sagan-Saba die mythischen Vorfahren bestaunen. In uralter Zeit vollzogen die Burjaten vor diesen felsigen „Ikonenwänden" ihre religiösen Rituale mit der Darbringung von Opfergaben. Laut ihren Überlieferungen kamen in der Gegend von Sagan-Saba der Bural-Sagan-nojon und seine Gattin Buga-Sagan-chatan (der „Weiße Herr" und die „Weiße Herrin") vom Himmel. Sie hinterließen auf dem Felsen ihr Surag (Steinzeichnung) und ließen sich hier nieder. Die eben hier befindliche heilige Stätte der Schamanen ist einer der bedeutendsten heiligen Orte am Baikal. Um den Einfluß der Schamanen zurückzudrängen, meißelten die Mönche aus dem russisch-orthodoxen Kloster Posolski vom gegenüberliegenden Baikalufer Anfang des 18. Jahrhunderts zwei Kreuze in den Sagan-Saba-Felsen.

Am westlichen Abhang liegt eine bis zu vierzig Meter tiefe Tropfsteinhöhle. Mit ihr ist die Legende von einer geheimnisvollen Schamanenhöhle und dem dort von Chinesen versteckten Gold verbunden. Die Chinesen konnten, so sagt die Legende, das Gold nicht über den Baikal transportieren und waren gezwungen, es hier zu vergraben. Der Eingang zur Schamanenhöhle wurde bislang nicht gefunden, Erwähnungen und Beschreibungen finden sich in alten Baikalbüchern aus den 20er Jahren des 20. Jahrhunderts: „Irgendwo oben, in einer Vertiefung des über den Petroglyphen ragenden Felsens, befindet

59

Nach Darstellung, Komposition und Vielfalt der Sujets zählen die Felszeichnungen am Weißmarmorfelsen Sagan-Saba zu den vortrefflichsten der Welt

sich der Eingang zur Tropfsteinhöhle; in einer Tiefe von etwa zehn Metern liegt ein großer Saal, von dem seitlich waagerechte Gänge abzweigen. Einer dieser Gänge endet an einem tiefen Brunnen, in dem das Gold versteckt gewesen sein soll. Der Eingang zur Höhle ist jedoch getarnt. Der Gipfel des Felsens weist deutlich ausgeprägte Karstspuren auf: zahlreiche verschüttete Vertiefungen, Dampf aus den Felsspalten, der in frostigen Tagen zu beobachten ist, von den Wellen ausgewaschene Höhlen und Felsspalten am Fuß des Ber-

ges. In einige Höhlen kommt man nur im Winter, indem man über das Eis robbt. In den Höhlen kann man sich zu voller Größe aufrichten und im weißen Marmor ein monolithisches Gebilde in Form eines schwarzen Pfeilers sehen, der nach oben strebt. Eine andere große, vom Wasser ausgewaschene Höhle befindet sich im südlichen Felsen, der sich neben den Felszeichnungen erhebt. Sie ist nur auf dem Wasserweg zu erreichen. Es gibt Legenden, nach denen die Schamanenrituale mit Opferung dort vollzogen wurden."

Aja heißt auf Ewenkisch „gut, schön, bequem". Und die Aja-Bucht ist in der Tat gut gegen den Wind geschützt, ideal, um auf das Nachlassen eines Sturms auf dem Baikal zu warten. Die Bucht schneidet 800 Meter ins Land hinein, sie ist 600 Meter breit. Vom Norden und Süden ist sie durch hohe Kaps mit steilen Felsen geschützt, im Westen befindet sich in der Tiefe der Bucht ein halbkreisförmiger Sandstrand. Die Höhlen im Marmorplateau der Bucht sind mit rund zwei Milliarden Jahren die ältesten in Sibirien. Am Eingang einer der Höhlen zeichneten Irkutsker Studierende in meinem Beisein Mammutbildnisse auf den Fels, die ich Jahre später in einem wissenschaftlichen Aufsatz über den Baikal als „interessantes Werk der alten Maler" beschrieben fand. Es gibt jedoch auch echte uralte Felszeichnungen, die menschliche Figuren, Möwen und Fische darstellen. Doch sind es leider nur wenige.

Die Ewenken haben eine schöne Legende, die vom Baikal, den Möwen und dieser Bucht erzählt. Die Ewenken nennen den Baikal Lamu. Und in der Legende geht es darum, wie es dazu kam, daß „das Wasser im sibirischen Meer Lamu so überaus sauber ist".

„Die Väter unserer Sippe lebten damals am Meer Lamu, und man nannte sie Lamukanen - Menschen des Meeres. Sie lebten in der Bucht Aja, was aus dem Ewenkischen übersetzt ‚schön und bequem' heißt. Nur eines war nicht gut - das Wasser des Meeres war trüb wie der Schneehimmel. In jedem Frühling kamen viele Vögel. Wenn sie sich in die Luft erhoben, verdeckten sie die Sonne, und es war dunkel auf der Erde wie bei einem Unwetter.

In den Wäldern gab es Isubre, Elche, Wildhirsche und Ziegen. Es waren gute Zeiten. Die Menschen lebten in Freundschaft. Die Männer gingen dem Fischfang und der Jagd nach, die Frauen nähten Kleidung, gebaren Kinder. Die Mädchen vergnügten sich auf den Booten und sangen Lieder. Wenn die Jäger von der Jagd kamen, liebkosten sie die jungen Frauen im Dunkel der Nacht. Bei den Ewenken gibt es ein Sprichwort: ‚Das Unglück findet die Menschen auch im Gebirge'. Es war zur Zeit eines großen Festes. Und als der Stammesälteste dem Meer das Opfer darbrachte, erzitterte die Erde, und sie geriet ins

Wanken. Die Berge stürzten in sich zusammen, die Wellen schäumten hoch und schlugen auf die Felsen. Die Menschen hatten Angst. Sie riefen den Schamanen. Der Schamane sprach lange mit den guten Geistern, konnte aber nicht erfahren, warum der Obergott Tangara zornig war. Das Unwetter tobte über das Meer. Am Himmel hingen dunkle Wolken. Es war unheimlich. Die Dorfältesten versammelten sich, um zu beraten. Sie saßen lange Zeit schweigend, lauschten dem zornigen Gebrüll des Meeres. Dann hob der wür-

61

Nach einer burjatischen Sage machten die Tränen von in Möwen verwandelten Mädchen das Wasser des Baikal hell und rein

digste Greis an zu sprechen. Doch in den Tschum stürzte ein Junge, aus dessen Brust ein Pfeil ragte. ‚Feinde!' rief er, bevor er tot zu Boden fiel.
Die Feinde kamen. Ihr Fürst erhob sich auf dem Hügel und rief: ‚Chawun!' Er schoß den Kriegspfeil in die Richtung des Dorfes. Orokto, der Initsche (Kriegsführer), ging ihm entgegen. Er rammte sein Schwert in den Boden, trat zehn Schritte zurück und rief: ‚Wenn ich dich töten muß, so tue ich es ohne Erbarmen. Wenn ich sterben muß, werde ich nicht um Gnade bitten.'
Der Fürst der Eindringlinge stieg vom Hügel herab, rammte sein Schwert neben Oroktos in den Boden, trat zehn Schritte zurück und rief: ‚Wenn ich ein unwürdiger Krieger bin, soll mein Körper Fraß für die Raben sein.' Sie stürzten zu ihren Schwertern. Orokto schnellte wie der Wind zur Waffe, und als der Feind sich nach seinem Schwert bückte, schlug er ihm den Kopf ab.
Der Kampf begann. Er währte einen Tag, zwei Tage, drei Tage. Die Hälfte der Krieger des Dorfes fiel, die Feinde bedrängten jedoch weiter das Dorf. Am

fünften Tag fiel der letzte Krieger. Die Feinde stürzten ins Dorf, um zu plündern: Sie nahmen die Felle, die Fleisch- und Fischvorräte. Dann trieben sie die Alten, Frauen und Kinder am Ufer des Meeres zusammen, und vor ihren Augen warfen sie die Leichen der Krieger in die Wellen.

Als die Leiche des tapfersten Kriegers herangeschleppt wurde, trat das Mädchen Tschaja auf die Feinde zu, um die Schändung des Leichnams des Geliebten zu verhindern. Die Feinde stellten sich ihr in den Weg. Da zog sie einen Pfeil aus dem Köcher eines feindlichen Kriegers und stieß ihn sich in die Brust. Tschaja wankte, ihr Blut floß in Strömen. Das Mädchen verwandelte sich in einen weißen Vogel und erhob sich in die Luft.

‚Tschaja!' riefen ihre Freundinnen und verwandelten sich ebenfalls in Vögel. Die Feinde flohen in die Berge, die Möwenmädchen aber kreisen seitdem mit traurigen Schreien über dem Meer. Lange vergossen sie Träne um Träne, und das Meer wurde hell und rein von ihren Tränen."

Als ich diese herzzerreißende Legende zum ersten Mal hörte, rauschte hinter dem Zelt die Taiga, und die Möwen klagten hoch über dem Baikal.

Kap Ulan-Nur nenne ich ein Kleinod wie aus „Tausendundeiner Nacht"! Das Kap ist als Ort seltenster Mineralien bekannt. Hier findet man Halbedelsteine und Edelsteine: Diopside, Saphire, Zirkone, Rubine und verschiedenfarbige Spinelle. An den Hängen des Kaps entdeckt man zahlreiche Spuren von Grabungen, Überbleibsel der jährlichen geologischen Expeditionen von Studierenden und von Amateuren.

Nur durch Schwerarbeit konnte der Mensch im letzten Jahrhundert die baikalischen Edel- und Halbedelsteine abbauen. Das Wasser war stets der Hauptfeind der Suchenden: Nicht das Wasser des Baikal, sondern das unterirdische Wasser. Es überschwemmte die Gruben und Minen, es erlaubte dem Menschen nicht, in den Schoß der Erde einzudringen, wohin ihn „glaubwürdige" Zeichen der in der Tiefe verborgenen Schätze lockten. Der Mensch hatte keine Möglichkeit, das durch die Grubenwände strömende Wasser abzupumpen, versuchte jedoch stets, es zu überlisten, indem er sich die Kälte zunutze machte. Er verlegte die Arbeit auf die Wintermonate, um den heimtückischen Feind zu fesseln. Er schlug Löcher im vereisten Grund, holte Erdklumpen um Erdklumpen heraus, um sie im Sommer zu waschen. Einzelne verließen die Minen, schaufelten gleich daneben ihre eigenen Löcher, wobei sie die alten zuschütteten. So wurden hervorragende Vorkommen von Edelmetallen verdorben. Und doch: Zwar gibt es unzählige vernachlässigte Lagerstätten, aber größer ist die Zahl der noch nicht erkundeten Vorkommen.

„Jordynische Spiele" und Schamanismus

Zwei Kilometer vom Baikal entfernt erhebt sich auf dem rechten Anga-Ufer
- rund neun Kilometer von der Siedlung Jelanzy entfernt - der Berg Jeche
Jordo. Er ist nur 34 Meter hoch und gilt den Burjaten als heiliger Ort. Am
Fuße des Berges wurde bis ins 18. Jahrhundert das burjatische Fest „Jordyni-
sche Spiele" veranstaltet. Heute findet es wieder alle vier Jahre statt. Das Fest
ist so beliebt, daß Gäste aus dem gesamten Vorbaikalgebiet kommen. Als ich
den Jeche Jordo das erste Mal sah, löste seine Ungewöhnlichkeit Staunen aus.
Einsam erhebt er sich in einem absolut ebenmäßigen Tal. Er ist kuppelförmig,
so daß man ihn für einen künstlich aufgeschütteten Hügel halten mag. In
der Tat besteht der Berg aber aus riesigen natürlichen Granitplatten.
Nach den Erzählungen der örtlichen Einwohner führten die Burjaten im Frühling, wenn sich die Flüsse vom Eis befreien, die Erde sich mit dem ersten Grün
bedeckt und der Umzug von den Winter- auf die Sommerweiden abgeschlossen
ist, das Vieh bereits Fett ansetzt und es Milchprodukte in Hülle und Fülle gibt,
seit altersher ihre rituellen Spiele durch, um das Erwachen der Natur zu be-
grüßen. Im Laufe des Festes tanzte man um den heiligen Berg den traditionellen Reigen, der sechs Tage und Nächte dauerte und an dem stets etwa 700
Menschen teilnahmen. Der Durchmesser des Berges beträgt am Fuß etwa 600
Meter. Rund um diesen Berg tanzen die Burjaten auch heute wieder ihren
Reigen. Und Vergleichbares gibt es nirgendwo sonst auf der Welt. Damit das
Fest überhaupt stattfinden kann, muß eine Bedingung erfüllt sein: Es muß
so viele Teilnehmer geben, daß die Tanzenden rund um den Berg einen geschlossenen Kreis bilden können. Denn kommt der Kreis nicht zustande, gelten die Spiele als mißlungen, und die Gäste kehren dem Ort schnell den Rücken
zu. Dies war das Zeichen dafür, daß es ein schlechtes Jahr werden wird, eines, das den Menschen weder Glück noch Wohlstand bringen wird. Es wird
aber auch erzählt, daß die Zahl der Reigentanzenden manchmal so groß war,
daß sie drei bis vier Kreise um den Jeche Jordo schließen konnten. Beim Tanzen verschlissen die Teilnehmer oft mehrere Paar Schuhe.
Neben dem Reigentanz - Jochor - fanden während des Festes Wettbewerbe
der Sänger und Märchenerzähler statt. Nach dem allgemeinen Gebet wurden zudem Wettbewerbe im Bogenschießen, im burjatischen Ringen und Rei-
ten veranstaltet. Während der Regierungszeit Dschingis Khans und seiner
Nachkommen lud der Khan im 12. und 13. Jahrhundert die Sieger dieser Wettkämpfe in sein persönliches Gefolge ein und stellte sie an die Spitze seiner
Truppenteile. Alle Töchter Dschingis Khans waren mit burjatischen Fürsten
verheiratet, die sich während der „Jordynischen Spiele" ausgezeichnet hat-

ten. Die schönsten Mädchen wurden zum Fest aus den entlegensten Siedlungen und Dörfern zum Jahrmarkt der Bräute gebracht.

Gerade die Jugend tanzt den Reigen auch heute. Die Zahl der Teilnehmenden war im Jahre 2000 so groß, daß man einen zweiten Kreis um den Berg schließen konnte. Erkoren wurde eine Schönheitskönigin. Es war eine Stu-

Das Tal der Anga - halbrechts im Zentrum der heilige Berg Jeche Jordo

dentin der Staatlichen Burjatischen Universität in Ulan-Ude. Es gab Sänger, Musiker und Reiter. Die Ringer maßen sich im klassischen und im nationalen Ringkampf. Es sei angemerkt, daß der burjatische Ringkampf nach sehr einfachen Regeln verläuft. Es gibt zum Beispiel keine Gewichtsklassen und keine Zeitbegrenzung. Gekämpft wird bis zum Ende; Sieger ist derjenige, der seinen Gegner zwingt, den Boden mit dem „dritten Punkt" zu berühren.

Alle vier Jahre - Ende Mai oder Anfang Juni - segnen die Schamanen der westlichen und östlichen Küste des Baikal die „Jordynischen Spiele". Sie besprengen die Geister der drei Welten mit Milch und Milchwasser und rufen die Götter und Eschine - Herrscher des Ortes - auf, sich auf die Opferung vorzubereiten. Dieser Benetzungsritus heißt „Sassali". Abgeschlossen wird er mit der Frage an die Götter, ob sie mit der Opfergabe einverstanden sind. Der lee-

re Becher wird nach der Benetzung leicht nach vorn und in die Luft geworfen, dabei ruft man „Toorek". Fällt er mit dem Boden nach unten, ohne um-
zufallen, ist dies ein gutes Zeichen, kippt er um, wird das gesamte Ritual wiederholt.

Dann folgte die große Opferung - die Gaben dafür werden im voraus zubereitet, im Feuer gereinigt und mit heiligen Kräutern geweiht. Zum Gipfel des
Jeche Jordo darf nur der Schamane aufsteigen, der den Göttern das Opfer dar-
bringt. Traditionell wurde ein Lamm geopfert. Wurde das Opfer angenom-
men, schickten die Götter ein Zeichen des Wohlwollens: ein Nieselregen setzt
ein und kurz darauf erscheint ein Regenbogen am Himmel. Am Ort der Opferung konnte auch der Eschin in der Gestalt eines Tieres oder Vogels erscheinen. Einst bedeckte ein reicher Mann vor den Spielen alle Hänge des
heiligen Berges mit weißen Lammfellen; der Berg schien aus der Ferne schnee-
weiß zu sein! Weiß gilt als Farbe des Wohlstandes.

Die meisten geographischen Namen im Vorbaikalgebiet haben burjatische,
mongolische oder ewenkische Wurzeln. Das Wort „Jordo" bedeutet auf Burjatisch „das, was vor Augen steht" oder „das, was ins Auge springt". Jeche Jordo ist ein großer und ins Auge springender Berg. Gerade an ihn wendet sich
der Schamane mit dem rührenden Gebet: „Jord! Wir leben am Baikal! Soll
das Meer immer sauber, sollen die Berge weiß und die Wiesen grün sein. Dir
gehört alles, die ganze Erde. Wir bitten dich: Gib uns, deinen Kindern, was
nötig ist. Einen Tropfen Milch. Kleidung. Ein wenig Geld. Gib uns Glück. Gib
uns Kraft. So soll es geschehen!"

Das Wort „Jord" deuten die Schamanen auf andere Weise als die Philologen.
Das betonte „Jord" bedeutet während des schamanischen Ritus die höchste
Stufe der Verzückung, die Hinwendung an den Großen Geist. Entsprechend
den schamanischen Traditionen vergöttern die Menschen die Natur; sie streben danach, das Gleichgewicht in der Natur zu bewahren und durch ihre
Handlungen nicht zu zerstören. Die Natur schlechthin galt als göttlicher Tempel, den man pflegen und behüten mußte. Deshalb durfte man den Baum an
einer Wasserquelle nicht fällen, die Steine, unter denen Ameisen leben, nicht
anheben, nicht mehr Tiere töten, als für die Ernährung erforderlich sind.

Orte, an denen sich Götter und Geister offenbaren oder an denen sie handelten, werden als heilige Stätten besonders gehütet. An solchen Orten - der
„Kontaktzone" zwischen den Welten - errichtete man sogenannte Obo, man
umgab die sakralen Stätten mit Steinmauern, band Stoffetzen - „Salaa" - an
die Äste der Bäume. Gemäß dieser Tradition, die vor allem in Burjatien verbreitet ist, darf man an solchen Orten nicht vorbeigehen, ohne den Herrscher
des Ortes zu ehren, sonst wird man kein Glück haben.

65

Viele Historiker haben über die Opfersitten an den heiligen Orten geschrieben, darunter auch über die Tradition, ein Lamm auf dem Berg Jeche Jordo zu opfern: „Am Baikal gibt es den heiligen Berg Jeche Jordo, an den man sich begibt, um zu schwören. Wer einen Meineid leistet oder eine unwahre Aussage macht, kehrt nicht lebend zurück. Einmal im Jahr werden auf dem Gipfel des Berges dem Himmel Opfer dargebracht."

Die Wiederbelebung der „Jordynischen Spiele" ist mit der Wiedergeburt des Schamanismus in der Baikalregion seit Mitte der 80er Jahre verbunden. Der Schamanismus steht nicht im Konflikt mit dem Buddhismus und dem Christentum, den beiden anderen großen Religionen in Burjatien, und bedeutet für das Volk die Rückkehr zu seinen Traditionen und Wurzeln.

Einige Wissenschaftler meinen, daß der Schamanismus eigentlich ein nur den Völkern Sibiriens eigenes Phänomen ist. Das größte indigene Volk Sibiriens - die Burjaten (etwa 440 000 Angehörige) - und das kleinste Volk - die Tofen (oder Tofalaren, rund 750 Angehörige, die im Gebiet Irkutsk leben) - sind in gleichem Maße Träger der „schamanischen Kultur". In den Jahren der Sowjetmacht wurden die Schamanen als „Schmarotzer" und „Volksfeinde" zur Umerziehung durch „gesellschaftlich nützliche Arbeit" in die Arbeitslager geschickt. Der fest in den Traditionen der Völker Sibiriens verankerte Schamanismus hielt jedoch sowohl dem Druck des Atheismus als auch dem der Weltreligionen stand. Die Schamanen im Baikalgebiet sind heute in Schamanenassoziationen und religiösen Gemeinden vereinigt. In Burjatien wurde 1997 die schamanische Gemeinschaft „Boo murgel" registriert, die 45 Schamanen vereint, die das staatlich genehmigte Recht haben, die schamanische Kultustätigkeit im Baikalgebiet auszuüben.

Im Jahre 2001 gab es vier praktizierende Schamanen auf der Insel Olchon. Der jüngste von ihnen ist Valentin Chagdajew aus der Siedlung Jelanzy im Rayon Olchon im Gebiet Irkutsk. Als Sprößling der Schamanendynastie der burjatischen Sippe Bujan vollzieht er in neunter Generation die schamanischen Riten, machte aber zugleich die Aspirantur am Institut für Mongolenkunde, Buddhismus und Tibetologie des Burjatischen Wissenschaftszentrums der Akademie der Wissenschaften. Er veröffentlichte die Monographie „Der Schamanismus und die Weltreligionen". Im Jahre 2000 bestand er die fünfte Schamanenprüfung „Chesete-boo" („Der die Schellentrommel besitzt"). Insgesamt gibt es neun Stufen der schamanischen Meisterschaft.

Erste Stufe: „Jabagan-boo" ist der Anfänger in den schamanischen Kenntnissen, in der Regel ist er Gehilfe eines bekannten Schamanen. Er darf den

Ritus des Besprengens mit Milch und Tee für einfache Geister vollziehen, wobei er diese beschwört, sich nicht gegen jemanden oder etwas zu richten.

Zweite Stufe: „Duhalgyn-boo" - dieser hat das Recht, sich an die Feuergeister, die Eschinen des Ortes und die Geister der Ahnen zu wenden. Für den Ritus des Benetzens darf er neben Milch und Tee auch Tarassun (ein alkoholisches Milchgetränk) und geschmolzene Butter benutzen.

Dritte Stufe: „Chajalgyn-boo" - dieser hat das Recht, sich an die höheren Geister - Chaaten - zu wenden und ein weißes Lamm zu opfern.

Im Laufe der „Jordynischen Spiele" tanzt man den traditionellen Reigen um den heiligen Berg Jeche Jordo. Können die Tanzenden keinen geschlossenen Kreis um den Berg bilden, gelten die Spiele als mißlungen

Vierte Stufe: „Jodootoi-boo" ist ein gesetzlich registrierter Schamane. Er hat am heiligen Ort seinen Eid geleistet und das Recht, allen Geistern zu opfern, die er kennt. Ihm ist erlaubt, ein weißes, schwarzes oder andersfarbiges Lamm zu opfern.

Fünfte Stufe: „Chesete-boo" ist Besitzer der Schellentrommel, die ihm ermöglicht, sich in Trance zu versetzen. Er darf die Schamanenreise in die andere Welt antreten, um einen Kranken zu heilen. Seine Opfergabe für Chaaten, Sajanen (Beschützer der Sippe) und Eschinen ist ein Lamm oder ein Ziegenbock gleich welcher Farbe.

Sechste Stufe: „Chorbotoi-boo" hält den Schamanenstab mit Pferdehufen in Händen. Er vollzieht den Opferritus mit Pferd oder Stier; er hat die Fähigkeit, sich ohne Schellentrommel und Gebete allein durch Konzentration vom Geist Ongo überkommen zu lassen.

Siebte Stufe: „Orgoito-boo" besitzt die eiserne Krone mit Hirschgeweih und den Schamanenmantel mit eisernem Umhang. Er hat das Recht, einen jeden Ritus zu vollziehen, und unterweist die schamanischen Anfänger. Er darf bis zu drei Schellentrommeln besitzen. Aber erst nach der siebten Stufe hat ein Schamane das Recht, andere Schamanen auf eine neue Stufe zu erheben.

Achte Stufe: „Duuren-boo" ist der, der alles besitzt. Er hat alle Attribute und Schellentrommeln unterschiedlichster Größe. Hervorragende Schamanen besitzen Dutzende Schellentrommeln. Auf dieser Stufe ist der Schamane bewandert in der schamanischen Wissenschaft und berechtigt, komplizierte Schamanenriten zu vollziehen. Er kann Regen und Wind heraufbeschwören.

Neunte Stufe: „Saarin-boo" ist der, der die höchste Stufe des Schamanismus erreicht hat. Der Saarin-boo erkennt die Wahrheit im Schamanismus. Der Große Schamane kann ein Botschafter von Tengeri sein, Wunder tätigen und im Ongo-Zustand über die Baumkronen fliegen. Er hat die Gabe der Prophezeiung, verkehrt frei mit allen Geistern und reist zwischen allen Welten.

Angeführt seien einige Merkmale des Schamanismus: Die schamanischen Gaben werden vererbt (Utcha), der Schamane hat ein Zeichen auf dem Körper, genannt „Tengerin temdeg" („Göttliches Zeichen"). Ihm ist die Fähigkeit gegeben, Geister zu sehen und mit ihnen zu kommunizieren. Die Seele des Schamanen verläßt den Körper und macht sich auf den magischen Flug. Ein Schamane hat die Fähigkeit der Heilung und der Zähmung des Feuers, auch versteht er die Sprache der Tiere. Ihm sind die Riten, die schamanischen Gebete und Anrufe sowie die Namen der Stammesgeister bekannt. Er ist ein wahrer Kenner des mündlichen epischen Schöpfertums. Er ist bewandert in den Traditionen, Sitten und Bräuchen der Götter und Geister.

Das Betätigungsfeld der burjatischen Schamanen ist weit: Die Schamanen bitten die Götter und Geister um Fruchtbarkeit des Menschen, der Erde und des Viehs, um Glück bei der Jagd und um gutes Wetter. Der Schamane begleitet die Seele eines Verstorbenen ins Jenseits. Er erkennt die Ursachen von Erkrankungen und behandelt diese. Er sucht verloren gegangene Menschen und Tiere. Erkennt er, daß einem Menschen Gefahr droht, so bannt er diese. Zur „Arbeit" des Schamanen gehört all das, was ein Einwirken übernatürlicher Kräfte verlangt, denn nur er kann mit diesen Kräften Fühlung aufnehmen.

Die Meinung ist verbreitet, daß die Geister selbst den zukünftigen Schamanen wählen und ihn darüber informieren, indem sie ihm die „Schamanenkrankheit" schicken. Sie kommt in der Regel im Hören von Stimmen, in Visionen und Kopfschmerzen zum Ausdruck. All das geht vorbei, wenn der Erwählte sich einverstanden erklärt, Schamane zu werden. Weist er dies zurück, wird er dafür unter Umständen mit dem Leben bezahlen.

Der Schamane Chagdajew erzählte von sich selbst: „Von Geburt an habe ich sechs Finger an der rechten Hand - der Hand, mit der man die Benetzung vornimmt. Ich habe in meiner Kindheit auf unserem Serge (Sippenpfahl) den Weißen Adler gesehen - er gilt als Bote von Chan-Gchoto-baabai. Ich sah im Gras eine große Eidechse, die unter sibirischen Bedingungen nicht vorkommt. Dies bedeutet, daß die Eidechsen mich schützen und mir helfen. Als ich erwachsen war, sah ich in der Nacht hinter mir ein schwarzes Roß. Die Alten erklärten mir, daß das Roß Totemtier unserer Sippe ist. Der Geist des schwarzen Rosses begleitet mich, wenn ich alleine bin - es ist der Beschützer meiner Sippe. Ich sah das Roß mehrmals im Traum - es rettete mich im Kampf mit bösen Geistern, die mich verfolgten."

69

Ich hatte das Glück, einmal dem Ritus des Gesprächs mit den Baikalgeistern - Abai-Chatana - beiwohnen zu dürfen, den Valentin Chagdajew vollzog. Der Schamane verbeugte sich zuerst vor dem Baikal und bat die Geister des Ortes um die Genehmigung, den Ritus an diesem Ort - auf einem hohen Felsen, von dem aus der See gut zu sehen war - durchzuführen. Dann wurde ein Feuer entzündet. Der Schamane wandte sich an das Feuer, um die Eschinen zu beschwören. Daraufhin sprach er die Schamanensprüche, reinigte die Schamanenkleidung und die Schellentrommel. Man warf dabei Feldthymian ins Feuer, den die Burjaten aufgrund seines Wohlgeruches als heiliges Kraut betrachten. Chagdajew zog das Schamanenkostüm an und begann, den alten Opferritus zu vollziehen, indem er, der Tradition folgend, vor Beginn des rituellen Tanzes alle vier Seiten der Welt mit Milch benetzte, um die Geister zu wohlwollend zu stimmen.

Dann schlug er die Schellentrommel... Moderne Wissenschaftler, die die Schamanenmusik als „Trance mittels der Schellentrommel" erforschten, behaupten, daß die „akustische Bombardierung" vermag, den Menschen innerhalb von einer halben Stunde in Trance zu versetzen. Dabei sinkt der Adrenalin- und Hydrokortisongehalt - sogenannte Streßhormone - im Körper stark ab. Auch über seine Erfahrungen, wenn er seinen Körper verläßt, berichtete Valentin Chagdajew: „Da verschwinden das Raum- und Zeitempfinden, alle Kontraste, da ist die Welt formlos oder mehrförmig; das hängt von der Armut oder dem Reichtum des Bewußtseins und der Imagination ab. Dort herrschen Leich-

tigkeit, Wohlsein, doch es ist unmöglich, jene Empfindungen zu beschreiben, die ich während des Übergangs oder des Eingangs in die irreale Welt fühle; auch gibt es keine Worte, um auszudrücken, wie schwer es ist, in unsere Welt und in den eigenen Körper zurückzukehren."

Die Praktiken der Schamanen ähneln sich weltweit. Genommen werden halluzinogene Stoffe; geschlagen wird die Schellentrommel; getragen wird die symbolische Schamanenkleidung; die während des Ritus Anwesenden unterstützen den Schamanen durch ihren Glauben an dessen Kraft; durch die Tänze und Beschwörungen der Geister wird ein ekstatischer Zustand erreicht. Die Beschwörung der Geister muß auswendig und in der Muttersprache der Geister vorgetragen werden, richtig und ergebungsvoll. Der Schamane beginnt bei den unteren Geistern und arbeitet sich bis zu den höchsten Geistern hoch. Ein einfacher Mensch darf das Schamanengebet - Durdalaga - nicht außerhalb des rituellen Rahmens vortragen, sonst wird er von den Göttern oder Geistern bestraft. Auch darf man an einem Ritual nicht ohne einen gewichtigen Grund teilnehmen.

Die Dokumentation der Sitten und Bräuche der Schamanen ist eine höchst diffizile Angelegenheit. Die Schamanen vertreiben Fotografen und Kameraleute oft vom Ort der Beschwörung der Geister, weder Geld noch andere Geschenke sind für sie von Bedeutung. Der bekannte burjatische Schamane Orloob Orbodojew - das Oberhaupt der Olchoner Schamanen - untersagte 2001 einem japanischen Dokumentarfilmteam die Aufnahmen, obwohl es extra aufgrund einer zuvor erteilten Genehmigung für die Dreharbeiten aus Japan gekommen war. Das ungebührliche Verhalten des Regisseurs gefiel dem Schamanen nicht, und die Gruppe mußte unverrichteter Dinge wieder abreisen.

Um in Kontakt zu den Schamanen zu treten, war ich stets um die Unterstützung eines im Dorf geachteten Menschen bemüht, dessen Ratschlägen ich strikt folgte. In der Siedlung Arschan im Rayon Tunkinski (der Ort ist durch seine Heilquellen berühmt) beriet mich die Direktorin der örtlichen Mittelschule. Sie stellte mich dem Dorfschamanen Wassili Rasputin vor. Sein Haus lag am Rande des Dorfes, fast im Wald. Und die heilige Stätte der schamanischen Rituale befand sich in eben diesem Wald hinter dem Haus. Rasputin bezeichnete sich als „schwarzen Schamanen", aber nicht, weil er etwas „Schwarzes" tut, sondern weil er sich an den schwarzen Herrscher - den Herrscher der Unterwelt Erlik-Khan - wendet. Er berichtete mir, daß sich oft jene an ihn wenden, die in den „Streifen von Unglück und Unheil" geraten sind. Der Sinn seiner rituellen Anrufungen besteht darin, daß er den mächtigen Erlik-

Khan beschwört, den Menschen zu „vergessen", „ihn in Ruhe zu lassen" und mit dem Opferlamm vorliebzunehmen. Erlik-Khan ist der schreckliche Herrscher des Jenseits, und die „Aufmerksamkeit", die er einem Menschen schenkt, bringt diesem viele Probleme: Mißgeschick bei der Arbeit und Unglück in der Familie bis hin zum Tod. Rasputin machte mich mit dem Sinn und der magi-

71

Der tief in den Traditionen der Völker Sibiriens verankerte Schamanismus hielt sowohl dem Druck des Atheismus als auch dem der Weltreligionen stand. Insgesamt gibt es neun Stufen der schamanischen Meisterschaft

schen Kraft der Schamanenattribute bekannt, die er bei den Ritualen benutzt: getrocknete rote Fliegenpilze und die Schellentrommel. Letztere verglich er mit dem schwarzen Roß, auf dem er während der Trance in die Unterwelt reitet, um Erlik-Khan zu begegnen. Eine Peitsche dient ihm als Waffe, ein Kupferspiegel gewährt ihm Schutz während seines Schamanenfluges. Zu ihm kommen hohe Beamte aus Ulan-Ude ebenso wie die Landbevölkerung aus der Umgebung.
Ein anderer Schamane lebte im Dorf Chorbjaty. Die Lehrerin des Dorfes verabschiedete mich mit den Worten: „Wenn du das Vertrauen des Schamanen

gewinnen kannst, wird er dich zum Ritual einladen, wenn nicht - bestehe nicht darauf."

Als ich zum Haus des Schamanen Danilo Suschenkow kam, fielen mir zwei teure Autos mit blauen Nummernschildern auf. Zwei Mitarbeiter der Abteilung des Innern waren gekommen, sich vom Schamanen beraten zu lassen. Ich wartete also. Der Schamane Danilo war ein Mann von hohem Alter, dabei aber quicklebendig und humorvoll! Ich reichte ihm meine Geschenke - Tee, Konfekt, Gebäck. Der Schamane sagte einleitend: „Die Geister mögen dich offenbar. Gerade erst bin ich vom Opferritus an die Eschinen von der Selenga-Mündung zurückgekehrt. Es ist das Fest der burjatischen Schamanen. Morgen kehre ich dorthin zurück. Und gerade heute kommst du zu mir!"

Mir schien, daß der Alte losgelöst von seinen schamanischen Fähigkeiten auch ein guter Psychologe war. Mindestens kam mir der Gedanke, nach dem was er mir erzählte. Etwas Übernatürliches war vielleicht auch dabei. Der Schamane sagte mir, daß ich das erste Kind in der Familie sei, daß ich eine Schwester habe, meine Eltern Ärzte seien und daß ich eine wichtige Sache lernen müsse, die mir im Leben helfen wird. „Und was ist das?" Der Alte lächelte. „Siehst du vor dir den Bagulnik? Sieh ihn dir aufmerksam an. Der Bagulnik lebt in Harmonie mit der Erde, der Sonne und dem Regen. Er strebt nicht danach, Schasargana (burjatisch: Sanddorn) zu sein. Der Bagulnik blüht und erfreut das Auge. Er macht sich keine Sorge, wie der Tag endet - wird er von Menschenhand gepflückt, vom Tier gefressen oder vom Bären zertrampelt. Die Erkenntnis der Einheit, die allem Bestehenden zugrunde liegt, die Empfindung der Beziehung zu den Menschen, der Natur und dem Weltall - das ist ‚Bagulnik'. Wenn du dies erkennst, erfährst du Wohlstand, Befriedigung und Glück."

Ich dachte bei mir: Danilo, ein Philosoph bist du. Und doch lebst du als einfacher Dorfschamane!

Am Ende des Gesprächs bat er mich, eine Handvoll Körner aus der Tasse zu nehmen, die auf dem Tisch in seinem Arbeitszimmer - ein kleines Nebengebäude im Hof des Hauses - stand. An der Wand bemerkte ich einige Buddhabildnisse und dachte, wie eng die beiden Religionen - der Schamanismus und der Buddhismus - in Burjatien doch verflochten sind.

Als ich den Schamanen verließ, bildeten die Menschen auf der Straße vor dem Haus bereits eine Schlange. Danilo hatte Sprechstunde, und die Bewohner von Chorbjaty und den Nachbardörfern standen geduldig an, um einen Rat für ihre alltäglichen Sorgen und Fragen zu holen.

Entlang des Kleinen Meeres

Golf Muchor – Fluß Sarma – Kap Kurminski – Kap Ulan-Chanski – Kap
Sunduk – Siedlung Sama – Kap Aral – Kap Chaltygej – Kirchdorf Onguren

Als Kleines Meer (burjatischer Name „Narin Dalai" – „Schmales Meer") wird
der Teil des Baikal bezeichnet, der durch die Insel Olchon abgetrennt scheint.
Das Kleine Meer ist ein einzigartiger Golf, der sich vom Südwesten zum Nordosten hin erweitert. Er ist 78 Kilometer lang, an seiner breitesten Stelle liegen die Ufer siebzehn Kilometer auseinander, an der engsten nur vier Kilometer. Die maximale Wassertiefe beträgt 200 Meter. Es ist einer der größten
seichten Stellen des Baikal und überaus fischreich. Im Sommer erwärmt sich
das Wasser bis auf 21 Grad Celsius. Warmes Wasser, malerische Buchten und
Inseln – das ist das Kleine Meer. An seiner Küste entlang schlängelt sich die
110 Kilometer lange Waldstraße bis Onguren. Die Straße verläuft meist nahe
am Ufer, entfernt sich bis zu fünf Kilometer von der Küste, verschwindet im
Wald und kehrt wieder zum Wasser zurück. In der Nähe des Kirchdorfes Onguren steigt die Straße bis zu einer Höhe von 500 Metern in die Berge auf.
„Vorbaikalien ist für seine Braunbären berühmt." Diesen Satz las ich in allen
Büchern über den Baikal. Meine erste Begegnung mit einer Bärin ist mir so
schrecklich in Erinnerung, daß ich heute noch Atemnot bekomme, wenn ich
daran denke.
Mein Freund und ich wollten am schönen Ufer festmachen. Kaum daß wir den
Motor ausgemacht hatten und das Boot aufs Ufer lief, sahen wir ein kleines
Bärenjunge auf uns zulaufen. Wir tippten, daß es vielleicht fünf bis sechs Monate alt sei. Bären werden im Januar und Februar geboren. Er war schon so
nah, daß ich seine knopfartigen Augen erkennen konnte, von den Augenwin-
keln zogen sich weißliche Streifen herunter, das schwarze Fell sah struppig
aus. In diesem Moment kam mir unwillkürlich der Gedanke: Haben vielleicht
Jäger die Bärin erlegt, und das Bärenjunge ist jetzt allein und hilflos? Es scheint
so zutraulich. Man merkt, daß es gar keine Angst hat. Vielleicht können wir
es mitnehmen? Gut und schön, nehmen wir es mit! Und dann? Womit füttern
wir es? Wo bringen wir es hin? Ich hatte noch kein Wort verloren, da stürzte
eine riesige Bärin aus dem Wald und rannte gesenkten Kopfes auf uns zu.
Glücklicherweise sprang der Motor mit einer Umdrehung an, und das Boot
entfernte sich schnell vom Ufer, auf dem das empörte Muttertier, laut knur-
rend, halb im Wasser stand, ohne den Blick von uns abzuwenden. Das Bärenjunge erstarrte, dann richtete es sich mit erhobenen Vordertatzen auf und
stürzte als schwarzes Knäuel in den Wald. Wir konnten gerade noch seinen
hin und herwackelnden Po erkennen. Die Bärin knurrte uns hinterher.

Bären werden im Vorbaikalgebiet schonungslos gejagt. Wie viele Male aß ich in den Lagern der Geologen frisches Bärenfleisch, das zum Trocknen ausgebreitete durchlöcherte Bärenfell vor Augen. Mich interessierte immer die Frage: Wie kann das sein? Die Bärenjagd ist doch verboten! Man braucht eine Sondergenehmigung für jeden Abschuß! „Na, und was?" fragte ein junger Jäger und fuhr fort: „Ich kann jedem Jagdaufseher beweisen, daß der Bär angegriffen hat, ich mich zur Wehr setzen mußte. Und wenn, dann bezahle ich halt die Strafe. Fünfzig Rubel! Nur fünfzig Rubel! Der Bär gibt 150 oder 200 Kilogramm Fleisch! Wollen wir doch einmal rechnen! Für Fell und Bärengalle gibt es zudem ein Extrasümmchen! Iß und sprich nicht darüber, wo du Bärenfleisch gegessen hast! Wenn ein Jäger keine Möglichkeit hat, sich selbst zu ernähren, was für ein Jäger ist er denn dann! Wie soll er dann in der Taiga überleben?"

In der Tat kommt es selten vor, daß ein Bär einen Menschen angreift. Bei einem Aufeinandertreffen wird das Raubtier eher den Platz räumen. Das ist allen - Jägern, Geologen, Förstern und Bauarbeitern - bekannt. Der Bär greift den Menschen nur in drei Fällen an. Erstens, wenn er überrascht wird. Zweitens, wenn du zwischen Bärin und Bärenjunges gerätst und das Muttertier ihr Junges bedroht sieht. Und drittens - das ist der schrecklichste Fall -, wenn du einem getriebenen Bären begegnest.

Den Jagdaufsehern obliegt es, die Taiga zu schützen. Und von ihnen hörte ich, daß es von Jahr zu Jahr immer weniger „lebendige" Bärenpfade in der vorbaikalischen Taiga gibt. Immer mehr Menschen besuchen den Urwald, immer mehr Jäger kommen hierher. Recht hat der burjatische Spruch: „Wenn der Mensch kommt, verschwindet der Wald und mit ihm seine Bewohner."

Das Kleine Meer und die Insel Olchon sind für die Sibirier nach wie vor die attraktivsten Orte für die sommerliche Erholung. Im warmen Golf Muchor gibt es wohl keine Bucht mehr, deren Ufer nicht mit Campingplätzen und Tourbasen zugebaut sind. Um einen einsamen Ort zu finden, muß man die Küste weiter hoch Richtung Norden fahren, wo noch die Stille der wilden Natur herrscht. Die Küste des Kleinen Meeres kann man von Irkutsk aus in vier Stunden (250 Kilometer) erreichen. Weiter schlängelt sich die Straße durch die Berge und urwüchsigen Wald hoch über dem Golf. Besonders schön zeigt sich die Straße Anfang Juni, wenn der daurische Rhododendron blüht. Eigenartigerweise blüht die Pflanze noch bevor der Strauch Blätter trägt. Und angesichts der unendlichen Zahl der rosaroten Blüten hat man den Eindruck, sich in einer blühenden Gartenlandschaft zu befinden. Ein sanfter Duft liegt in der Luft. Von den acht in Sibirien bekannten Rhododendronarten gedeiht nur der daurische Rhododendron in den Wäldern und Waldlichtungen, wobei er undurchdringliche Dickichte bildet. Bringt man einen Ast im Winter in eine warme Stube, so treibt er nach kurzer Zeit ausgiebigst rosarote Blüten - das weiß natürlich jeder Sibirier. Deshalb werden die Rhododendronsträucher unweit der Siedlungen stets schnell „geplündert".

Der Name Muchor ist eine Entstellung. Richtig heißt es „Muchar", was in burjatischer Sprache „Sackgasse, Schluß" bedeutet. Das Kleine Meer endet am

Ein uraltes heiliges Steinzelt am Ufer des Kleinen Meeres

seichten Golf mit sandigen Ufern. Man sagt, daß sich die sibirischen Oligarchen hier ihre Jagdhäuser und Villen gebaut haben.

Einer von ihnen wiederholte vor einigen Jahren den Streich des russischen Millionärs Prokofi Demidow, der sich im 18. Jahrhundert einmal eine Schlittenfahrt im Hochsommer gönnte. Er befahl, die Straße, die von seinem Anwesen zur Kaluga führte, mit einer dicken Schicht Salz zu bedecken. Der Befehl wurde ausgeführt, und die „Schlittenstraße" zog sich über drei Kilometer hin. Um das „Winterbild" zu vervollständigen, ließ er von allen Bäumen das Laub entfernen.

Die meisten sibirischen Oligarchen sind große Liebhaber der Bärenjagd. Mit ihren eigenen Hubschraubern lassen sie sich in Begleitung eines erfahrenen

Jägers zum Jagdplatz bringen. Die Jagd „Aus der Bärenhöhle" findet im Winter vom 20. Dezember bis zum 1. März statt. Der Bär wird in seiner Höhle aufgescheucht, und der Jäger schießt aus einer Entfernung von zwei Metern, sobald sich der Kopf des Bären im Höhlenausgang zeigt. Damit der Bär nicht flüchten kann, werden Baumstämme und Geäst vor der Höhle gestapelt. Die zweite beliebte Jagdmethode der reichen Jäger heißt „Am Köder". Sie findet im Frühjahr von April bis Juni statt. Der Jäger bereitet diese Form der Jagd sorgfältig vor. Er läßt an der Köderstelle Futter für den Bären zurück, gewöhnt ihn an eine bestimmte Zeit. Und dann wartet man an einem beliebi-

Im Kleinen Meer und im Golf Tschiwyrkuiski kennen ganze Generationen von Fischern die Plätze, an denen sich die Fische auf der Suche nach Nahrung sammeln

gen Tag auf den Bären. Geschossen wird aus einer Entfernung von fünfzig Metern. In Vorbaikalien liebt man zudem die Bärenjagd mit Laikas. Die Hunde spüren den Bären auf, treiben ihn auf den Jäger zu, der aus dreißig Metern schießen kann. Man erlegt hier zudem Elche, Isubre, Rentiere, auch Auerhähne „auf der Balz".
Die besten Plätze für das Eisangeln in Sibirien finden sich natürlich auf dem Baikal. Im Kleinen Meer und im Golf Tschiwyrkuiski kennen ganze Genera-

tionen von Fischern die Plätze, an denen sich die Fische auf der Suche nach Nahrung sammeln. An einem guten Tag bringt ein Fischer bis zu 150 „Fischschwänze" nach Hause.

Der Fluß Sarma ist mit 42 Kilometern der längste Fluß, der in das Kleine Meer mündet. Im Flußtal ist die alte Straße erhalten, über die der 75 Mann starke Kosakentrupp unter Kurbat Iwanow am 2. Juli 1643 erstmals die Baikalküste erreichte.

Der heimtückischste und rauhste Wind des Baikal bekam den Namen „Sarma". Die arktische Luft überwindet hier den Primorsker Bergkamm und jagt durch das sich verjüngende Flußtal. Der Wind rast hier mit enormer Geschwindigkeit und zerstörerischer Kraft. Ein Fischer erklärte mir, woran die Hiesigen erkennen, daß genau dreißig Minuten später der Sarma über den Baikal hinwegfegen wird. Der Wind kündigt sein Kommen mit unbeweglich über dem Berggipfel stehenden Wolken an. Zeigt sich zwischen Gipfel und unterem Wolkenrand ein kleiner Lichtstreifen - die Fischer nennen diesen Streifen „Tor" -, weiß man, daß der Sarma kommt, sobald das „Tor" offen ist! Das Fischerdorf Sarma liegt einen Kilometer von der Brücke über den gleichnamigen Fluß entfernt.

Aus meinem Baikaltagebuch: „Der alte Fischer, bei dem wir übernachteten, sagte morgens früh: ‚Das Weib hat im Boot nichts zu suchen. Ob sie will oder nicht, sie riecht nach Bratpfanne, und der Fisch scheut vor dem Geruch zurück!' Ich wollte nicht mit ihm streiten, wollte aber einmal erleben, wie die Netze ausgeworfen werden. Der Alte war jedoch nicht zu überreden. Ich habe viele Fischer kennengelernt, und keiner von ihnen war frei von Aberglauben. Absolut alle glaubten an bestimmte Zeichen! Der Baikalfischer wird weder montags noch am 13. eines Monats in See stechen, auch wenn das Meer von Fischen nur so strotzt, daß man meint, sie mit Händen greifen zu können! Sieht er einen Fischschwarm, wird er nicht mit dem Finger darauf zeigen, sondern mit der Hand Richtung Horizont weisen, die Handfläche nach unten gedreht. Es heißt, daß die Fische anderenfalls verschwinden. Für die Fischer gibt es kein schlimmeres Schimpfwort als ‚Hase'! Kreuzt ein Hase vor dem Auslaufen den Weg des Fischers, wird er nicht aufs Meer hinausfahren! Fischer sind gute und ganz und gar nicht habgierige Menschen, aber auch das nichtigste Ding werden sie nicht vom Schiff ins Meer werfen. Der Fischer glaubt: Wenn er etwas auf diese Art abgibt, wird er sein Glück verschenken."

Kap Kurminski. Das Kap ist vor allem aufgrund der großen Grotte überall bekannt. Zum Winteranfang schmückt sich diese mit schönsten Eisaufschwemmungen und Eiszapfen. Kurz vor dem Kap führt die Straße in die Berge. Vorbei geht es an vier Sergen. Der Serge, der alte Sippenpfahl, symboli-

siert für die Burjaten den Lebensbaum oder Weltenbaum und diente dem Anbinden der Pferde der Bewohner der drei Welten. Steigt man hinter den Sergen weiter hoch in die Berge, eröffnet sich das herrliche Panorama des Kleinen Meeres und der Inseln.

Kap Ulan-Chanski ist interessant, weil man hier bei Kilometer 47 abzweigt und etwa einen Kilometer von der Straße entfernt auf eine heilbringende Heißwasserquelle trifft. Laut Legenden und Überlieferungen der Olchoner Burjaten ist das Wasser der Quelle außerordentlich wohltuend. Mit ihm behandelt man Erkältungen sowie Erkrankungen des Stütz- und Bewegungsapparates. Das Wasser strömt aus zwei Rinnen - Männer trinken das Wasser aus der einen, Frauen aus der anderen. Daneben befindet sich der für alle schamanischen Opferstätten traditionelle Opferplatz.

Mir blieb eine Reise zum Kap Ulan-Chanski in guter Erinnerung, die wir mit dem Auto aus Irkutsk (300 Kilometer) unternommen hatten. Dort gibt es zwei Tourbasen namens „Jenchok". Die eine liegt vor dem Tonkiy Kap, die andere unweit von Sama in der kleinen Siedlung Jenchok. Beide stehen den Besuchern das ganze Jahr über offen. Jeder Erholungsort hat etwas Besonderes im Angebot. Im ersteren kann man Pferde mieten und mit beladenen Packpferden ins Gebirge ziehen. Der zweite ist durch seine Küche weithin berühmt: leckere Fischsuppe, hausgebackene Plinsen mit Honig oder mit gehacktem Omul. Das Angeln ist hier einfach traumhaft. Den Fisch brät man gleich über dem Feuer am Spieß. Was kann man über den Baikalfisch sagen? Mit Worten kann man Geschmack und Geruch nicht beschreiben. Fischsuppe und Fisch muß man einfach selbst probieren!

Die schwierigste Straße erstreckt sich vom Kap Sunduk bis zum Kirchdorf Onguren. Sie ist schmal und zieht sich entlang einer tiefen Senke, um sich dann in die Berge hochzuwinden. Die Straße ist gesäumt von riesigen Rhododendronbüschen. Am Kap Sunduk, das am linken Ufer vom sich entlang dem gleichnamigen Fluß ziehenden Pfad aus zu sehen ist, bemerkt man gleich den Eingang in eine Höhle mit zwei Sälen, deren Gesamtlänge zwölf Meter beträgt. Dort ruht der Geist einer alten Schamanin. Rechts von der Straße erheben sich alte Serge, die bereits hier standen, bevor die Schamanin an diesem Ort bestattet wurde. Die Burjaten bringen hier Opfergaben für die Schamanin dar, die zur Gebieterin des Ortes geworden ist.

Unweit der Serge sieht man die Spuren zahlreicher ausgebrannter Feuerstellen mit geweißten Knochen in der Asche. Für den Vollzug der Schamanenrituale wird jedesmal ein neues Feuer entzündet. In das Feuer wird das Schulterblatt des Opferlamms geworfen: aus dem sich ergebenden Muster prophezeit der Schamane die Zukunft und gibt Ratschläge.

Auf der Spitze des Berges Sunduk sind die Reste eines Tagebaus erhalten, in dem roter Marmor abgebaut wurde. Am Fuß des Berges kann man einzigartige Pflanzenarten finden, deren Ursprung sich in der Eiszeit verliert.

Dann trifft man auf die Siedlung Sama. Der Name der Siedlung ist verbunden mit den Olchoner Burjaten, die im 17. Jahrhundert das schöne Wiesen-

Mit Worten kann man Geschmack und Geruch nicht beschreiben – Fischsuppe und Fisch muß man einfach selbst probieren

tal mit dem im Hintergrund aufragenden Gebirge, das ihnen den Weg versperrte, sahen und ausriefen: „Sam ungeree!", das heißt: „Der Weg ist zu Ende!" Hier im Tal gründeten sie dann eine Siedlung.

Der Erholungsort Sama nennt das wohl prächtigste Restaurant am Baikal sein eigen. Die Bedienung trägt Fliege, und die Weinkarte weist Tropfen wie in den besten Restaurants Europas auf. Und „Gefüllte Renke in Folie" ist wirklich etwas Außergewöhnliches! Die Saison in Sama beginnt ab dem 16. Juni.

Die Straße führt nun vorbei am Kap Aral mit den Ruinen eines kurykanischen Wachpostens, der mit einer Mauer aus dem 6. Jahrhundert umgeben ist, und

am Kap Chaltygej („Steilhang") mit einem phantastischen Kiesstrand. Es geht durch dichten Wald weiter zum Kirchdorf Onguren.

Onguren ist das nördlichste größere Dorf an der Küste des Kleinen Meeres. Es zählt heute 467 Einwohner. Das Kirchdorf ist durch seine Mineralquellen und Heilschlämme bekannt. An einen Aufenthalt erinnere ich mich gut. Es war Anfang Herbst. Mein Freund und ich verabredeten in Listwjanka mit einem Fischerbootbesitzer, daß er uns nach Onguren bringen sollte. Wir woll-

Die Küstenlinie des Kleinen Meeres ist im Winter besonders schön

ten fünf Tage in der Gegend bleiben, dann sollte er uns wieder abholen. Wir besaßen eine sehr detaillierte Taigakarte, auf der einige kleine Häuser - ein Winterlager und der meteorologische Punkt, in dem unser Freund Ilja sein Praktikum leistete - markiert waren. Wir wollten Ilja überraschen.

Der Pfad verlief Richtung Nordosten. Im Dickicht der Erlen, dünnen Birken und schlanken Espen wurde der Pfad immer schmaler, und irgendwann verlor er sich überhaupt. Vor uns lag der vorbaikalische Sumpf. Großköpfige Bülten standen auf schwachem „Hals". Ein Fehltritt, und man verrenkt sich den Fuß, verliert das Gleichgewicht und fällt auf das schwankende Moos. Von Zeit zu Zeit stießen wir auf Löcher mit schwarzem Wasser - sie heißen hier „Bogatsch" -, auf dem ein grünlicher Schimmel schwamm. Die Löcher sind tief wie Brunnen. Schrecklich tiefe Brunnen. Ringsumher nur Bülten und Bülten. Und das Land ist weit. Es herrschte eine unheimliche Ruhe. Plötzlich zerriß der Schrei eines Sumpfvogels die Stille; es klang uns wie der Hilferuf eines umherirrenden Wanderers in den Ohren. Endlich tauchten wieder die ersten kläglichen Birken auf, bald schon standen wir vor einem undurchdringlichen Dickicht aus Erlen, Ebereschen und hohem Strauchwerk. Und diese unendlichen Windbrüche - riesige Anhäufungen umgestürzter Bäume. Die Windbrüche zu überwinden, bedurfte es großer Anstrengungen. Ich kraxelte darüber, duckte mich darunter hinweg, wenn es möglich war. Mein Freund kroch darüber oder balancierte sogar aufrecht über die Stämme. Wir waren bemüht, strikt der Landkarte und dem Kompaß zu folgen. Mein Freund stoppte plötzlich: „Sieh mal, die ungleichmäßigen Rillen in der Rinde der dicken Birke. Das war ein Bär." Wir kamen auch an einigen größeren Löchern vorbei, die ein Bär auf der Suche nach den Vorräten der Burunduks und Zirbelmäuse hinterlassen hatte. Der Bärenpfad fiel offensichtlich mit unserem Pfad zusammen. Uns aber war wichtig, nicht von der vorgegebenen Marschroute abzuweichen, und so trieb es uns weiter und weiter.

Aus der Ferne hörten wir plötzlich Geräusche. Das war der kleine Fluß, den wir noch vor dem Abend erreichen sollten. Perfekt, alles stimmte - wir „erfüllten" unseren Plan. Am Fluß erwartete uns eine Überraschung. Auf dem Kiesufer, das wir vom Hang aus gut überblicken konnten, gab es eine wannenähnliche Vertiefung. Und in selbiger saß ein kleiner hellbrauner Bär. Das Wasser war sauber und anscheinend warm, denn der Bär strahlte Wonne aus! Wir ließen ihn sein Bad weiter genießen und bogen links zum Pfad ab, der zu einer Lichtung führte. Wir hatten unser Ziel, das kleine Blockhaus - das Winterlager -, erreicht.

Gebückt traten wir durch die Tür. Im Häuschen war es recht sauber. Auf der breiten Holzpritsche lagen Heubündel, etwas höher auf einem Regal fanden wir Streichhölzer. Mich rührt diese sibirische Sitte stets. Denn sie bedeutet, daß ein müder Wanderer in der wilden Taiga ein wenig Gemütlichkeit und Wärme findet. Dieser uralte Brauch, für einen unbekannten Menschen Sorge zu tragen, ist so hehr und edel, daß kaum jemand ihn verletzt. Auf dem Fensterbrett lag ein kariertes Schulheft - das originelle „Gästebuch". Jeder Reisende notierte dort, wer er ist und wohin ihn sein Weg führt. Die Taiga ist groß, und es kann viel geschehen. Passiert ein Unglück, läßt sich dem Buch entnehmen, wann ein Mensch im Winterlager war, und man kann in etwa abschätzen, wie weit er kommen konnte. Ich schrieb in Blockbuchstaben: „Kuschtewskaja, Ankunft 21:00 Uhr, gehe weiter zum meteorologischen Punkt.

Adresse: Jakutien, Stadt Lensk, Leninstraße..." Und wer weiß: Das Heft liegt vielleicht nach wie vor da!

Vorgreifend will ich anmerken, daß wir auf dem Rückweg unter schiffsmasthohen Kiefern auch das zweite auf unserer Landkarte eingezeichnete Winterlager fanden. Wir erreichten es todesmüde spät am Abend. Im „Gästebuch" lag ein Zettel: „Genossen! Holz ist da, Streichhölzer liegen auf dem Regal, Lebensmittel finden sich unter der Pritsche. Wenn ihr hungrig seid, nehmt, vergeßt aber nicht, daß wir nach zwei Tagen zurückkommen. Wir sind fünf Mann." Und ein zweiter hatte hinzugefügt: „Ich beschwöre euch! Laßt die Mücken nicht ins Haus!" Wir waren so müde, daß wir nicht einmal mehr Hunger verspürten.

Am nächsten Morgen eilten wir zu unserem Motorboot. Es war der fünfte Tag. Das war jedoch schon das Ende unserer Reise.

Zurück zu unserem Aufenthalt im ersten Winterlager. Wir hielten die zwischen uns abgesprochene Regel ein, im Wechsel „in der Küche" Wache zu schieben. Diesmal war mein Freund an der Reihe. Er mußte Feuer machen und eine Mahlzeit aus unseren Vorräten zubereiten. Und dazu: Tee mit Kondensmilch. Eine Büchse davon schleppte ich immer im Rucksack mit.

Am frühen Morgen machten wir uns wieder auf den Weg. Wenn mein Freund merkte, daß ich langsam müde wurde, fing er immer an, etwas Interessantes zu erzählen, um mich abzulenken. Die Zeit verging so schneller. Er erzählte mir beispielsweise von dem Deutschen aus St. Petersburg mit Namen Doppelmaier, der diese Pfade als erster erforscht hatte und genaue Landkarten hinterlassen hat.

Die Taiga lichtete sich plötzlich, und der Pfad führte zu einem Platz, auf dem ein großes, von der Sonne ausgebleichtes Zelt und meteorologisches Gerät standen. Aus dem Schatten eines hohen Gebüschs stürzte ein Hund laut bellend auf uns zu. Auf das Bellen kam unser Freund Ilja gelaufen! Man hieß uns, uns sofort an den Tisch zu setzen, brachte tiefe Teller gefüllt mit köstlichsten Preiselbeeren. Schon traf man Vorbereitungen, eine Ucha zu kochen. Die Meteorologiestudierenden - sie kamen aus Irkutsk, Moskau und Saratow - leisteten ihr Praktikum am Limnologischen Institut in Listwjanka.

Sie führten uns herum, damit wir ihre Wirtschaft besichtigen konnten. Auf dem vom Buschwerk befreiten Platz standen bienenstockartige Häuschen, das heißt, sie standen nicht auf der Erde, sondern befanden sich in einer Höhe von zwei Metern. Dies sollte verhindern, daß die Apparaturen ungenaue Angaben lieferten. Ilja zeigte uns das Barometer, dann führte er uns zu einem wichtigen Gerät, das aus vier Schalen bestand, die auf einem Kreuzstück befestigt waren. Dieses Gerät hebt man hoch in die Luft, das Kreuzstück dreht sich und unten läuft ein Blatt mit Ziffern. So bestimmt man Stärke und Geschwindigkeit des Windes.

Die Nordseite des Baikal liegt auf einer Linie mit Moskau und die Südseite auf einer Linie mit Woronesch. Doch wie unterschiedlich sind das Klima und die Lufttemperatur der Baikalregion! Alle drei Stunden - um 0.00 Uhr, 3.00 Uhr, 6.00 Uhr, 9.00 Uhr, 12.00 Uhr, 15.00 Uhr, 18.00 Uhr und 21.00 Uhr -, zu jeder Jahreszeit und bei jedem Wetter, gehen die Meteorologen weltweit an

Das Kap Kurminski mit seiner Fjordlandschaft gehört zu den beeindruckendsten Flecken am Baikal

ihre Meßplätze, um die Daten von den Geräten abzulesen. Durch die ganze Welt jagen die Funksignale. Ihnen lauschen die Fischer und Schiffskapitäne, die Geologen und Piloten, die Leuchtturmwärter und viele andere.

Zwei Tage und zwei Nächte waren wir bei den Meteorologen zu Gast. Wir delektierten uns an der sibirischen Fischsuppe. Wir genossen erstmals einen echten burjatischen Kok-Tschai (Tee) ohne Zucker. Wissen Sie, wie echter burjatischer Tee zubereitet wird? Man bräunt zuerst Weizenmehl in klein geschnittenem Fett, gibt siedendes Wasser hinzu und köchelt es ein, bis es die Konsistenz gekochter Sahne hat. Dann gibt man das sorgfältig zubereitete

und abgeseihte Extrakt aus grünem oder schwarzem Tee hinzu und kocht das ganze noch einmal kurz auf.

Eine burjatische Studentin aus Ulan-Ude erstellte für uns ein kleines russisch-burjatisches Sprachlexikon.

Na also, bajartai, Freunde! Wir müssen zurück nach Onguren!

Auf Wiedersehen. - Bajartai.

Hallo. - Sain baina. (Mende sain. Amar sain.)

Gestatten Sie mir, mich vorzustellen! - Tantai (Tanaar) tachtschlsachyemni subschoogyt!

Wie heißen Sie? - Ta chen gesche nereteibta?

Wer ist da? - Ene chen be?

Ich freue mich, Sie kennenzulernen. - Tantai (tanaar) tanilsachandaa eche bartaib.

Wie alt sind Sie? - Te chedyteibta?

Danke für den warmen Empfang. - Pandatnai baischalan churgegeneb.

Danke für Ihre Hilfe. - Tuchalchandatnai bajar churgeneb.

Entschuldigen Sie mich! - Namaie chulisyt!

Seien Sie mir nicht böse! - Namda bu gomdyt.

Dem ist nicht so! - Enetnai tiime besche daa!

Sie irren sich. - Ugy, tiime besche (buruu chelebet).

Sie haben recht. - Ta sub juume chelent (chelenet).

Zeigen Sie mir den Weg zu ... (Reiseziel) - Chargy saagyt (Chargy saasha ugyt).

Danke! - Chai daa!

Ja. - Sai (Zaa).

Nein. - Ugy.

Wie steht das Gras auf Ihren Wiesen? - Nogoontnai cher urganab?

Wie ist der Zustand des Viehs? - Aduucha maltanai cher bainab?

Wie geht es? - Cher bainabta?

Ich brauche Hilfe. - Namda tuchalamscha cheregtej.

Auf Wiedersehen. - Bajartai.

Die Insel Olchon

Im Baikal gibt es 26 Inseln, und die größte ist die Insel Olchon. Sie ist 71,7 Kilometer lang, die maximale Breite beträgt fünfzehn Kilometer. Ihre Fläche beläuft sich auf 730 Quadratkilometer. Die Insel weist ein gebirgiges Relief auf. Ihren Namen erhielt sie vom burjatischen Wort „oi-chon", was „kleiner Wald" oder „ein wenig bewaldet" bedeutet. Und in der Tat: auf Wald trifft man nur im zentralen Teil der Insel, der nördliche und der südliche Teil sind

Die Insel Olchon ist das Herz des Baikal

von Steppen geprägt, der östliche Teil endet am Baikal mit felsigen, bis zu achtzig Meter hohen Bergen. Die Bevölkerung der Insel zählt 1 500 Menschen, die meisten - rund 1 200 - leben in der einzigen größeren Siedlung - Chuschir. Burjaten stellen die Mehrheit der Inselbewohner.

Von Irkutsk aus kann man die Insel Olchon im Sommer mit dem Bus erreichen, zwischen Festland und Insel verkehrt eine Fähre. Im Winter führt die Straße über das Eis. In der Tauwetterperiode gibt es keine Verbindung zum Festland. Im Sommer kann man nach Olchon von Irkutsk aus natürlich auch auf dem Wasserweg gelangen. Hier verkehrt das Motorschiff „Bargusin".

Die Burjaten sagen, daß der Baikal das blaue Herz Sibiriens ist. Und die Insel Olchon ist das Herz des Baikal. Die Insel ist das sakrale Zentrum des Meeres - ein Ort uralter Legenden und Überlieferungen. Die traditionelle Weltan-

schauung der Burjaten, viele Sitten und Bräuche des Altertums und die Traditionen des Schamanismus sind bis in unsere Tage erhalten.

In den Mythen und Legenden der Burjaten ist Olchon Heimstatt der bedrohlichen Geister des Baikal. Auf die Insel kam vom Himmel Chan-Chute-baabai, der von den höchsten Göttern auf die Erde geschickt worden war. Sein Sohn Chan-Schubuu-nojon, der sich durch schamanische Fähigkeiten auszeichnete, lebt hier in Gestalt des weißköpfigen Königsadlers.

Der genealogische Mythos der Burjaten berichtet wie folgt: „Choridoi, der Urvater der Choriner, wanderte einst über die Insel Olchon. Er sah drei Schwäne zum Ufer kommen, und vor seinen Augen verwandelten sie sich in drei Mädchen. Choridoi raubte das Federkleid eines der Mädchen. So konnte sie nicht zusammen mit ihren Gefährtinnen davonfliegen, blieb auf der Insel, heiratete Choridoi und gebar ihm elf Söhne, von denen die elf chorinischen Sippen abstammen. Choridoi und seine Frau wurden alt und älter. Eines Tages bat ihn seine Frau, ihr die alte Kleidung zum Anprobieren zu geben. Sie zog sich um, verwandelte sich in einen Schwan und flog durch den Rauchfang des Tschum davon." Die Tradition der Choriner, Tee oder Milch in die Luft zu spritzen, wenn Schwäne vorbeiziehen, geht auf diese Sage zurück.

Im Heimatkundemuseum in Chuschir ist eine überaus vielfältige Kollektion alter Gegenstände, darunter Brustpanzer der Krieger Dschingis Khans und Gegenstände schamanischer Rituale, zu entdecken. Die Museumsleiterin und zugleich meine Führerin Kapitolina Nikolajewna erzählte mir viele mit der Insel verbundene Legenden. Sollte das Museum geschlossen sein, scheuen Sie sich nicht, zur Uliza Perwomaiskaja 21 zu gehen; es ist gar nicht weit vom Museum. Dort wohnt sie. Sie ist die Tochter des Geographielehrers Nikolai Rewjakin, der dieses interessante Museum gegründet hat.

Machen wir eine kleine Reise zu den Sehenswürdigkeiten der Insel:

Die Meerenge „Olchoner Tor" trennt die Insel vom Festland, sie ist sieben Kilometer lang und einen Kilometer breit. Das „Olchoner Tor" ist in der Tat berühmt, denn hier schlagen die Wellen mitunter fünf Meter und mehr hoch. Infolge des starken und unruhigen Wellengangs bilden sich hier im Winter gefährliche Spalten im Eis.

Der Golf Sagli - er wird auch Taschkaiski Meerbusen genannt - ist der sonnigste Ort im Gebiet Irkutsk. Den ganzen Sommer über scheint hier die Sonne und ist es warm. Auf der gesamten Insel kann man übrigens in aller Ruhe wandern, denn es gibt keine gefährlichen Raubtiere. Was zudem erstaunt, ist, daß es fast keine Mücken und Moskitos gibt. Olchon gehört zum Pribaikalski Nationalpark. Die Flora des Parks ist mit 1 344 Arten von Pflanzen, Flechten und Moosen vertreten, darunter Dutzende von Relikten - Restbestände von Pflanzen, die in früheren Erdperioden hier weit verbreitet waren - und Endemikern, die in das Rote Buch der Russischen Föderation aufgenommen sind.

Weiter geht es zur Halbinsel Kobylja Golowa („Pferdekopf") und zum Kap Chorin-Irgi. Laut den Überlieferungen schlugen die Kämpfer Dschingis Khans ihre Zelte auf dem Kap Chorin-Irgi auf und ließen einen riesengroßen Kessel

Die Bucht Sagli ist der sonnigste Ort im Gebiet Irkutsk

zurück. Diese Legende erwähnte im Jahre 1761 der deutsche Historiker Gerard-Friedrich Miller - er wurde für sein berühmtes Werk „Vater der sibirischen Geschichte" genannt - in seiner „Geschichte Sibiriens": „Laut Überlieferungen der Mongolen hatte Dschingis Khan sein Hauptlager am Fluß Onon, der in den See Schilka mündet, und am Fluß Kurinlum, der in den See Dalai mündet, aufgeschlagen. Berichtet wird auch, daß Dschingis Khan mit seinem Heer bis zum Baikal kam. Als Beweis führen sie den Feuerbock an, der von ihm auf dem Berg auf der im genannten See befindlichen Insel Olchon aufgestellt wurde. Auf diesem sollte der riesige Kessel stehen, in dem der Pferdekopf lag. Obwohl ich keine Bestätigung von Burjaten, die in der Umgebung des Baikal und auf der Insel Olchon leben, bekam, halte ich die angeführte Legende über die Lager Dschingis Khans für durchaus glaubwürdig, da die von ihm eroberten Besitzungen - China und Tangut - in der Nähe liegen."

Kap Chorgoi (Abzweig von der Straße an der Siedlung Chadai) ist vor allem wegen der Ruinen der alten kurykanischen Festungsmauern bekannt. Olchon ist reich an archäologischen Denkmälern; bezogen auf einen Quadratkilometer sucht die Insel ihresgleichen in ganz Vorbaikalien. Verzeichnet sind 143 archäologische Objekte: Es sind Grabstätten, Ruinen von Siedlungen und

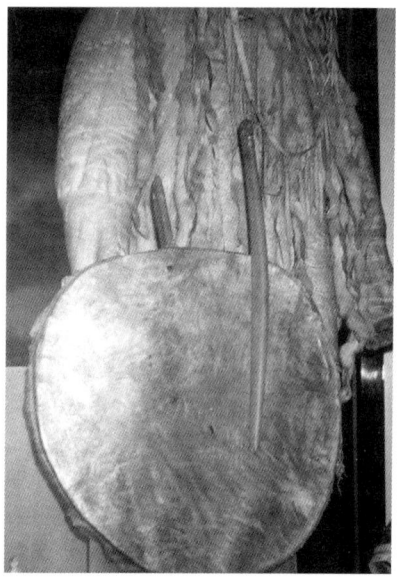

Im Museum in Chuschir werden die Kultur und die Traditionen der Bujarten dokumentiert

Die „schwarzen" Schamanen wenden sich an den Herrn der Unterwelt, um Schaden abzuwenden

Überreste von Steinmauern. Wissenschaftler behaupten, daß die Kurykanen die Ahnen zweier sibirischer Völker - Jakuten und Burjaten - sind.

Kap Burchan - Schamankafelsen, wie es von der Bevölkerung auch genannt wird, - bei der Siedlung Chuschir ist ein einzigartiges Heiligtum des Baikal, gleichsam seine „Visitenkarte". Ohne die Abbildung dieses Felsens kommt kein Film und kein Fotoband über den Baikal aus. Es ist der heilige Ort, der in ganz Asien verehrt wird. Die Höhle im Schamankafelsen gilt als Aufenthaltsort des Eschin von Olchon. Der Felsen mit zwei Gipfeln besteht aus Kalkstein und Marmor und ist mit grellroten Flechten bedeckt. In alter Zeit wurden hier die schamanischen Rituale vollzogen, später befand sich dort ein Altar des Buddha. Die Bezeichnung des Felsen veränderte sich, als der Buddhismus unter den Burjaten Verbreitung fand. Der Felsen bekam den Namen Burchan, was „Gott" oder „Buddha" bedeutet.

In den alten Überlieferungen wird von dreizehn nördlichen Nojonen - Söhne der göttlichen Tengrier, die vom Himmel kamen, um Gericht über die Menschen zu halten und verschiedene Wohnorte für sich wählten - berichtet. Der älteste und stärkste von ihnen - Chan-Chute-baabai (Chan-Gchoto-baabai) - wählte für sich Kap Burchan auf der Insel Olchon. Nach Worten der Olchoner Alten besaß Chan-Chute-baabai drei Paläste: einen im Himmel, den zweiten auf Erden - auf Kap Burchan - und den dritten in der Unterwelt.

Eine der Legenden handelt von folgendem: „Als Chan-Chute-baabai zum Herrscher aller Schamanen wurde, wählte er als seinen ständigen Wohnsitz die Insel Olchon. Er wurde zum Herrn der Insel sowie zum Beschützer und Gönner der schamanischen Religion der nördlichen Glaubensgemeinde." Er wurde so verehrt, daß keiner der Einheimischen, selbst wenn er in wichtigen Angelegenheiten eilig unterwegs war, auf dem Pferd an der Höhle vorbeireiten durfte. Reisende stiegen von ihren Pferden ab und zogen sie am Zügel hinter sich her. Die Hufe der Pferde wurden in Leder gehüllt, damit sie nicht auf die Straße schlugen und die Ruhe des Großen Geistes störten.

Der russische Wissenschaftler Wladimir Obrutschew wiederum schrieb: „Am eindrucksvollsten war jedoch die Angst, die die Olchoner Burjaten vor der Höhle hatten. Zum Schamankafelsen durfte man nicht auf Rädern kommen, nur zu Pferde oder im Schlitten, deshalb erfolgt der Verkehr zwischen dem westlichen und dem östlichen Teil der Insel nur zu Pferde, und auch dies nur in den seltensten Fällen, da die Burjaten die Höhle nicht gerne passieren. Gab es in der Sippe einen Verstorbenen, war es den Angehörigen dieser Sippe, das heißt der Hälfte der Inselbewohner, verboten, während einer bestimmten Zeit an der Höhle vorbeizufahren. Aus diesem Grunde begleitete mich mein Führer - ein Burjate aus Dolon-argun - bis Chuschir und kehrte dann heim. Ich reiste mit einem anderen Burjaten, der getauft war, an der Höhle vorbei bis Charanzy und nahm hier einen anderen Führer. Auf dem Rückweg war es dasselbe."

Frauen und Kindern war es früher verboten, sich dem Kap zu nähern. In der modernen Auslegung speichern die sakralen Plätze, an denen über eine lange Zeit die Götter angebetet und verehrt wurden, mächtige Energien, die die Menschen beeinflussen. Frauen und Kinder sind von Geburt an feinfühlig und nicht auf ein Treffen mit den Geistern vorbereitet. Die Konzentration großer emotionaler Energien können unvorhergesehene Folgen heraufbeschwören. Wenn man den heiligen Ort besucht, muß man daran denken, daß die Verwünschungen der alten Schamanen immer wirkungsvoll waren.

Der Sandstrand des Saraiski Golfes nördlich von Kap Burchan ist hervorragend. Er erstreckt sich rund drei Kilometer zwischen dem Kap und der Siedlung Charanzy. Mit Charanzy verbinde ich eine ganz besondere Erinnerung. Hinter der Siedlung befinden sich der Flugplatz für Kleinflugzeuge und das Flughafengebäude, in dessen Gästezimmer ich einmal übernachten mußte. Ebenfalls über Nacht blieb eine Ärztin aus Blagoweschtschensk namens Olga. Die halbe Nacht sprachen wir, vor allem über Überlebenschancen, wenn

Das Kap Choboi liegt an der Nordspitze der Insel Olchon

es im Prinzip unmöglich scheint zu überleben. Olga erzählte mir die Geschichte einer ihrer Patientinnen. Diese Geschichte schien mir so unglaubwürdig, daß ich sie später überprüfte. Aber alles war richtig an der Geschichte von Larissa Sawizkaja. Was also erzählte die Ärztin?
„Glauben Sie an Gott? Vielleicht gibt uns jemand von oben die Anweisung zu überleben? Überleben als Chance, das Leben zu verändern? Ich weiß nicht. Urteilen Sie selbst! Eine junge, schöne und glückliche Frau kehrte mit ihrem Mann von der Hochzeitsreise nach Blagoweschtschensk heim. Am 24. August 1981. Im Flugzeug saßen nur wenige Fluggäste. Das junge Paar setzte sich ins Heck. In einer Höhe von 5 220 Metern kollidierte ein Militärflugzeug vom Typ Tupolew-16 mit ihrem Propellerflugzeug vom Typ Antonow-24. Im Mo-

ment der Kollision schliefen fast alle Passagiere. Als das Flugzeug auseinanderzubrechen begann, wurde Larissa zwischen den Reihen hin und her geschleudert. Mit größter Willenskraft preßte sie sich in einen Sitz und schnallte sich an. Sie stürzte nicht mit dem Flugzeug, sondern mit einem Bruchstück der Maschine ab.

Das geschah hier über Sibirien. Die Frau hatte während des Falls das Bewußtsein verloren. Sie kam erst nach fünf Stunden zu sich. Schreckliche Schmerzen. In der Nähe lag die Leiche ihres Mannes. Larissa erzählte, daß sie keine Freude verspürte, daß sie am Leben geblieben war. Im Gegenteil, sie starrte nur auf den zerfetzten Körper ihres Mannes und dachte: ,Warum kam ich nicht um? Warum?' Sie stand unter Schock, so daß sie keine Schmerzen verspürte. Sie konnte sogar gehen, obwohl einige Rippen gebrochen waren. Die Zähne waren zertrümmert. Larissa erzählte mir, daß sie die ganze Zeit hoffte, daß noch jemand überlebt haben könnte. Sie wankte umher, rief, suchte drei Tage und drei Nächte. Die Rettungsmannschaft fand sie am Abend des dritten Tages nach der Katastrophe. Als die Retter sie erblickten, verschlug es ihnen die Sprache. Drei Tage hatten sie von den Taigabäumen Körperteile geholt, und nun sahen sie plötzlich einen lebendigen Menschen. Mit dem Hubschrauber wurde sie ins Krankenhaus gebracht. ,Ich hatte keine Angst vor dem Fliegen. Der Militärarzt war überrascht, als ich ihn bat, mich zu stützen, damit ich durch das Fensterchen blicken konnte. Er sagte im Scherz, ich sei der Liebling Gottes.' Später wurde Larissa zu uns nach Blagoweschtschensk überstellt. Sie lag lange Zeit im Krankenhaus. Ich zählte zu den behandelnden Ärzten. Wir haben zusammen mit ihr dafür gekämpft, daß ihr der Invalidenstatus zuerkannt wurde. Anerkannte Invalidität gibt im Leben manche Vergünstigungen. Die Kommission lehnte das Gesuch jedoch jedesmal ab! Warum? Der Invalidenstatus könne ihr nicht gegeben werden, da die vielen kleinen Verletzungen Invalidität nicht rechtfertigen! Wenn da eine wirkliche Verletzung wäre, dann ja! Nach fünf Jahren brachte Larissa ein gesundes Kind zur Welt. Die Katastrophe hat sie nicht gebrochen. Von Haus aus ist sie lebensfroh. Wir, alle ihre Freunde, begehen jedes Jahr am 24. August ihren zweiten Geburtstag. Im Guinessbuch der Rekorde findet sich ihr Name - Larissa Sawizkaja. Sie ist der einzige Mensch der Welt, der aus einer Höhe von 5220 Metern gestürzt ist, und sie ist der einzige Mensch, der mit einer Entschädigung von 75 Rubel, umgerechnet drei Dollar, abgespeist wurde."

In der „Frankfurter Allgemeine Zeitung" vom 22. Juli 2002 fand ich einen Artikel über die junge Frau: „Die Frau, die vom Himmel fiel. Stimmrecorder zeichnete nicht alles auf: Wie Larissa Sawitskaja eine Flugzeugkollision überlebte."

Aber kehren wir zu den Sehenswürdigkeiten von Olchon zurück.

Der Golf Ulun-Chuschinski hat einen anderthalb Kilometer langen Sandstrand, auf dem im Sommer Feldthymian blüht. Feldthymian ist ein niedriges Buschwerk mit seitlich eingerollten Blättchen und kleinen weißen und rosaroten Blüten. Er blüht von Juni bis August. In Sibirien sammelt man den Thymian, trocknet ihn und verwendet ihn als Heilkraut in der Volksmedizin. Er gilt als allgemein stärkendes Mittel für das Immunsystem, hilft bei Schlaflosigkeit und Nervenerkrankungen. Der Schamane wirft eine Handvoll Feldthymian, wenn er den Reinigungsritus vollzieht. Und ich - ich finde immer wieder trockenen Feldthymian zwischen den Seiten meiner Tagebücher.

Pestschanoje liegt zwanzig Kilometer nördlich der Siedlung Chuschir. Hier gibt es herrliche Sanddünen, die sich auf einer Fläche von etwa drei Quadratkilometern erstrecken. Am Waldrand, wo der Sand aufhört, kann man „Stelzbäume" auf ihren hohen Wurzelfüßen bestaunen. Hier stehen sie rund vierzig Zentimeter über dem Sand. Die durch den trockenen Sand und Wind entblößten Wurzeln sind malerisch. Ich mag dieses Waldstück vor allem im Herbst, dann ist alles Wasser, Wind, buntes Laub und blauer Himmel...

Kap Sagan-Chuschun („Weißes Kap") besteht aus edlem Marmor hellerer Schattierung. Und vor dem hellen Hintergrund fallen die rötlichen Flecken der Flechten ins Auge. Das Kap liegt vier Kilometer vom nördlichsten Punkt der Insel entfernt. Es ist eine einsame Gegend, der Weg dorthin schwierig, die Pfade sind kaum erkennbar. Vom Gipfel des Kaps führt ein Abstieg zum Wasser hinunter. Im mittleren Felshang befindet sich eine kleine Tropfsteinhöhle, die neun Meter lang und drei Meter hoch ist. Auf Brandungshöhe erstrecken sich in den Felsen die schönsten Grotten. Sagan-Chuschun ist in die Liste der Naturdenkmäler des Baikal eingetragen. Der Küstenabschnitt fällt entlang der manchmal eintönigen Küste durch effektvolle pyramidenförmige Felsen auf, die bei den Hiesigen als „Drei Brüder" bekannt sind. Besonders schön sind sie in den Strahlen der untergehenden Sonne. Valentin Rasputin beschrieb die mystische Schönheit dieses Ortes wie folgt: „Von diesem Felsen fällt es schwer, sich den Baikal ruhig anzuschauen - er strotzt so von Kraft, Macht, Himmel und Wasser, so prachtvoll ist er an den Ufern, an denen sich die Berge erstrecken, so majestätisch ist sein mächtiges und geheimnisvolles Zentrum. Beim Anblick dieses Bildes rühren die Gefühle auf, und die Vernunft fühlt sich erbärmlich. Hier würde ich den Platz für den verstorbenen Dschingis Khan wählen. Hierher würde ich alle Sünder bringen, damit sie erkennen, gegen was für eine Welt sie sich auflehnen. Hier finden die schwachen Seelen Trost und mäßigen sich die Übermütigen und Selbstsicheren."

Kap Choboi (burjatisch: „Hauer", „Eckzahn") ist das nördlichste Kap der Insel. Betrachtet man den Felsen vom Meer aus, so gleicht er in der Tat einem Eckzahn, nähert man sich ihm aber von der östlichen oder westlichen Seite, erinnert er an ein Frauenprofil. Die Hiesigen bezeichnen den Felsen deshalb als „Jungfrau". Eine burjatische Legende erzählt von diesem Felsen: Eine Burjatin, zerfressen vor Neid, bat die Götter, sie mögen ihr auch einen solchen Pa-

Die Burjaten bezeichnen einen heiligen Platz als Barissa

last schenken, wie sie ihrem Gatten geschenkt haben. Und die Antwort war: „Solange das Böse und der Neid auf Erden herrschen, sei Stein!" Und sie wurde zu Stein. Kap Choboi ist auch bekannt aufgrund des ungewöhnlichen Echos, der Reliktkräuter und vor allem: es ist Ort der Meditation zahlreicher geistiger Schulen. Hierher kommen Menschen aus der ganzen Welt zur Meditation!

Usury ist der erste Ort hinter Choboi und erstreckt sich am flachen Ufer. Unweit findet sich zudem die ständig arbeitende meteorologische Station. Auf der linken Seite des Tals erheben sich Schiefer- und Marmorfelsen. Hier haben die Geologen einen sehr schönen Halbedelstein - den smaragdgrünen Turmalin - gefunden. Hat man Glück, kann man selbst ein kleines Turmalin-

steinchen auflesen. Den Ruhm der russischen Edelsteine begründen gerade die grünen Steine. Es heißt, daß in keinem anderen Land der Welt so viele verschiedenartige und schöne Steine grüner Färbung vorkommen! Leuchtende Smaragde, goldgrüne Chrysolite, gelbgrüne Granate, grünschimmernde Berylle, dunkelgrüne Aquamarine, uralische Malachite, dann Alexandryte, Nephrite und baikalische Turmaline.

Der Berg Schima am Kap Ischimej ist der höchste Punkt der Insel. Der Name Ischimej stammt vom Wort „Eschin" - Gebieter des Ortes. Die örtlichen Bewohner halten den Berg für heilig. Die alten schamanischen Mythen handeln vom Donnergott Ugete-nojon, dem Sohn des Göttlichen Himmels, der den Entschluß faßte, sich hier in Nachbarschaft des weithin berühmten olchonischen Schamanen Nagre-bo anzusiedeln. Der Berggeist wird als Greis mit Bart dargestellt. Die Hiesigen erzählten nicht nur einmal von einem Greis mit einem langen weißen Bart, der den im Wald Herumirrenden hilft, den Weg zu finden. Derlei Erzählungen sind auch heute noch zu hören.

Es gibt einige Varianten der Legende über den Gebieter der Insel auf diesem Berg. In einer heißt es, der Sieger im Kampf um das Recht, Herr der Insel zu sein, stieg auf den heiligen Berg auf Kap Ischimej, um seinen Besitz in Augenschein zu nehmen. Vom Gipfel aus eröffnete sich vor ihm das gewaltige Panorama: Wohin man auch blickt, man sieht die blaue Glätte des Baikal mit Gebirgen am Horizont, rund um den See weitet sich die grüne, undurchdringliche Taiga. Der Himmlische ließ, wenn er fortging, seinen Diener in Gestalt eines Bären mit einem weißen Streifen am Hals zurück, der seinen Besitz schützen sollte. Und dieser lebt bis heute in seiner Höhle und bestraft all jene, die ungebeten in seinen Besitz eindringen. Es gibt ein ganzes System von Verboten und Tabus, das für alle, die den Berg besuchen - ausgenommen sind die Schamanen -, gilt und den Hiesigen seit eh und je bekannt ist. Im Bewußtsein aller ist der Berg heilig, da die Schamanen hier mittels der Rituale die Beziehung zur Welt der Geister aufnehmen.

Der Baikalforscher Tscherski notierte Ende des 19. Jahrhunderts anhand der Berichte der hiesigen Einwohner: „Der höchste Berg der Insel ist Ischimej. Nach dem Aberglauben der Olchoner Burjaten lebt dort ein riesengroßer unsterblicher Bär in Ketten. Die Burjaten trauen sich nicht, den Berg zu erklimmen."

Die Olchoner Schamanen gelten traditionell als die stärksten Schamanen Burjatiens. Der junge Schamane Valentin Chagdajew streckt mir seine Hand mit den sechs Fingern entgegen: der Daumen der rechten Hand ist gleichsam zweigeteilt, er hat zwei Nägel. Die Ärzte sprechen von einer anatomischen Abnormität, doch nach dem burjatischen Volksglauben ist es ein göttliches Zeichen. Chagdajew behauptet: „Ich bin ein Auserwählter, aber doch nur Vermittler." Ich will hier eine Geschichte einfügen. Chagdajew sollte das Landeskundemuseum in Chuschir „weihen", doch verlor er dabei beinahe die Fassung. Er wurde durch den Geist der im 19. Jahrhundert verstorbenen Schamanin Odegon irritiert. Allerlei mystische Begebenheiten passierten, kurz nachdem die Archäologen dem Museum die persönlichen Habseligkeiten der

An heiligen Stätten werden die Geister mit Geschenken wohlwollend gestimmt

Schamanin übergeben hatten, darunter waren Dinge, die nach der rituellen Verbrennung ihres Körpers zurückgeblieben waren - Armbänder, Ringe, die Pfeife, das Gerät für die Beziehung zum „Jenseits" und der Kupferspiegel. Laut der Überlieferung birgt es ein großes Risiko, Gegenstände verstorbener Schamanen zu benutzen, selbst für „Auserkorene". Chagdajew war also zur Weihung im Museum, doch näherte er sich zögerlich und, wie es schien, mit Furcht der Glasvitrine mit den Attributen der Schamanin. „Plötzlich", so die Museumsdirektorin Kapitolina Nikolajewna, „weiteten sich seine Augen! Er wurde blaß und rief: ‚Der Geist der Schamanin ist da!'" Und alle hatten es gesehen. Als Chagdajew seine „gezeichnete" Hand hob und seine rituellen Sprüche zu singen begann, bewegten sich die unter Glas ausgestellten Habseligkeiten der Schamanin Odegon. Ein alter Schamane erklärte dieses Phä-

nomen wie folgt: „Valentin wollte es mit Odegon aufnehmen, sie aber bewies ihm, daß sie stärker war!" Auf Olchon hieß es dann: „Der Geist der Schamanin ist in Aufruhr." Alle Schamanen der Insel brachten Odegon gemeinsam das Milchopfer - sie benetzten, den Traditionen folgend, die Vitrine, sprachen Gebete und Beschwörungen.

Kapitolina erzählte mir, daß ihr Vater Nikolai Rewjakin einst ebenfalls über ein Treffen mit den Geistern berichtete: „Ich übernachtete im Wald, machte ein Feuer, doch das gefiel den örtlichen Geistern offensichtlich nicht, sie weckten mich, als ich gerade eingeschlafen war. Ich hörte eine Stimme: ‚Hier ist nicht dein Platz!' Ich schlief wieder ein, und sie weckten mich erneut: ‚Hier ist nicht dein Platz!' Und so ging es bis zum Sonnenaufgang."

Die Insel Olchon bezeichnet man als das „energetische Herz" Asiens. Neben den Schamanen kommen viele Angehörige von Sekten und anderen religiösen Gruppen hierher. Vor kurzem errichtete man eine russisch-orthodoxe Kirche auf Olchon. Die burjatischen Schamanen waren voller Verständnis: „Hier sollen alle Blumen blühen!" sagte mir einer von ihnen. Und er fuhr fort: „Ich mag keine Scharlatane - keine Showmänner. Der Schamanismus hat nichts mit den westlichen Vorstellungen über Seelenwanderungen auf der Suche nach dem ‚Ich' gemein. Professoren europäischer Universitäten, die unter den Schlägen der Schellentrommel tanzen, sind eine alberne Perversität."

Bevor ich Olchon verlasse, besuche ich immer die Waldlichtung der Schamanen. Inmitten der Lichtung erhebt sich eine burjatische Säule - Obo. Vom Ufer aus kann man die Kuppeln der russisch-orthodoxen Kirche sehen. Der Baikal sonnt sich ruhig und friedlich. Er glänzt und glitzert, als ob er aus einer Mirade kleiner leuchtender Spiegel besteht. Das Wasser trennt sich leicht unter dem Bug des Kutters. Über dem Wald kreist ein Adler. Ich denke an die Worte meines Malerfreundes aus Berlin: „Siehst du dieses Bild? Ich habe begonnen, den Baikal zu malen und kann das Bild nicht vollenden. Der Baikal hat die merkwürdige Eigenschaft, sich vor deinen Augen zu verändern. Kaum habe ich die richtige Farbe gefunden, hat sie der Baikal schon weggewischt. Als ob er seine Schönheit nicht preisgeben will! Er mag es nicht, im Rahmen bewundert zu werden. Der Baikal ist farbenreich und gastfreundlich: Kommt und seht, aber versucht nicht, mich mitzunehmen. Nehmt nur ein gutes Wort und die Erinnerung mit."

Von den Kaps der Westküste zur BAM

Kap Ryty - Kap Solnetschny (Kap Pokoiniki) - Kap Sagan-Morjan - Bucht Saworotnaja - Fluß Molokon - Kap Kotelnikowski - Sljudjanyje Osera - Stadt Sewerobaikalsk - Siedlung Nischneangarsk

Kap Ryty befindet sich im zentralen Teil des Baikal an der Westküste. Das Kap ist durch zahlreiche gewundene Schluchten und trockene Flußbetten geprägt. Daher stammt der Name „Ryty" (umgewühlt, durchwühlt). Unter keinen Umständen werden die Einheimischen die Schluchten besuchen, ja, sie vermeiden es sogar, hier am Ufer festzumachen. Kap Ryty gehört zu den sogenannten geopathogenen Zonen, in denen der Mensch medizinischen Beobachtungen zufolge schneller ermüdet, schneller altert und schneller stirbt. Nach modernen Theorien der Wissenschaftler kann die Entstehung einer geopathogenen Zone durch geographische Besonderheiten, die Nähe zu unterirdischen tektonischen Brüchen, den Verlauf von Wasseradern, erhöhte Radioaktivität und ähnliches mehr befördert werden. Auf Kap Ryty gibt es keine Siedlungen; hierher führen keine Straßen; es gibt nicht einmal einen ordentlichen Küstenpfad. Die Einheimischen bezeichnen das Kap als „verfluchten Ort" und erzählen viele unheilvolle und rätselhafte Geschichten darüber. Es gibt zwei Legenden, die von Ryty erzählen.

Die erste: „Baikal hatte drei Töchter. Eine hieß Lena, sie war Beschützerin des Himmelswassers. Der Name der zweiten war Angara. Baikal hat sie sehr geliebt und umsorgt. Die dritte wurde Rita gerufen und galt als Herrscherin der unterirdischen Wasserströme. Im oberen Himmel lebte der strenge Gott Tengri. Er hatte zwei Söhne: Asme, der Herr des Blitzes, und Alme, der Herr des Donners. Baikal und Tengri beschlossen, die älteste Tochter Lena mit Asme und die mittlere Tochter Angara mit Alme zu verheiraten. Der freiheitsliebende Wind erfuhr von dieser Abmachung. Er wußte, daß Angara von Jenissej und Lena von Anai träumte, und Asme und Alme der geheimnisvollen Rita den Hof machten. Und so faßte er den Beschluß, Asme und Alme zu helfen, ihr Schicksal selbst zu bestimmen. Zu vereinbarter Zeit veranstaltete er einen Weltenuntergang. Mit rasender Geschwindigkeit wirbelte der Wind durch das Gebirge, hinterließ Zerstörungen und Verwüstungen auf seinem Weg. Der Himmel war mit dunklen Wolken verhangen, und im Brausen des Windes ließ Alme seinen Donner krachen und schleuderte Asme seine Blitze. Angara und Lena nutzten den Lärm der tobenden Elemente, um zu ihren Geliebten zu eilen. Angara traf Jenissej, doch Anai, von Ilikta verführt, zeigte sich unentschlossen und verspätete sich zum Treffen mit Lena. Die stolze Lena konnte dem Geliebten nicht verzeihen, und so fließt sie bis heute unter

ihrem eigenen Namen zum Ozean. Jedes Jahr zur Tauperiode hört man im Tal des Anai das mächtige Gebrüll des Flusses, der Lena um Verzeihung bittet. Als Tengri vom Geschehenen erfuhr, empörte er sich fürchterlich. Er verwandelte die Brüder Asme und Alme in Steinfelsen. Sie stehen einander auf Kap Ryty gegenüber und beschützen das Chyr-Chuschun-Tal, vermögen jedoch nicht, zur schönen Rita vorzudringen. Wenn es im Gebirge donnert und blitzt, bedeutet dies, daß die Brüder die Aufmerksamkeit der launischen Rita auf sich lenken wollen. Sie aber hegt keine Gefühle für die Brüder. Sie ist jung und verbraucht all ihre Energie für Scherze und Tollheiten, wobei sie sich vor Baikal unter den Steinen versteckt."

Die andere Legende berichtet wie folgt: „An dieser Stelle trafen in alter Zeit die Grenzen der Jagdreviere, des Ackerlandes und der Weidefläche für Vieh und Pferde aufeinander. Im Verlauf der langen Auseinandersetzungen um den Besitz der Ländereien entbrannte ein heftiger Streit zwischen den jakutischen, ewenkischen und burjatischen Stämmen. Zur entscheidenden Schlacht kamen jeweils ein Schamane und ein Recke eines jeden Stammes. Die Schamanen erklärten: Um gegen die Blitze zu kämpfen, brauchen wir Schluchten ohne Bäume. Und sie verschwanden in der Schlucht. Die Recken sagten: Damit wir uns aufwärmen können, brauchen wir eine flache Ebene ohne Pflanzen. Und sie blieben auf dem Plateau des Kaps. Und die große Schlacht begann. Und sie währte mehrere Tage, denn niemand konnte die Oberhand gewinnen. Doch nach dem Kampf der drei Schamanen und der drei Recken wurde der Ort verflucht. Denn durch den Kampfeslärm war der Geist des hier bestatteten Ucher-nojon geweckt worden, und er schickte auf das fruchtbare Tal eine furchtbare Lawine aus Erde und Felsgestein." Weiter wurde mir erzählt, daß man früher jedes dritte Jahr zur Opferung zum Kap kam, um den Geist Ucher-nojons zu besänftigen. Man erzählte: „Auf der Mitte des Kaps erhob sich der heilige Baum, und am Eingang zur Schlucht befand sich die heilige Stätte. Die Schamanen beteten in der schwarzen Nacht an einem umgedrehten schwarzen Kessel. Die Kontinuität dieser Tradition wurde gebrochen, und der Geist übt Rache an allen Menschen, die den Ort besuchen, an dem sein Körper bestattet ist." Ich weiß nicht, ob die heilige Stätte heute noch besteht. Schon seit langem war niemand mehr dort. Doch heißt es: „Wenn du den Ort besuchst, mußt du das rechte Knie beugen, um deiner Verehrung Ausdruck zu verleihen. Du mußt ein Stück Hammelfleisch im Topf über dem Feuer kochen, damit sich der Duft ausbreitet. Das Fleisch darfst du essen, die Knochen aber nicht wegwerfen, sie müssen in Form eines Körpers gelegt werden. Hast du kein Hammelfleisch, sag in Gedanken: ‚Wir sind auf dem Boden eurer Sitten und bringen als Opfer, was wir haben. Entschuldigt. Verzeiht uns, Uneingeweihten.' Und sei vorsichtig! Der Geist kann einen Bären oder Wolf schicken."

Nach noch älteren Überlieferungen ist Kap Ryty ein „furchtbarer und heiliger Ort", an dem böse Götter, die Söhne des Gottes Ucher, leben und starken Wind schicken.

Das Kap ist der trockenste Ort an der Baikalküste. Der Fluß Rita ist mit Findlingen und großen Felsen durchsetzt. Hier kommen oft Erdlawinen herunter,

Das Tal des Flusses Rita ist mit Findlingen und großen Felsen durchsetzt

die auf ihrem Weg zum Baikal Baumstämme samt Wurzelwerk mit sich reißen. Das Flußtal hinterläßt einen deprimierenden Eindruck. Hier schlagen oft Blitze in die Erde. Verirrt sich Vieh ins Tal, folgt ihm niemand, um es zurückzutreiben. Vor einigen Jahren ließen sich zwei burjatische Jäger durch die riesige Menge Eichhörnchen und Zobel, die hier leben, verführen. Sie verletzten das Verbot und besuchten das Kap. Nach einem Jahr starben beide an einer rätselhaften Krankheit. Der Kapitän der „Komsomolez" schließlich berichtete uns, daß er das Kap oft mit dem Fernglas beobachte; bei seiner letzten Fahrt habe er fünfzehn Bären pro Küstenkilometer gezählt. Zum Abschied sagte er: „Kinder, ich rate euch davon ab, das Kap zu besuchen. Man sagt, dort wachsen seltene Pflanzen, die in den Morgenstunden flüchtige Stoffe

extrahieren, die beim Menschen zu Halluzinationen führen. Außerdem dürfen Frauen diesen Ort in keinem Falle besuchen. Wenn ihr es darauf ankommen lassen wollt, sollte wenigstens die Frau im Boot bleiben und das Ufer nicht betreten."

Ein Mitarbeiter des Baikal-Lena-Naturschutzgebietes, zu dem auch Kap Ryty gehört, zeigte uns eigenartige Fotos, die er am Kap aufgenommen hatte. Wir hatten den Eindruck, daß der Film irgendwelche seltsame Defekte aufwies - so war der Raum vollkommen verbogen und verzerrt, obwohl die später an anderen Orten gemachten Aufnahmen völlig normal waren!

Niemand kann heute das Phänomen von Kap Ryty erklären. Keine der existierenden Theorien - seien es nun Erdkrustenbrüche, Strahlungen oder ein besonderes Biofeld - gibt Antwort darauf, warum der Einfluß von Ryty unheilvoll für die Menschen ist.

Mein Freund riskierte es einmal, zusammen mit einem Archäologen, der von den uralten Steinmauern auf dem Kap gehört hatte, dorthin zu fahren. Steinmauern fanden sie nicht. Doch mein Freund erzählte, daß sie sich unwohl und bedroht gefühlt hätten und den unwirtlichen Ort so schnell wie möglich wieder verlassen wollten. Er brachte mir als Geschenk einige Aufnahmen mit. Und eine fiel mir besonders auf. Am Rande des Kaps wachsen inmitten der nackten Steppe zehn Pappeln, die einen großen Kreis bilden. Es schien mir, daß diese starken Bäume aus einer Wurzel gewachsen waren. Um an diesem geheimnisvollen Ort zu überleben, mußten sie in der Tat zusammenhalten.

In den letzten Jahren wird über Kap Ryty immer häufiger in der Presse berichtet. Man behauptet, daß sich dort die Ruinen geheimnisvoller Steinmauern erheben, die Irkutsker Zeitungen nannten Ryty sogar das „Baikalische Stonehenge". Im Sommer 2006 brachte man die Meldung, daß eine dreiköpfige Gruppe unter Leitung von Wladimir Polewanow eine Expedition zur Quelle der Lena unternehmen und dabei einen neuen Weg nehmen wollte. Ich war neugierig, wie sie den legendären Bach Ryty passieren würden? Würden sie dort die Mauern der legendären Stadt sehen? Das Schiff „Fregat" brachte sie zum Kap Schartlai und sollte sie fünf Tage später am Kap Ryty abholen. Der Ryty hat sie jedoch, wie man am Baikal sagt, „nicht passieren lassen". Wladimir Polewanow beschrieb in der Zeitschrift GEO die Reise:

„Als die Mitglieder der Mannschaft der ‚Fregat' von unserer geplanten Ryty-Reise hörten, blickten sie traurig, als ob sie Abschied von uns nahmen. Kap Ryty und den gleichnamigen Bach halten die Einheimischen für verflucht.

Laut Überlieferung lebt hier der böse Geist des Baikal Ucher-nojon, der es nicht mag, wenn seine Ruhe gestört wird.

Einheimische Forscher anormaler Erscheinungen klebten dem verfluchten Kap und dem Bach Ryty alle möglichen ‚paranormalen Zettel' an. Es wird behauptet, daß dies eine geopathogene Zone ist und hier regelmäßig fliegende Untertassen landen. Man stellte eine erhöhte Strahlung fest, und in dem auf dem Kap existierenden Winterlager wütet angeblich regelmäßig der ‚Pol-

101 ———

Das Baikal-Lenski-Naturschutzgebiet ist fast 660 000 Hektar groß

tergeist'. Und schließlich wird auch gesagt, daß auf dem Kap eine Verkrümmung der Raum- und Zeitdimension erfolgt und Außerirdische Kontakt mit uns aufnehmen.

Vom wissenschaftlichen Standpunkt aus sieht alles viel realistischer aus. Der Bach Ryty fließt etwa zwanzig Kilometer in einer tiefen und engen Schlucht. Nach dem Regen steigt das Wasser in zehn bis zwanzig Minuten um drei bis fünf Meter. Der friedliche Bach wird zum reißenden Strom. Wenn der Reisende keine Erfahrungen mit Bergsteigen und keinen Satz Kletterhaken besitzt, um den Steilhang zu bewältigen, hat er keine Chance, am Leben zu bleiben. Woher sollen jedoch einfache Jäger Bergsteigererfahrungen und Kletterhaken haben? Einer wird vermißt, der zweite und ein dritter... Dann heißt es: der böse Geist von Kap Ryty!

Es war neblig, und trotzdem erreichten wir unser Ziel - das Baikalufer in der Gegend von Kap Schartlai. Vorwärts, zur Quelle der Lena! Nach einigen Stunden verflüchtigte sich der Nebel. Anderthalb Stunden lang bahnten wir uns den Weg entlang von Bären- und Hirschpfaden, wobei wir unseren Blick immer wieder bewundernd auf den Bach Schartlai richteten. Ständig stießen wir auf frische Bärenfährten, so daß unser ‚Mann mit der Flinte' Erik Butakow unruhig wurde. Bären sind wunderbar nur auf dem Gemälde ‚Morgen im Fichtenwald'; im realen Leben sollte man ihnen tunlichst aus dem Weg gehen. Auch mit einer Kugel im Herzen kann ein Bär noch fünfzig Meter laufen und hat noch die Kraft, den Jäger zu töten. Denn tödlich getroffen ver-

Im Baikal-Lenski-Naturschutzgebiet leben Hunderte Bären

steckt er sich im Gebüsch, stellt sich tot, und wenn der Jäger versäumt, den Kontrollschuß zu tun, schlägt der Bär ihn tot und stirbt dann selber - und sicher mit einem Gefühl tiefer Befriedigung. Deshalb schrie Erik ständig und machte allerlei Lärm, um die Bären zu verscheuchen.

Dann kam Regen auf, vom Baikal kehrte der Nebel zurück. Alle Pfade, auch die Tierpfade, endeten. Der Aufstieg wurde immer schwieriger, in der Luft tanzten Schneeflocken. Immer öfter trafen wir auf ‚lebendiges' Geröll. Über lose glitschige Felsen und anderes Gestein krochen wir im Regen langsam nach oben - nicht einmal ein Zelt konnten wir aufschlagen. Keine ebene Stelle! Steiler Hang aus riesigen Steinblöcken.

Nach elf Stunden erreichten wir den Bergkamm. Und da geschah ein kleines Wunder: Der Nebel lichtete sich, der Regen hörte auf, und die letzten Sonnenstrahlen schlugen gegen den dunkelblauen, sich auf den Sonnenuntergang vorbereitenden Himmel. Die Natur nahm uns an, sie schenkte uns eine Pause, um die Zelte aufzuschlagen und ein Feuer zu machen. Die Zelte standen, als der Regen wieder einsetzte. Ist man auf dem Weg, wird man unwillkürlich zum Götzendiener; wir dankten den Geistern des Gebirges. Die ganze Nacht und den ganzen folgenden Tag goß es in Strömen. Am Morgen, es war der 13. Juli, war klar, daß wir die Quelle der Lena auf diesem Wege nicht erreichen würden.

Wir mußten wegen des Unwetters über Kap Schartlai zum Baikal zurückkehren, und auch das erwies sich als ganz und gar nicht einfach. Es war schwieriger, im Regen über das ,lebendige' Geröll herunterzusteigen als heraufzuklettern, denn jeder Stein ist mit Moos bewachsen, und das Wasser floß. Eine Sekunde Unaufmerksamkeit kann im Gebirge mit einer Verrenkung oder gar einem Beinbruch enden. Ein Rettungshubschrauber kann hier nicht landen, man braucht sechs geschulte Männer und eine Woche Zeit, um den Verletzten zu bergen. Wir wußten das sehr genau, waren doppelt vorsichtig und erreichten das Ziel ohne Zwischenfälle.

Nach neun Stunden standen wir am Baikalufer, und am nächsten Tag machten wir uns auf den Weg zum Ort, an dem die ,Fregat' uns erwartete. Zwanzig Kilometer Fußmarsch - ein unwahrscheinlich schöner, aber schwieriger Weg. Die Uferabhänge mußten wir auf drei Wegen überwinden: entweder wir kletterten entlang der Uferfelsen oder wir wateten durch das Baikalwasser oder - in den schlimmsten Fällen - wir stiegen fünfzig bis hundert Meter hoch, um die schwierige Stelle zu umgehen. In der Nähe von Kap Ryty warteten Bären auf uns. Glücklicherweise bemerkten wir sie, als sie noch 300 Meter entfernt waren. Nach zwei Warnschüssen wichen die Bären zurück. Um 22.00 Uhr betraten wir das Deck der ,Fregat'. Als die Mannschaft erfuhr, daß wir den Bach Ryty nicht queren konnten, wunderte sie sich nicht. Hier sagt man einfach: ,Ryty ließ sie nicht passieren'. Wir legten ab."

Kap Solnetschny hieß früher Kap Pokoiniki („Kap der Leichen"). Als ich 1970 erstmals hierher kam, war ich Augenzeugin des Kampfes, den der Leiter der Meteorologischen Station Alexej Buschow mit unterschiedlichen Instanzen um die Umbenennung des Kaps in Kap Solnetschny führte. Er schrieb so viele Briefe! Er sagte mir: „Ich gehe bis ins Ministerium! Hier gibt es so viel Sonne! Und dann ,Kap der Leichen'. Stell dir doch mal vor: Einer meiner Mitarbeiter ist hier Vater eines Sohnes geworden! So eine Freude! Und in der Geburtsurkunde steht als Geburtsort ,Kap der Leichen'!" Ich stimmte ihm von

ganzem Herzen zu, glaubte jedoch nicht wirklich, daß es je zur Umbenennung kommen würde. Doch schlußendlich siegte Buschow. Heute finden sich
in allen Reiseführern zwei Namen: Kap Solnetschny (Kap Pokoiniki).
Ich fragte nach, woher der alte Name kam. Und mir wurde wie folgt berichtet: „Der Steuermann Puschkarjow, der 1772 an einer Baikalkarte arbeitete,
nannte das Kap Pokoiny vom Wort ‚pokoi' (‚Ruhe'), denn unter dem Schutz
des Ufers gab es eine wunderbar geschützte Anlegestelle für Schiffe. Erst mit
der Zeit begann man, das Kap nicht Pokoiny, sondern Pokoiniki zu nennen..."
Alte Fischer wiederum verwiesen auf eine andere Version: „Hier war einst ein
burjatischer Ulus, und es geschah ein großes Unglück: Das ganze Dorf starb
auf einmal aus! Seitdem will hier niemand mehr leben. Und das Kap nannte
man ‚Pokoiniki." Nach wieder einer anderen Erklärung der Fischer geschah
unweit des Kaps ein fürchterlicher Schiffbruch, alle Passagiere und Schiffs-
leute ertranken. Jäger fanden auf dem Kap nur einige Leichen, die die Wellen ans Ufer gespült hatten.

Wenn man zum Kap Pokoiniki will, muß man mit den Fischern im Kirchdorf
Onguren verhandeln, ob sie einen mit dem Motorboot hinbringen. Warum
besuchen Touristen das Kap? Natürlich, um zum Oberlauf der Lena hochzu-
steigen. Denn nur zehn Kilometer sind es von hier zur Quelle des mächtigen
Flusses. Über unsere Suche nach der Quelle der Lena habe ich in meinem Buch
„Sibirienreise - Die Lena" ausführlich berichtet.
Der Pfad von Solnzepad ist nie einsam. Erst kürzlich erhielt ich einen begeisterten Brief von Freunden, die im vorigen Sommer dort waren. In den Mo-
naten Juli und August kann man am Baikalufer unweit von Kap Pokoiniki viele bunte Zelte und den Rauch von Lagerfeuern sehen, Gesang und Gitar-
renklänge steigen herauf. Alle halten sich in der Regel eine Nacht am Baikalufer
auf, um sich zu erholen und auf den Aufstieg zum Solnzepad vorzubereiten.
Kap Sagan-Morjan heißt aus dem Burjatischen übersetzt „Weiße Lichtung".
Wir überquerten den Golf und erreichten das Kap in völliger Dunkelheit, schal-
teten den Motor ab, und meine beiden Freunde, beide Jäger, rauchten schweigend eine Zigarette. Ich durfte erstmals an einer nächtlichen Bärenjagd teilnehmen. Ein Bär hatte sich erkühnt, immer wieder nahe an der Meteorologischen Station herumzustrolchen. Wir fanden jeden Tag frische Spuren; es
mußte etwas passieren, da es in der Station viele Kinder gab, die wie alle Kinder im Wald spielten und jede Minute von diesem ungebetenen Gast überrascht werden konnten. Also beschlossen wir, auf die Jagd zu gehen. Der eine Freund setzte sich an die Ruder, der andere hockte sich mit dem Karabi-

ner im Arm an den Bug. Das Boot glitt lautlos an kleinen Buchten und Riffen vorbei. In den Sommermonaten kommen die Bären oft hinunter ans Baikalufer. Hier finden sie reichlich Nahrung - ans Ufer gespülte Fische, verwundete Robben; sogar Käfer und Ameisenlarven sind ihnen Nahrung. Der ganze Uferstreifen und der Kiesstrand sind hier mit Larven, „Metljaks" genannt, bedeckt. Vom Boot aus sahen wir drei große Robben, die aus dem Wasser auftauchten und große Augen machten, wobei sie ihre Mäuler müde und mißbilligend hin und her schoben: „Was macht ihr denn da?" Die Taiga kam bis ans Ufer, es war dunkel, aber der Mond konnte bald hinter den Wolken hervorkommen, und dann konnten wir die Jagd vergessen. Zwar hat der Bär ein schlechtes Sehvermögen, doch unser Boot konnte er im Mondlicht nicht übersehen. Und damit wäre ein Schuß aus der Nähe unmöglich.

Der Fischfang gehört zu den Haupteinnahmequellen der Baikalanwohner

Meine Freunde waren zwar Jäger, hatten aber keine Erfahrungen mit der Nachtjagd. Und es ist schwierig, im Dunkeln zu zielen. Sie banden ein weißes Tuch an das Ende des Laufes, um einen Ansatzpunkt zu haben. Der Bär zeigte sich jedoch nicht. Ich döste schon vor mich hin. Meine Aufgabe war es, gegebenenfalls mit der Leuchtpistole in die Luft zu schießen, um den Bären abzuschrecken. Plötzlich - ein leichter Stoß an meiner Schulter. Ich kniff die Augen zusammen, bis sie schmerzten, um die Dunkelheit zu durchdringen, in die die Hand des Freundes wies. Das weiße Tuch sah ich. Am Ufer bewegte sich etwas Dunkles. Mein Freund schoß. Und wie verabredet, schickte ich

Leuchtkugeln in die Luft. Im grellen Licht sahen wir den flüchtenden Bären gestochen scharf, unversehrt war er und quicklebendig!

Der Mond kam endlich hinter den Wolken hervor, und der Baikal leuchtete im zerstreuten kupfernen Licht. Wir zitterten jedoch nach wie vor: „Das war meine erste und letzte nächtliche Jagd!" sagte der Freund mit dem Gewehr. „Alles schiefgegangen, der Schuß daneben. Die Nachtjagd ist nichts für mich, ich habe nichts gesehen. Vielleicht ist es gut so! Soll er weiter leben!"

Immer wieder stößt man in diesem Gebiet auf malerische Wasserfälle

Im nordöstlichen Teil von Kap Sagan-Morjan gibt es eine Höhle am Ufer, die von den Jägern „Robbenspital" genannt wird. Im Felsen ist nur eine schmale Öffnung zu sehen, die sich aber im Inneren weitet. Die Wände der Grotte sind von rötlicher Farbe - roter Ton, der sich gewöhnlich in Tropfsteinhöhlen findet. Die Robben tauchen dreißig Meter unter dem Felsen durch, um ihr „Spital" zu besuchen. Die Ockerbrocken fallen in die natürliche Wanne der Höhle, und die Robbe reibt sich an den Wänden. Das Wasser färbt sich rot, und die Robbe liegt stundenlang in dieser Lösung. Die Schamanen bemerkten dies und nutzen die heilende Wirkung des roten Ockers für die Behandlung vieler Krankheiten. Im Winter ist es in der Grotte warm, und das Eis ist durchsichtig. Übrigens kann man die Grotte nur im Winter (am besten im März) besuchen. Dann kann man über das Eis in die Grotte kriechen.

Die Bucht Saworotnaja ist von Interesse, da hier 1962 eine geologische Siedlung entstand. Sie wurde gebaut vom Kombinat „Baikalkwarzsamozwety". Gerade hier wurde das weltweit erste Vorkommen von Mikroquarzit - ein sehr festes Material, das für Spiegelpolierungen von Metall genutzt wird - entdeckt. Es ist effizienter als Diamantenpaste. Als ich die Bucht in den 70er Jahren besuchte, wies die Siedlung eine gute Infrastruktur und gute Straßen bis zum Tagebau auf. 1993 wurde die Mikroquarzitgewinnung eingestellt. Doch heute noch werden Exkursionen hierher angeboten.

Der Fluß Molokon ist durch seine Wasserfallkaskade bekannt. Der beeindruckendste Wasserfall - „Stekljannaja Lenta" („Glasband") - ist im Tal eines seiner rechten Nebenflüsse zu bewundern. Das schmale Band stürzt aus einer Höhe von 150 Metern herunter, ohne den Felsen zu berühren. Ein phantastischer Anblick!

Auf Kap Kotelnikowski trifft man auf die wärmste Quelle am Baikal, die zugleich die einzige Warmwasserquelle an der Westküste ist. Die Wassertemperatur beträgt plus 81 Grad Celsius! Es gibt zwei Schwimmbecken - das eine unter offenem Himmel, das zweite ist überdacht. Und hier - achtzig Kilometer vor Sewerobaikalsk - bietet das BAM-Sanatorium den Gästen nach wie vor Raum für Erholung.

25 Kilometer vor Sewerobaikalsk liegen die Sljudjanyje Osera (Glimmerseen). Der erste heißt Großer Glimmersee und hat einen Durchmesser von zwei Kilometern, es gibt einen schönen Sandstrand. Der See ist vom Baikal durch einen kleinen 400 Meter breiten Hügel getrennt. Hier wurde in den 30er Jahren des 20. Jahrhunderts Glimmer für die Radioindustrie gewonnen. Die Serpentinenstraße und der Stollen, in dem der Glimmer abgebaut wurde, sind erhalten.

Hinter dem See erstreckt sich eine breite Felsenschlucht, durch die sich ein Pfad in breiten Windungen schlängelt. Hier und da erheben sich mächtige Zedern, und auf den steilen Abhängen sieht man wucherndes Krummholz. Mich wunderte die Fülle der Vogelschwärme, besonders der Zirbelmeisen. Ihre Schreie kann man manchmal für das Krächzen eines Raben, manchmal für das Miauen einer Katze halten. Diese fleißigen Vögel schlagen von den Zirbelkiefern die Zapfen ab, picken die Kerne heraus und legen im Moos oder unter den Bülten ihre Vorratslager an. Wie die Jäger erzählten, vergessen die Zirbelmeisen allerdings oft, wo sie ihre Vorräte gelagert haben. Ich liebte es zudem, die Burunduks (Erdeichhörnchen) zu beobachten. Sie stehen im Sommer bei ruhigem Wetter auf ihren Hinterpfoten und sehen dich an! Sie lassen dich ganz, ganz nahe herankommen, bevor sie blitzschnell unter den Steinen verschwinden. In den undurchdringlichen Fichtenhainen hörte ich oft

das schrille Pfeifen der Rebhühner, die ihre Küken vor einer Gefahr warnen. Und was für herrlich duftende Moosbeeren es in dieser Region gibt! Ich sammelte sie immer direkt am Wegesrand und aß sie unter dem Trommelschlag der Spechte, das in der Schlucht echote.

Die Stadt Sewerobaikalsk ist mit der Baikal-Amur-Magistrale (BAM) verbunden, mit deren Bau 1974 begonnen wurde. Die Baikal-Amur-Magistrale - die Eisenbahnlinie in Ostsibirien und im Fernen Osten - verbindet die Lena und den Baikal mit dem Aldan-Jakutischen Trakt, dem Amur und den Pazifikhäfen. Ihre Länge beträgt 3 122 Kilometer.

Seit ihrer ersten Erwähnung im Jahre 1887 träumte man lange von dieser Eisenbahnlinie. Man begann mit dem Bau, stoppte ihn, nahm die Bauarbeiten wieder auf... Die BAM ist ein Symbol Rußlands und seiner historischen Entwicklung. Es gab heldenhafte Vorstöße, die mitunter undurchdacht, mitunter träumerisch waren. Und es ist bis heute nicht sicher, ob der Traum der umfassenden Nutzbarmachung Sibiriens verwirklicht wird oder ob die BAM „eine Straße ins Nichts" wird. Zusammen mit der sagenumwobenen Transsibirischen Eisenbahn dient die BAM als zweiter direkter Zugang Rußlands zum Pazifischen Ozean. Ich bereiste diese Magistrale vom Baikal bis zum Amur, überquerte dabei elf Flüsse und sieben Bergkämme. Über tausend Kilometer legte der Zug durch Permafrostzonen und Gebiete hoher Seismität zurück. Es ging durch acht Tunnel und über 142 Brücken, und wir passierten mehr als 200 Bahnhöfe und Haltepunkte.

Der Sewero-Muiski-Tunnel (15 343 Meter) ist der längste Tunnel in Rußland und der fünftlängste in der Welt. Vor der Eröffnung dieses Tunnels fuhren die Züge einen zweieinhalb Stunden langen Umweg. Die Tunnelfahrt dauert heute fünfzehn Minuten.

Ich erinnere mich gut an die Zeit, als es hier noch nichts gab. Im Sommer 1973 kam ich mit einer Kolonne von 200-Tonnen-Lastern an. Wir querten die zugefrorene Lena, unser Ziel war Jakurim, wo die Winterstraße auf dem Eis westlich von Sewerobaikalsk verlegt wurde. „Was für eine Journalistin bist du, wenn du nicht sehen willst, wie die BAM gebaut wird?" Schnell ließ ich mich von den Fahrern überzeugen.

In nur achtzehn Tagen verlegte man 64 Kilometer der Jakurim-Swjosdny-Straße (Swjosdny ist die Nachbarstation von Sewerobaikalsk). Bei fünfzig Grad Frost reparierten die Jungs ihre Lkws, fürchterliche Frostwunden bedeckten ihre Hände. Auch die Hände „meines" Lkw-Fahrers waren kaputt. Die Schrapper rutschten zusammen mit den Maschinen von den steilen Baikalhängen herunter. Wer hier arbeitete, erlebte, daß Freunde starben, entging mitunter selbst nur um Haaresbreite dem Tod und blieb trotzdem bis zum „siegreichen Ende", bis zum Eintreffen des „ersten" BAM-Zuges. Obwohl die Erinnerungen in den letzten 35 Jahren verblaßt sind, blieb das Gefühl der Heldentat.

Als die Bauarbeiten an der BAM begannen, war ich noch keine 27 Jahre alt. Und die BAM wurde gleich zur Legende. Legenden unterscheiden sich vorteilhaft von der Realität. Ein alter Sibirjake erklärte mir einst: „Schau, im schönsten und schmackhaftesten Apfel kann in der Mitte ein Wurm sitzen.

109

Die Stadt Sewerobaikalsk wurde 1974 als Siedlung für den Bau der BAM gegründet

Man beißt herzhaft hinein, und gleich dreht es einem den Magen um. Das ist das Leben. Die Legende aber ist wie ein Apfel, der von schönstem Äußeren und bestem Geschmack ist. Es gibt kein Risiko, in den Wurm - den Wurm des Alltags und der harten Lebensbedingungen - zu beißen. Die BAM wurde besungen, man dichtete Verse über den Mut der Erbauer. Ja. Ich war damals am Bau der wohl wichtigsten und herausragendsten Sehenswürdigkeit der BAM beteiligt. Das ist der Sewero-Muiski-Tunnel. Ich sprengte Berge, bohrte mich in das Gestein und baute und baute. Ich baute den Tunnel fast dreißig Jahre lang - ein ganzes Leben. Bedauere ich es? Nein! Obwohl ich bei der Arbeit viel Idiotie erlebt habe! Wenn du ihn passierst, achte mal darauf: Das Ostportal des Tunnels ist mit Marmor verkleidet, das westliche nur mit Farbe gestrichen. Warum? Es hatte geheißen, daß der Präsident von Osten kommen würde; er kam jedoch überhaupt nicht. Wir mühten uns einen geschlagenen

Monat bei vierzig Grad Minus und beißendem Wind ab, um alles mit Marmor zu verkleiden... Ich habe nichts vergessen, was aber erstaunlich ist: Die Jahre sind vergangen - ein, zwei, drei, viele Jahre. Und heute erinnere ich mich nur an das Gute, im Gedächtnis blieb nur ‚der Apfel ohne Wurm'. Die BAM und dieser Tunnel sind das beste, was die Sowjetmacht in Sibirien gemacht hat. Du wirst sehen, daß, nachdem alles Unheimliche im Lande vergangen ist, die BAM noch gebraucht wird - und wie sie gebraucht werden wird! Die BAM wird zur Geltung kommen!"

Im September 1970, vier Jahre vor dem berühmten Komsomolzenkongreß, auf dem die BAM zur „Stoßbaustelle der Komsomolzen Nummer 1" erklärt

Auf dem Markt in Sewerobaikalsk wird köstlicher Omul angeboten

wurde, gab ich den jakutischen Jungen und Mädchen in Lensk schon Musikunterricht. Ich fuhr damals oft zum Baikal, und vor meinen Augen begann man mit dem Bau der BAM.

Wenn man sich die BAM-Karte anschaut, so liegt links von Sewerobaikalsk die Nachbarsiedlung Swjosdny, zu der wir einst die Winterstraße verlegt hatten, rechts findet sich die Siedlung Seweromuisk mit dem berühmten Tunnel. Fast dreißig Jahre baute man an diesem Tunnel, erst Ende 2003 wurde er eröffnet. Und nur kurze Zeit später entdeckte man, daß der Beton „atmet" und sich Ritze und Hohlräume bilden. Die Untersuchungskommission aus Moskau kam im Jahre 2005. Man entwickelte eine Methode, wie man das wichtige strategische Objekt „behandeln" kann. In die Hohlräume wurde mit besonderen Geräten Beton gepumpt. Jetzt hat sich alles normalisiert.

Zwischen Swjosdny und Seweromuisk liegt wie gesagt Sewerobaikalsk, eine echte BAM-Stadt. Das Bahnhofsgebäude mag ich sehr, es kommt einem wie ein schneeweißes Schiff vor, das zufällig an der Eisenbahnlinie angelegt hat. Der Baikal ist nur 300 Meter entfernt. Und sein Atmen ist zu spüren. Das Bahnhofsdach sieht aus wie ein Segel, das in den blauen Himmel ragt und dem Bahnhof etwas von der baikalischen Romantik und Poesie verleiht. Tritt man aus dem Bahnhofsgebäude heraus, fällt der Blick sofort auf das Denkmal für die ersten BAM-Erbauer - es stellt einen Bauarbeiter mit Schutzhelm dar. Über dem Helm schwebt entweder ein Vogel oder ein kleines Segelschiff, je nachdem. Wenn man es genau überlegt, scheint es doch ein Schiff, das zum Amur strebt.

Schon hier auf dem Bahnhofsplatz sieht man, daß die Straßen der Stadt wie mit dem Lineal gezogen sind. Man spürt den Geist des fernen Sankt-Petersburg, denn es waren die Leningrader die Sewerobaikalsk errichtet haben. Wenn Sie einmal Kuptschino bei Sankt-Petersburg besucht haben, werden Sie sofort die Stadtmitte mit ihren fünfstöckigen Häusern erkennen. Wenn Sie über den Leningrader Prospekt von Sewerobaikalsk gehen, werden Sie sich sofort an die Geräumigkeit, Sauberkeit und Geradlinigkeit der Newametropole erinnern. Und die Blumenbeete am Prospekt scheinen mit ihren perfekt runden Formen wie die in Petershof. Wenn man durch Sewerobaikalsk flaniert, fühlt man, daß die Stadt lebendig ist, und hofft, daß bessere Zeiten kommen und die BAM endlich mit voller Kraft funktionieren wird.

Vom Bahnhof läuft die Straße gerade bis zum Zentralen Platz. Links steht der typische Backsteinturm mit Uhr. Das ist die Stadtverwaltung. Rechts sieht man Handelsreihen und den Markt. Auf dem Platz erhebt sich das Kulturhaus „Schelesnodoroschnik" („Eisenbahner").

Die ganze Stadt kann man in einer Stunde durchlaufen. Die Ebereschen sind der Stolz von Sewerobaikalsk. Die Straße 60 Jahre Oktober ist mit Ebereschen gesäumt - es ist bezaubernd! Eine Parkanlage erstreckt sich auf dem Hügel hinter dem Kulturhaus. Und Sewerobaikalsk weist sein eigenes „Shanghai" auf: das sind wurmstichige Katen, Gemüsegärten, heruntergekommene Scheunen. Ein „Shanghai" gibt es in jeder BAM-Siedlung. Die Erklärung ist einfach. Die Baikal-Amur-Magistrale wurde von Hunderttausenden Bau- und Transportarbeitern sowie Beschäftigten zahlreicher anderer Unternehmen gebaut. Die Eisenbahnlinie ist fertig, die Menschen blieben. Jetzt arbeiten an der BAM nur diejenigen, die bei den Russischen Eisenbahnen beschäftigt sind. Die anderen - nun, jeder, wie er kann. Die Stadt ist jung. Was sind denn 35 Jahre?

Sie entstand in leerem Raum! Ihr Gedächtnis ist bestimmt von Heldenmut, Siegen und Träumen - bald sollen die sibirischen Schätze mit der Eisenbahn rollen, alle werden Arbeit finden! Es ist der Glaube der Pioniere, daß all diese Heldentaten nicht umsonst waren und die Zeit der BAM kommen wird.

Bevor man das Städtchen verläßt, sollte man zum Bergkamm hochsteigen - den Baikal aus der Vogelperspektive bewundern. Der Bergkamm ist eine heilige Stätte für die Burjaten, sie beten dort, erleben „Erleuchtung" und „Glückseligkeit". Der Platz ist in der Tat einzigartig. Unten ist alles so still, als ob der Baikal andächtig dem Gebet lausche. Von Westen steigt der Nebel auf, und Wasser und Nebel scheinen eins zu werden. Hinter uns erstreckt sich das unendliche Meer der Taigalandschaft. Sie werden stumm - finden keine Worte, um die Sie beseelende Begeisterung zum Ausdruck zu bringen.

Nischneangarsk ist eine Station an der BAM-Trasse und der nördlichste Punkt des Baikal. Die Siedlung liegt vor dem Delta der Flüsse Kitschera und Oberer Angara. Gerade hierher kommt der nordbaikalische Omul zum Laichen. Das ansässige Fischkombinat braucht dringend eine eigene Konservenfabrik - der Fisch wird schnell eingefroren und billig verkauft. Der Omul von Nischneangarsk ist zwar klein, aber überaus schmackhaft!

Nischneangarsk ist die nordbaikalische „Hauptstadt" der Fischer, Geologen, Jäger, Naturforscher und ganz gewiß der Touristen. Die lärmige Siedlung ist etwa vier Kilometer lang und erstreckt sich auf mehreren Ebenen entlang der Küste mit ihren steilen Hängen. Geräumige alte Blockhäuser und neu gebaute zweistöckige Häuser bilden Straßen und Gassen, die sich über die und auf den Bergterrassen über dem See ziehen. Die Siedlung braucht mehr Platz am Ufer, doch die Bauherren müssen jeden Meter Boden dem Gebirge und der Taiga abgewinnen. Im letzten Jahrzehnt entwickelte sich das einstige Fischer- und Jägerdorf Nischneangarsk zu einem nach Taigamaßstäben größeren Kreiszentrum.

Den ganzen Sommer über fallen am Rande von Nischneangarsk die farbenfrohen Zeltstädtchen der Touristen auf. Von hier aus beginnen viele kilometerlange Wanderrouten durch das malerische Tal der Oberen Angara und zum stürmisch-wendigen Kitschera, an dem zahlreiche Rentierherden weiden. Unter touristischen Flaggen starten von Nischneangarsk ganze Karawanen von Segel- und Motorbooten. Auf die Spuren der Wanderer kann man selbst auf den Tierpfaden in den unzugänglichen Gegenden unweit des Sees Frolicha treffen, der in letzter Zeit an Beliebtheit zu gewinnen scheint. Die ersten Wanderwege zu den Abzweigungen des Dawansker Gebirges westlich der Oberen Angara sind angelegt.

Von Zobel, Baikalrobbe und „Hasen"

Bucht Ajaja - Kap Chakussy - Kap Turali - Siedlung Dawscha -
Bargusinski Naturschutzgebiet - Bucht Sosnowka - Fluß Schumilicha -
Uschkani-Inseln

Es heißt, daß der Name der Bucht Ajaja vom Ausruf „Aj-ja, wie schön!" stammt.
Und im nördlichen Baikal ist es in der Tat eine der schönsten Buchten. Was
es da nicht alles gibt! Unterwasserklippen, der malerische Gletschersee Frolicha (er ist acht Kilometer von der Bucht entfernt), einen Fluß, der reich an
dem für Sibirien einzigartigen roten Fisch „Dawatschan" (Salvelinus alpinus
var erythrimus Georgi) ist, und dicht bewaldetes Hochgebirge. Gerade in der
Bucht Ajaja tummeln sich gerne Robben. Im Baikalbuch „An der verträum-
ten Küste" schreibt Oleg Gussjew: „Ajaja ist aufgrund ihrer ausgesprochenen
Bergtundralandschaft einzigartig. Von den Gipfeln der Bargusinischen Berge kamen die Vertreter der Bergtundra- und der unteren Bergtundrapflan-
zenwelt herunter an das Ufer des Sees. Dem Reisenden, der in der Bucht zum
ersten Mal an Land geht, scheint, daß er sich im Bargusinischen Hochland
befindet. Diese seltsame Verteilung der Flora erklärt sich vor allem durch das
rauhe Klima in der Bucht Ajaja. Das ewige Eis ist an den nördlichen Berghängen so nah, daß es reicht, das Moos ein wenig anzuheben, um auf Eisfläche zu stoßen. Und eine besondere Sehenswürdigkeit der Bucht sind die
gigantischen, unwahrscheinlich zauseligen Kissen von Flechten und Moosen
im Zedernwald."

Die Bucht Guba Chakussy schneidet in die Uferlinie zwischen dem Kap Chakussy und dem Felshang von Kap Chamankit hinein. Chamankit heißt übersetzt
aus dem Ewenkischen „Schamanenort". Dieser Ort galt den am Ufer des Baikal lebenden Ewenken stets als heilig. Das Kap versinnbildlicht den Mythen
der Ewenken zufolge den mächtigen Gott Dianda. Das Echo auf dem von den
Ewenken auch „Pfeilfelsen" genannten Kap ist überaus stark und deutlich.

In der Bucht Chakussy liegt der bekannte Kurort Chakussy (55 Kilometer von
Nischneangarsk entfernt) mit seinen warmen Mineralquellen. Dort kann man
zwei, drei Tage zur Erholung bleiben, um dann zum Kap Turali zu wandern,
das weithin berühmt ist für seinen „singenden Sand". Das Wort „Turali" bedeutet wörtlich „singender Sand". Kap Turali ist ein hohes, felsiges, bewaldetes Kap. An seinem Fuß befindet sich eine Sanddüne. Vor der Erhöhung des
Wasserpegels infolge der Errichtung des Irkutsker Wasserkraftwerkes, sang
der Sand stetig. Doch seit der Überschwemmung eines Teiles der Sandflächen
ist der Gesang der Dünen nur noch selten zu hören! Die Dünen singen während
der Brandung, begleitet werden sie von einem bestimmten Baikalwind. Es

sind ruhige, pfeifende Laute durchsetzt von Quietschen und Knistern. Manchmal scheint, als ob eine Orgel spielt und eine gewaltige, feierliche Melodie ertönt. In manchen windigen Nächten meint man, menschlichen Chören zu lauschen. Es gibt auch überaus komplizierte Tonwerke. Die Einheimischen sagen dann: „Das ist der Gesang der Sirenen, die uns zum Ufer und in die Tiefe der nahen Felsen locken." Ich selbst hörte ein rhythmisches Schluchzen, das vom leisen Knurren eines Hundes durchzogen war. Freunde hörten das Grunzen und Winseln eines jungen Ferkels, erkannten aber keine Melodie. Wenn man sich auf den Sand setzt, ist ein lautes Knistern zu vernehmen.

Auf dem Baikaleis fahren im Winter Fahrzeuge bis zu fünfzehn Tonnen

Mein Freund warf einmal seinen Rucksack auf die schweigende Düne - die mit einem lauten Quietschen antwortete. Wir zuckten zusammen. Warum die Dünen singen? Das ist bis heute ein Rätsel der Natur. Wissenschaftler nehmen an, daß die besonderen elektromagnetischen Wechselwirkungen zwischen Sand, Luft und Wasser die Düne „singen" lassen.
Der Siedlung Dawscha sind viele Seiten meines Tagebuchs gewidmet. Ich erinnere mich gut an meinen ersten Besuch in den 70er Jahren.
Das ewenkische „Dawscha" bedeutet „offener Platz". An den Enden einer halbkreisförmigen Bucht erheben sich zwei Kaps. Das eine Kap heißt Walukan, das andere Nemjanda. Ich wunderte mich über die schwarz verkohlten Baum-

stämme auf Kap Nemjanda. Walukan ist grün, Nemjanda - schwarz. Was war passiert? Ein Brand? Und es stellte sich in der Tat heraus, daß irgendwelche Touristen zu faul gewesen waren, das Feuer ordentlich zu löschen. Der Baikalwind brauchte nur einen Funken! Vier Tage lang wütete der Waldbrand, vier Tage und Nächte schlief man in Dawscha nicht. All das erzählte uns der junge Förster Juri Poljuschkin.

In Dawscha befindet sich die Zentrale des im Jahre 1916 ausgewiesenen Staatlichen Naturschutzgebietes Bargusin. Es galt damals, den bargusinischen Zobel vor dem Aussterben zu retten. Dem Verwaltungsgebäude angeschlossen ist ein Gästehaus. Förster Poljuschkin führte uns zu diesem kleinen Häuschen und erzählte dabei: „Den Zobel gibt es nur bei uns in Rußland und nirgendwo sonst auf der Welt. Nirgendwo! Insgesamt zählt man vierzehn Zobelarten. Es gibt den Kamtschatkazobel, noch wertvoller ist der jakutische Zobel, der teuerste aber ist der bargusinische Zobel. Die besten bargusinischen Zobel sind die mit einem pechschwarzen Pelz. Der Ruhm der russischen Zobel, die auf dem Weltmarkt seinerzeit teurer als Gold bewertet wurden, erwies sich als Tragödie. Im Eifer der Jagd nach Profiten wurde der Zobel fast ausgerottet. Zur Rettung des Zobels mußte ein gesondertes Reservat eingerichtet werden. Den Zoologen und Pelztierzüchter gelang es übrigens lange Zeit nicht, das Geheimnis der Fortpflanzung der in Gefangenschaft gehaltenen Zobel zu lösen. Professor Pjotr Manteuffel, einer der ausgewiesensten Fachleute, unternahm jahrelang hartnäckig einen Versuch nach dem anderen, veränderte immer wieder die Bedingungen - doch nichts gelang. Erst 1928 entdeckte er im Käfig des Moskauer Zoologischen Parks, in dem er seine Versuche unternahm, Zobeljungen. Rosige Jungen, blind und hilflos, drängten sich an den Bauch der Mutter und versuchten, sich dort zu verstecken."

Das kleine Haus für Gäste stand (es steht nach wie vor dort, ist aber schon alt und renovierungsbedürftig) am Hügel und erinnerte an einen Dampfer mit verrußtem Schlot. Aus breiten Fenstern blickt man direkt auf den Baikal, brauchte das Haus nicht zu verlassen, um zu sehen, was auf dem Wasser passierte. Gut die Hälfte des Hauses nahm der Ofen in Beschlag. Die schwarze Ofenklappe hätte uns beide mitsamt unserem rotbärtigen Förster verschlucken können. Beim Abschied übergab uns Poljuschkin eine Broschüre über die Geschichte des Bargusiner Naturreservats.

Und wir lasen Erstaunliches: Vor vielen Jahrzehnten kamen Pelzhändler und Rauchwarenproduzenten aus der ganzen Welt - aus England, Deutschland, Frankreich und Amerika - wieder einmal zur Rauchwarenauktion nach St. Petersburg. Die Kaufleute versammelten sich am Abend vor der Messe in einem prunkvoll vergoldeten Saal des Hotels „Astoria" und erhoben die vom kalten

Sekt beschlagenen Kristallgläser auf die russischen Pelze. Niemand von ihnen sprach das vertraute Wort „Zobel" laut aus, aber jeder der Anwesenden wußte, mit welchem Mehrwert er für sein hier für das Prachttier ausgegebene Geld heimkehren würde.

Doch in jenem Jahr herrschte unter den Organisatoren der Auktion Panik. Es gab keine Zobel! Es gab Polarfüchse jeglicher Schattierung - vom dunkel- bis zum hellblauen. Es gab schwarze Silberfüchse; auch für die Zaren bestimmte Pelze von Hermelin, Marder und Otter waren zu haben. Der Zobel aber, „der berühmte russische Zobel", fehlte. Die enttäuschten Rauchwarenhändler fuhren heim. Das Gerücht, daß der Zobel vom Aussterben bedroht war, eilte ihnen durch die ganze Welt voraus.

Die Wissenschaftler waren schon bereit, das wertvolle Tier zu den ausgestorbenen Arten zu zählen. Von 110 Arten und Unterarten größerer Tiere, die in den letzten zwei Jahrtausenden ausgestorben sind, verschwand ein Drittel im 19. Jahrhundert. Mit seinem Schuß erlegte ein gewisser Bartolomäus Schpakowitsch den letzten Wisent... In der Gier nach wertvollen Pelzen wurde die Bisamratte, Zeitgenossin des Mammuts und der Langhaarnashörner, beinahe vollständig ausgerottet. Nur in wilden und schwer zugänglichen Gegenden blieben die „Siedlungen" der Flußbiber erhalten. Vom Aussterben bedroht waren die Seeotter der Komandoren und Aleuten, die Bärenrobbe, der Isubr, das Goral; in einzelnen Exemplaren überlebten der See-Elefant, das Walroß, die Saigaantilope und das Kalan.

Auf Forderung der russischen Öffentlichkeit wurde die Frage nach dem Zustand der Zobelpopulation im Departement für Boden- und Naturnutzung behandelt. Gefaßt wurde der Beschluß, drei Expeditionen zu organisieren. An der Spitze der Kamtschatkaexpedition stand S. W. Kerzelli, die Expedition ins Ostsajan-Gebirge leitete D. K. Solowjew an, und die dritte Forschergruppe unter G. G. Doppelmaier begab sich in die Bargusiner Region.

Letzterer Expedition gehörten neben Doppelmaier Zenon Swatosch, Konstantin Sabelin und Dmitri Baturin an.

An einem heißen Tag im Jahre 1914 kam die Expedition in der abgelegenen Fischersiedlung Ust-Bargusin an. Breite staubige Straßen fielen direkt zum Wasser ab. Geräumige, stabil gebaute Holzhäuser versteckten sich hinter hohen Zäunen aus ganzen Baumstämmen. Die geschnitzten Fensterläden hatten schwere Riegel. In der Siedlung lebten Fischer und Pelztierjäger.

Die Expedition brauchte fast einen Monat, um Pferde und Lebensmittel zu besorgen. Man mußte überzeugen, fordern, handeln und feilschen.

Doppelmaier stieg jeden Abend zum Seeufer hinunter, setzte sich in den noch warmen Sand und beobachtete, wie hinter Swjatoi Nos der Tag erlosch. Er staunte über die Kurzsichtigkeit der zaristischen Regierung. Die reiche Baikalregion schien niemanden zu interessieren. Es war eine der rückständigsten und verlorensten Regionen des Zarenreiches. Entlang dem kurvenreichen Baikalufer lagen in den Flußtälern burjatische Nomadenzeltdörfer und Siedlungen russischer Fischer und Jäger weit voneinander entfernt.

Märchenhaft reich ist der Schoß der Baikalregion, sinnierte Doppelmaier, er wird jedoch nicht nutzbar gemacht. Aber wieviele Fische, Robben und Rauchwaren hatte man von hier schon ausgeführt! Der Botschafter des Zaren Iwan Golowin brachte, als er von Transbaikalien nach Moskau zurückkehrte, 7 600

Im Bargusinski Naturschutzgebiet lebt der bargusinische Zobel

Zobel- und 1 293 Silberfuchsfelle mit. Auf der Jagd nach Profit bestahlen die Kaufleute und Statthalter schonungslos die lese- und schreibunkundigen Burjaten und Tungusen... Und es verschwand der Zobel, die Omulpopulationen verflüchtigten sich, es gab immer weniger Robben.

Doppelmaier glaubte an die Zukunft des Baikal. Er wollte, daß die Region, die durch ihre ausnehmende Schönheit und märchenhaften Reichtümer - Fischbestand, Rauchwaren und Holz - beeindruckt, zu einer komplexen Wirtschaft entwickelt wurde, die erlaubte, alle Gaben der Natur zum Wohl des Menschen nutzbar zu machen.

Die Reise über den Baikal war erfolgreich, am 1. Juli brache der Dampfer „Heiliger Feodossi" die Expedition in die Sosnowaja-Bucht.

Die Bucht ist landschaftlich attraktiv. Der Bargusiner Bergkamm weicht hier etwas zurück und gibt den Flußtälern der Sosnowka und des Kudaldy Raum. Man beschloß, die Offensive für die Verteidigung des Zobels von hier aus zu beginnen. Den Rest des Sommers nutzte man für Vorbereitungs- und Erkundungsarbeiten. Doppelmeier, Sabelin und Baturin erkundeten das Tal der Bolschaja, Swatosch stieg zum Fluß Schumilicha hoch. Und die Naturforscher entdeckten eine einzigartige Welt. Auf einem verhältnismäßig kleinen Areal waren fast alle Pflanzen und Tiere Transbaikaliens vertreten.

In der Nacht schlugen die Pferde oft Alarm, sie rissen sich vom Pfahl, schielten ängstlich in die Dunkelheit und strebten zum Feuer. Das bedeutete, daß nahe am Lager Bären waren. Sie wurden durch Gewehrschüsse abgeschreckt. Dort, wo die Taiga endet und die alpinen Wiesen beginnen, trafen die Expeditionsteilnehmer oft auf Isubre. In Windbrüchen und Steingeröll konnte man Kabargas (Moschustiere) sehen. Swatosch und Sabelin beobachteten mehrmals, mit welcher Leichtigkeit die Tiere die steilsten Felsen erklommen, so daß keiner der Verfolger sie erreichen konnte. Auf unwahrscheinlichen Höhen stehend, erstarrte das Kabarga und „schnaubte" manchmal verächtlich, wenn es das konsternierte „Raubtier" weit unten sah.

Die kleinen gestreiften Rücken der niedlichen Burunduks flitzten fast auf Schritt und Tritt vorbei. Flinke Eichhörnchen flogen von Zweig zu Zweig wie Zirkusartisten und beschimpften vom Ast herabhängend mit ihrem „zk-zk" die Menschen. Die Steine am Gipfel waren von Tarbaganen (Murmeltieren) bewohnt. Sie zeigten nur wenig Angst vor den Menschen. In den Seen nisteten Turpane - schwarzschnabelige Enten -, es sind vorsichtige, starke Vögel.

Nur der Zobel war nirgendwo zu sehen. Im Sommer ist es schwer, das scheue und geschmeidig-flinke Tier zu entdecken. Also warteten sie auf den Winter. Mit dem ersten Schnee begannen sie die Jagd. Und endlich gelang es Swatosch, ein erstes Exemplar zu fangen!

An jenem Morgen erkundete der Zobel, auf seinen kurzen behaarten Pfötchen komisch tapsend, die Gegend. Es war kalt. In der erstarrten Luft platzten die Bäume. Das kleine Raubtier erhob sich auf einem Findling, sah sich um. Über der zwischen zwei Seen liegenden Aue lag leichter Nebel. Raureif lag auf vereinzelten dünnen, von den bösen Winden und der Kälte entstellten Fichten. Die Bäume warfen bläuliche Schatten, die Gipfel leuchteten dunkelrot. Die Schneeberge funkelten. Die stille Sonne ließ sie rosafarben glänzen.

Der Zobel hielt schlagartig inne, fletschte seine kleinen, scharfen Zähnchen. Seine Nase nahm den Geruch frischen Blutes auf. Er schnappte in die Luft, wandte den Kopf mal hierhin, mal dorthin, sprang vom Findling und folgte mit kurzen, vorsichtigen Sprüngen dem verlockenden Duft.

Neben einem verschneiten Baumstumpf, an dem der Zobel mehrmals vorbeischnellte, lag ein Stück Fleisch. Das Tierchen sah sich um und biß das Fleisch an. Plötzlich hörte es in der Nähe Hundegebell. Der Zobel sprang zur Seite und eilte mit leichten Sprüngen durch die Schneeberge. Dem Hund fiel es nicht leicht, ihn zu verfolgen, doch gab er nicht auf. Das böse Bellen hallte dem aus Leibeskräften rennenden Zobel in den Ohren und die Angst vermehrte seine Kräfte. Er sprang auf den nächsten besten Baum und erstarrte auf dem Ast, um den Hund zu beobachten, der nicht locker ließ und unauf-

Zahlreiche Wanderer durchqueren in geführten Touren das Naturschutzgebiet

hörlich bellte. Hier konnte er ein wenig Luft schnappen, der Hund war schon keine Gefahr mehr, da er ihn nicht erreichen konnte. Sollte er bellen.

Ein breitschultriger, hochgewachsener Mann mit Schneeschuhen kam auf den Baum zu. Der Frost hatte seinen üppigen schwarzen Vollbart und die Pelzmütze versilbert. Aus seinem Gesicht stachen die Augen gutmütig und lustig. Es war Zenon Swatosch.

Er streifte mit dem Blick den Baumstamm, die Zweige, tat, als ob er das sich versteckende Tierchen nicht bemerkte. Er hackte die mehr oder weniger geraden Äste ab, steckte sie rings um den Baum in den Schnee, nahm das lan-

ge, mit Glöckchen gesäumte Fangnetz und hängte es an die Äste rund um das Versteck des Zobels. Er prüfte, ob das Netz sicher hing, stapfte den Schnee um den Baum fest, damit die Beute nicht unter der Schneekruste verschwinden konnte. Prüfte seine gesamte Fangvorrichtung noch einmal, trat zur Seite und versteckte sich hinter einem Baum.

Bereits ab Dezember frieren die Buchten des Baikal zu

Das Tierchen schöpfte Mut und verließ den Baum mit einem langen Sprung, stak im Schnee, befreite sich, wollte fliehen, verhedderte sich im Netz und begann hin und her zu wieseln, wobei es versuchte, die starken Fäden durchzubeißen.
Swatosch lief auf das zappelnde kuschelige Knäuel zu. „Hoppla, das ist aber mal ein Exemplar!"
Er zog die Handschuhe an, damit der Zobel sich nicht in seinen Händen verbeißen konnte, und holte das sich aus Todesangst verrückt gebärdende Tier vorsichtig aus dem Netz. Er besah es noch einmal und steckte es in einen Ledersack.
Der Rückweg nahm drei Stunden in Anspruch. Die Skier glitten schnell den Hang hinunter - kaum konnte Swatosch den scharfkantigen Steinen, die bedrohlich aus dem Schnee ragten, ausweichen.

Die Abenddämmerung des kurzen Wintertages hüllte die Bäume schon ein. Swatosch konnte die Häuser bereits sehen. Über jedem stand bläulicher Rauch, stieg in der erstarrten Luft senkrecht nach oben. „Als ob er an den Himmel gebunden ist", lachte der Forscher und eilte zu ihrem abseits stehenden Häuschen. „Konstantin, sieh mal, was für ein Prachtkerl!" rief er freudig, als er, umhüllt von einer dichten frostigen Dampfwolke, in die kleine Stube trat. Ohne die Kleider abzustreifen, holte er aus der Jacke den Sack mit seinem kleinen Gefangenen. „Was ist los, Dummerchen? Hab keine Angst, wir tun dir nichts", beruhigte Swatosch das Tier. Sabelin trat neugierig heran. Der Zobel verdrehte die kirschfarbenen Augen, zuckte mit der dunklen Nase. Im schwachen Licht, das durch das kleine Fenster fiel, schillerte sein Pelz in geheimnisvollen Schattierungen. Die Freunde, beide versierte Fachleute, streichelten seinen recht kurzen, aber dichten Pelz - pechschwarz war der, durchsetzt von nur wenigen silbernen Härchen. Sie wühlten in ihm, bliesen hinein, um den grau-bläulichen Unterpelz oder - wie es die Jäger nennen - das „Wasser" zu beurteilen. Die glänzenden, schwarzen Festhärchen ließen beim Blasen nur ein wenig Bäuchlein sehen, standen fest auf der Brust, dem Rücken und den Seiten, ohne sich beim Blasen zu bewegen. Das Fell strahlte eine wahrnehmbare Wärme und Sanftheit aus.

„Da bist du ja, berühmter Zobel des Bargusiner Bergkammes", sagte Sabelin leise und voller Gefühl.

Die beiden Forscher ließen sich auf dem Rand der breiten Holzbank nieder, hüllten sich in Schweigen. Graue Schatten ließen die Ecken des Zimmers schon verschwinden, die Gegenstände lösten sich in der Dämmerung auf. Die bläulichen kalten Lichtstrahlen fielen auf den grob zusammen gezimmerten Tisch und schimmerten auf den Messingteilen des Mikroskops.

„Na also", Swatosch erhob sich als erster. „Die Sache kommt ins Laufen, mit diesem ersten Zobel steht uns eine unübersehbare Menge an Arbeit bevor."

Die Expedition forschte zwei Jahre lang. Die Wissenschaftler studierten die Gegend in einem Umkreis von fünfzig Kilometern um die Sosnowaja-Bucht. Sie erstellten einen topographischen Plan des Territoriums, das ihrer Meinung nach für das zukünftige Naturschutzgebiet ausgewiesen werden sollte, trugen reiche und vielfältige Sammlungen von Pflanzen, Insekten, Vögeln und anderen Tieren zusammen.

Das gesamte Material wurde schließlich an die Akademie der Wissenschaften weitergeleitet. Sie mußten lange auf Antwort warten. Jeder Tag schien wie eine Woche. Im weiten St. Petersburg faßte man endlich einen Beschluß: Das Zobelnaturschutzgebiet Bargusin sollte gegründet werden. Zu dessen Direktor wurde Zenon Swatosch ernannt. Das war im Jahre 1916.

Nachdem wir die Geschichte gelesen hatten, interessierte uns der weitere Lebenslauf der Menschen, die ihr Leben dem ältesten Naturschutzgebiet Rußlands gewidmet hatten. Konstantin Sabelin starb im Naturschutzgebiet. Er

In Dawscha befindet sich das Zentrum des Bargusinski Naturschutzgebiets

wurde unweit des Winterlagers am Fluß Bolschaja begraben. Wir besuchten sein Grab und schmückten es mit einem Rhododendronzweig. Swatosch verbrachte die letzten Jahren seines Lebens in Bargusin, wo sich auch sein Grab befinden soll, das wir leider nicht gefunden haben. Das dreißigjährige Werk dieser Menschen zum Wohle des Naturschutzgebietes ist eine wahre wissenschaftliche Heldentat. Ohne ihr Wirken wäre der Zobel wohl längst vom Antlitz der Erde verschwunden.

Im Naturschutzgebiet Bargusin gedeihen viele Zirbelkiefernwälder, in denen es den ganzen Winter über Zedernnüsse für den Zobel gibt, auch Mäuse sind reichlich vorhanden. Am Flußufer finden sich Ebereschen, deren Früchte das Tierchen ebenfalls gerne nascht. Zwei, drei Tage brauchten wir, nur um zu beobachten, wann der Zobel sein Nest verläßt und wieder zurückkehrt. Im Winter macht er kürzere Ausflüge - bis zu drei Kilometer weit, im Sommer aber dauern seine „Spaziergänge" bedeutend länger. Jeder Zobel hat sein Jagdrevier, das seine Nachbarn zu meiden versuchen.

Wir hatten die Möglichkeit, die von den in Bargusin tätigen Wissenschaftlern erstellten Berichte zum Naturschutzgebiet zu lesen, die regelmäßig ins Zentrum geschickt wurden. Ich verstand nach und nach, wieviel Arbeit hinter diesen kurzgefaßten Notizen steht! Es fällt schwer, sich vorzustellen, wie der Zobel in der Taiga beobachtet werden kann. Bevor man das Labyrinth der Fährten enträtseln kann, muß man lange hinter dem flinken Tier herlaufen. Dann gibt es Wilddiebe! Sie sind die wahre Plage. Ein Förster berichtete: „Der Schuß klang besonders laut im Winterwald. Ich stürzte durch das Gebüsch hin und sah, wie ein kräftiger junger Mann seine Beute, einen Zobel, in den Sack stecken wollte.

‚Was machst du, weißt du nicht, daß hier ausgewiesenes Naturschutzgebiet ist?'

‚Verschwinde!' winkte der Riese ab. ‚Misch dich nicht in meine Angelegenheiten ein!'"

Und es gibt viele solcher Konflikte. Die Wilddiebe bedrohen den Forst- oder Jagdaufseher mit dem Gewehr oder der Axt. Die jungen Wissenschaftler legen im Naturschutzgebiet in der Tat Prüfungen bezüglich ihrer Charakterfestigkeit und ihrer Treue zur Wissenschaft ab. Denn sie leisten nicht nur wissenschaftliche Arbeit, sondern bewachen auch das Naturschutzgebiet.

Im Gesetz der Russischen Föderation „Über die besonders geschützten Naturgebiete" heißt es: Der Aufenthalt von Bürgern, die keine Mitarbeiter der Schutzgebiete, beziehungsweise von beamteten Personen, die keine Mitarbeiter der Behörden sind, unter deren Obhut die Schutzgebiete stehen, ist nur bei Vorlage einer Genehmigung der Behörden oder der Direktion des Staatlichen Naturschutzgebiets erlaubt.

Im Norden wird das Naturschutzgebiet Bargusin vom Becken des Flusses Schegnanda begrenzt, im Süden vom Fluß Gromotucha (Schumilicha), im Osten durch den Kamm des Bargusiner Bergrückens und im Westen vom Baikal, bis drei Kilometer vom Ufer."

Der Besuch des Schutzgebietes (darunter auch der Aufenthalt am Ufer) ist - unabhängig vom Zweck des Besuches - also nur Personen erlaubt, die eine schriftliche Genehmigung der Administration des Schutzgebietes vorweisen können. Die Genehmigungen werden in der Verwaltung des Schutzgebietes unter folgender Adresse erteilt: Republik Burjatien, Nordbaikalische Region, Siedlung Nischneangarsk, Uliza Koslowa 61.

In der Sosnowaja-Bucht befindet sich die Forstwirtschaft des Naturschutzgebiets Bargusin. Es ist ein geräumiges Blockhaus in einem umzäunten Gehöft,

es gibt einen Gemüsegarten und ein Kornlager aus dicken Baumstämmen. Wenn Sie das Vertrauen des Forstaufsehers gewinnen können, finden Sie keinen besseren Fremdenführer! Einen einzigen Fehler haben mein Freund und ich gemacht, als wir den Baikal als See bezeichneten. Unser Führer reagierte direkt: „Liebe Leute, ihr sprecht vom Baikal als von einem See. Niemals dürft ihr den Baikal im Beisein von Einheimischen als See bezeichnen. Der Baikal ist ein Meer! Für alle, die hier leben und von ihm profitieren. Er ist das tiefste Meer der Welt. Kein Meer kann es mit ihm aufnehmen. Der Baikal ist ein starkes und launisches Meer. Das Meer!"

Von der Bucht führte unser Weg zum Ursprung des Flusses Schumilicha. Dieser Ausflug nimmt in der Regel ein bis zwei Tage in Anspruch. Der Fluß ist elf Kilometer lang, und unser Förster empfahl uns, den Pfad am linken Ufer einzuschlagen. Die Schumilicha ist vor allem deshalb interessant, weil man alle, wirklich alle Höhenzonen des Bargusinischen Bergkammes kennenlernt: einen Streifen Zederntaiga, Spuren der Quartiärvereisung, Wasserfälle, steile Felsen und Zedernkrummholz.

Für mich hat das Zedernkrummholz etwas ungemein Apartes! Stellen Sie sich vor, die dicken, schlangenartigen Zedernstämme kriechen über den Boden, klettern die Felsen hoch, klammern sich in Felsritze und -spalten. Durch die langen Kletterzweige kann man sich selbst mit der Axt nur mit Mühe und Not einen Weg bahnen! Sie verflechten sich ineinander, die neuen mit den abgestorbenen Zweigen, die wie alte Knochen scheinen, und bilden ein undurchdringliches Dickicht, einen richtigen Dschungel. Manchmal gibt es eine „Lichtung", die mit einem dicken Teppich Moos, „Jagel" genannt, bewachsen ist. Das ist die Lieblingsspeise der Rentiere. Dieses Chaos des Zedernkrummholzes wird im Baikalgebiet „Stlan" genannt. Am erstaunlichsten aber ist, wie das Krummholz überwintert! Sobald es den ersten Bodenfrost gibt, legen sich die Zweige flach auf den Boden. Sie werden vom Schnee verweht, man sieht ein vollkommen glattes Feld. Unter dem Schnee braucht das Krummholz keine Angst vor dem Frost zu haben. Wenn man im Frühling über ein solches Feld läuft, hört man unaufhörlich: Uch! Uch! Uch! Die Zweige streben aus dem Schnee heraus.

Mit Krummholz verbinde ich aber auch eine unangenehm schmerzhafte Erinnerung. Die Wanderung führte mich über ein steiles Ufer. Ich rutschte ab und rollte den steilen Hang hinunter! Plötzlich - ein schmerzhafter Ruck, mein Fuß klemmte in einer Gabel aus Krummholz, ich hing fest. Es war vergeblich, auf Hilfe zu warten. Ich ruderte mit den Armen und dem freien Bein, wollte mich irgendwie hochziehen, um den Fuß aus der Gabel zu befreien. Erfolglos. Fast wollte ich den Verstand verlieren. Endlich gelang es mir doch, mich zu befreien. Mit Mühe und Not humpelte ich mit meinem geschwollenen Fuß zur nächsten Siedlung.

Die Uschkani-Inseln liegen im Mittelstreifen des Baikalgebiets, sieben Kilometer westlich der Halbinsel Swjatoi Nos. Ihren Namen bekamen sie vom Wort „Uschkan" („Langohr"), so nannte man in Sibirien früher die Hasen. Hasen hat es hier allerdings nie gegeben. Der Name kam aus dem nordeuropäischen Rußland nach Sibirien, wo die Pomoren, die russischen Küstenbewohner des Weißen Meeres, die Seehunde als Seehasen bezeichneten.

Die drei Kilometer breite Große Uschkani-Insel ragt in Form eines 216 Meter hohen Berges aus dem Wasser heraus und erstreckt sich von West nach Ost über fünf Kilometer. Die drei kleinen Uschkani-Inseln erheben sich nicht höher als 22 Meter über dem Wasserspiegel. Die Wissenschaftler sind der Meinung, daß der Archipel Uschkani infolge einer tektonischen Hebung des Meeresbodens aus der Tiefe hochgedrückt wurde. Der Ursprung der Inseln ist aber nach wie vor umstritten.

Auf den Inseln gibt es Höhlen, ein Vorkommen seltenen Marmors und einen Lagerplatz der Robben. Hier gedeihen Birken mit schwarzer Rinde - Uschkani-Birken genannt -, und es gibt Hunderte Ameisenhaufen! Was die Dichte an Ameisenhaufen betrifft, sucht die Große Uschkani in ganz Rußland ihresgleichen. Übernachten kann man im Gästehaus des Forstaufsehers.

Ich habe zwei Beschreibungen dieser Inseln in Baikalbüchern gefunden, die mir gut gefielen. Die eine sei aus dem Buch „Baikal" von S. Sarkissian zitiert:
„Die Isoliertheit der Insel und das einzigartige Klima führten hier zur Herausbildung neuer Formen der Pflanzenwelt. Viele Baumarten weisen hier ganz eigene Merkmale auf. Auf Bolschoi Uschkani wachsen zwei Birkenarten: die Warzenbirke und die Wollbirke. Die Warzenbirke („borodawtschataja") zeichnet sich durch die dunkle Farbe der Rinde sowie tief und scharf eingeschnittene Blätter aus; diese Merkmale sind nur für die Uschkani-Birke charakteristisch. Die örtliche Espe hat im Unterschied zu anderen Espen keine runden Blätter, sondern ihr Blattende ist etwas abgebogen und zugespitzt. Die Uschkani-Kiefer ist ebenfalls ungewöhnlich, denn der untere Teil ihres Stammes ist etwas verdickt. Die Lärchen stechen besonders hervor. Es sind meistens 300 Jahre alte Bäume. Sie zeichnen sich durch ihre Höhe und die Geradheit des Stammes aus und unterscheiden sich somit von den Lärchen nicht nur des europäischen Teils Rußlands, sondern auch Ostsibiriens.

Die Große Uschkani-Insel liegt unweit des Ostufers. Die Westwinde überwinden große Entfernungen über die Wasserfläche und nehmen die aufsteigende

Feuchtigkeit auf, bevor sie die Insel erreichen. Sie bringen große Niederschlagsmengen. Auf Uschkani ist die Pflanzenwelt üppig; aus der Ferne sieht die Insel wie ein grüner, völlig bewaldeter Berg aus."

Die andere Beschreibung ist dem Buch „Sibirien, Sibirien..." von Valentin Rasputin entnommen: „Die Uschkani-Inseln sind eines der Wunder des Baikal. Sie ziehen alle an - von Wissenschaftlern, die sich über deren Ursprung und Besonderheiten wundern und versuchen, anhand der Spuren auf den Inseln den geologischen Ursprung des Baikal zu erforschen, über Touristen, die die Marmorkiessteine von wunderlichen Farbschattierungen wie die Steine des Kolosseums mitnehmen, bis hin zu echten Naturliebhabern, die die mannshohen Ameisenhaufen, darunter auch solche aus weißen Marmorsplittern, bewundern und ihre Füße in den natürlichen Marmorwannen am südlichen Ende der Insel baden. Die Uschkani-Inseln sind wegen der Robben berühmt, die an die Strände der kleinen Inseln kommen, wo sie zu Hunderten und Tausenden auf den Steinen liegen und sich in der Sonne wärmen."

Beim Durchblättern meiner Baikaltagebücher stieß ich auf unser Vorhaben, die Inseln zu besuchen. Es gab zwei Möglichkeiten. Wir konnten ein Boot mieten und von Swjatoi Nos zu den Uschkani-Inseln übersetzen - das sind nur neun Kilometer. Die zweite Variante: Wir konnten den Kapitän der „Komsomolez" bitten, vor den Inseln zu stoppen und uns mit der Schaluppe in die Peschtscherka-Bucht („Kleine Höhle") bringen zu lassen.

Der Kapitän hörte ruhig unsere Bitte. Er war überhaupt ein ruhiger, starker und strenger Mann. Nur einmal konnte ich ihm ein Lächeln entlocken. Ich bat ihn, uns Erwachsenen Kindertickets, das heißt ermäßigte Fahrkarten, zu verkaufen, da wir kein Geld mehr hatten. Wie auch immer. Die Schaluppe der „Komsomolez" brachte uns in die besagte Bucht, und wir machten uns mit unseren Rucksäcken auf den Weg.

Der Pfad führte zunächst durch lichten Lärchenwald. Welche Masse an Blumen! Es gab rote Nelken und rosafarbenen Kamillen. Links von uns erstreckte sich die Insel Dolgi („Lange Insel"), näher zu uns lag die Insel Tonki („Dünne Insel"), und dazwischen befand sich die Insel Krugly („Runde Insel"). Der Baikal glitzerte. Unter unseren Füßen war Meeresgesteingeröll! Nicht von ungefähr heißt es, daß die Inseln vom Boden des Baikal hoch gestiegen seien.

Als wir von unserer Wanderung zurückkehrten, fiel mir in unserer kleinen Bucht ein seltsam geformter Stein auf. Wo kam der denn her? Als wir aufgebrochen waren, hatten wir ihn doch nicht bemerkt. Der „Stein" rührte sich plötzlich, drehte sich zu uns um, und wir blickten in ein Gesicht mit hervorquellenden Augen. Eine Robbe! Sie prustete unzufrieden, glänzte mit ihrem schwarzen glatten Rücken und verschwand im Wasser. Was für eine Freude, eine Robbe einfach so aus der Nähe zu sehen!

Die Baikalrobbe (Pusa sibirica Gmel) - das einzige Säugetier im Baikal - ist eine von drei Robbenarten in der Welt, die im Süßwasser leben. Man trifft überall im

Auf der Uschkani-Insel gibt es eine Kolonie von etwa 2 000 sibirischen Robben. Die Baikalrobbe ist eine von drei Robbenarten in der Welt, die im Süßwasser leben

Baikal auf sie, besonders intensiv vermehrt sie sich in seinem nördlichen und mittleren Teil. Die Robbe ist neugierig, manchmal kommt sie ganz nahe an ein driftendes Schiff, bleibt lange Zeit in der Nähe und steckt dabei ständig den Kopf aus dem Wasser. Nach Expertenmeinung zählt man heute 80 000 bis 100 000 Baikalrobben. Ende 1980 schätzte man ihre Zahl noch auf 115 000 bis 117 000 Robben. Die Wissenschaftler streiten bis heute, wie die Robbe in den Baikal kam. Die Mehrheit der Forscher folgt der Meinung Tscherskis, daß Robbe und Omul während der Eiszeit über den Jenissej und die Angara aus dem Nordpolarmeer zum Baikal gekommen sind. Andere vertreten die Meinung, daß die Baikalrobbe Urbewohnerin des Binnengewässers ist.

Im Juni kann man besonders viele Robben auf den Felsufern der Uschkani-Inseln beobachten. Bei Sonnenuntergang setzt eine Massenbewegung der

Robben zu den Inseln ein. Nach Meinung der Wissenschaftler hat sich der Robbenbestand an diesem Lagerplatz seit 1934 nicht verändert. Es sind konstant rund 2000 Tiere.

Die Robben ernähren sich von Fischen, die vom Menschen nicht gefangen werden - dem Golomjanka (ein schuppenloser, fast durchsichtiger Fisch ohne Schwimmblase, der zu achtzig Prozent aus Öl besteht) und dem Kaulkopf. Eine Robbe verzehrt täglich mehrere Kilogramm Fisch. Auf der Suche nach Futter taucht sie in eine Tiefe von bis zu 200 Metern, sie kann zwischen zwanzig und 25 Minuten unter Wasser bleiben. Die Männchen kommen auf ein Lebendgewicht von 130 bis 150 Kilogramm und werden bis zu 1,8 Metern lang, die Weibchen sind kleiner und weniger schwer. Eine Robbe kann zwanzig bis 25 Kilometer pro Stunde zurücklegen. Ihre Lebenserwartung beträgt 55 bis 56 Jahre.

Im Winter atmet die Robbe durch Eislöcher, die sie mit ihren Krallen durch das Eis gräbt. Sie überwintert in Lagerstätten, die sie unter dem Schnee auf dem vereisten Baikal einrichtet. Rund um ihr Lager gibt es mehr als zehn Hilfslöcher, die mehrere und sogar bis zu hundert Meter voneinander entfernt liegen. Die Robbe gebärt ihre Jungen in diesem Lager auf dem Eis. Die meisten Jungen kommen Mitte März zu Welt. Sie haben ein weißes Fell, so können sie in den ersten Lebenswochen unbemerkt im Schnee auf dem Eis liegen. Junge Robben werden von den Burjaten „Chubunken" genannt.

In der Nacht möchte man gar nicht ins Zelt kriechen, sondern am Feuer sitzen bleiben! Auch der Baikal wälzt sich in seinem Steinbett und schläft nicht. Man wird von einem unerklärlichen Gefühl geplagt: Du selbst scheinst dir klein und schutzlos zu sein, dich überwältigt der kosmische Maßstab der Umgebung. Das enorme Alter des Baikal, die unbeschwerte Weisheit der Felsen, die Ewigkeit des Meeres. Was ist das menschliche Leben im Vergleich dazu? Was verbirgt sich auf dem Boden des Baikal? In der Welt gibt es kein zweites so tiefes Binnengewässer. Und die tatsächliche Tiefe des Baikal ist bis heute ein Geheimnis.

Das Motorboot mit dem Namen „Swatosch" holte uns am nächsten Morgen von der Insel ab. Wir fuhren nach Dawscha. Zum Abschied drehten wir uns zu den Inseln um, und wir sahen, daß der östliche hohe Teil der Großen Uschkani steil ins Wasser fällt - das ist der Kopf, der westliche Teil ist der Buckel, der Teil, der ins Kap Tonenki übergeht, ist der Rücken. Es ist ein Hase! Ein echter Hase! Unsere Vorfahren hatten eine hervorragende Vorstellungskraft!

Von Fischern, Buddhisten und Altgläubigen

Tschiwyrkuiski Golf - Halbinsel Swjatoi Nos („Heilige Nase") - See Arangatui - Bargusinski Golf - Berg Baragchan - Stein Buche-Schulun - Bargusinsiki-Tal - Siedlung Bargusin - Siedlung Ust-Bargusin - See Kotokelskoje - Abstecher nach Bitschura

Der Tschiwyrkuiski Golf schneidet ins Land zwischen Festland und der Halbinsel Swjatoi Nos. Er ist 26 Kilometer lang und zwölf Kilometer breit. Die flachen Ufer sind dicht bewaldet, und die vielen malerischen Buchten und Kaps bieten ein überaus reizvolles Landschaftsbild. Mir hat immer gut gefallen, daß es an den herrlichen Sandstränden des Tschiwyrkuiski und des Bargusinski Golfes keine Mücken gibt. Am Ufer des Golfes auf Swjatoi Nos liegen die Siedlungen Monachowo, Katun und Kurbulik. Bei Monachowo erstrecken sich die berühmten Kulitschi Bolota (Schlammläufersümpfe), in denen man unzählige Vögel beobachten kann. Acht Kilometer von Kurbulik erstreckt sich die Smeinaja-Bucht, die ihren Namen der riesigen Menge Nattern verdankt. In der Bucht gibt es warme (plus 34 Grad Celsius) Mineralquellen, die auch im Winter nicht zufrieren. Die Einheimischen behandeln hier ihre Hexenschüsse und Erkrankungen des Stütz- und Bewegungsapparates.

Am östlichen Ufer trennt Kap Karakusun - „Schwarzer Vorsprung" - zwei Buchten. In einer der Buchten - Krutaja - erwärmt sich das Wasser im August bis auf 24 Grad Celsius. Unweit davon liegt die bewaldete Felseninsel Baklani oder Schimai - sie ist etwas mehr als einen Kilometer lang und 200 Meter breit -, nördlich erhebt sich der Felsen „Bely Kamen" („Weißer Stein").

Das südliche Ufer des Tschiwyrkuiski Golfes besteht aus Niederungen und Sümpfen. Im Westen säumen die Berge der Halbinsel Swjatoi Nos den Golf. Im Buch des Baikalspezialisten Wassili Lomakin „An den Ufern und auf den Inseln des Baikal" ist über den Tschiwyrkuiski Golf folgendes zu lesen: „Der Tschiwyrkuiski Golf ist eine abgelegene Ecke des Baikal, die sich in vielem von anderen Regionen unterscheidet. Obwohl die Baikalnatur rauh ist, erstaunt der Golf den Reisenden durch sein sanftes Landschaftsbild. Seine relativ flachen Ufer zeichnen sich durch weiche Umrisse aus und sind fast völlig bewaldet. Hohe Berge, die sich in der Mitte der Halbinsel Swjatoi Nos erheben, und die Gipfel der Bergtundra sind weit. Die Uferlinie des Golfes zerschneiden schmale ruhige Buchten. Der Tschiwyrkuiski Golf ist nicht tief, an seinem südlichen Ende sogar seicht. Hier wird er durch die Landenge begrenzt, auf deren anderer Seite der Bargusinski Golf liegt. Aufgrund seiner Seichtheit erwärmt sich das Wasser hier im Sommer stark; Algen vermehren sich schnell. Die hohen Wellen aus dem offenen Baikal erreichen den Golf nicht."

Swjatoi Nos ist die einzige größere gebirgige Halbinsel des Baikal. Sie ist 53 Kilometer lang und bis zu zwanzig Kilometer breit, der höchste Punkt liegt auf 1 877 Metern. Swjatoi Nos ist von starken Kontrasten geprägt: einerseits haben wir felsige Gebirge, andererseits sanfte Buchten und Kaps, die zum Tschiwyrkuiski Golf blicken. Es gibt 47 Flüsse und Bäche. Swjatoi Nos war früher eine Insel, mit der Zeit bildete sich zwischen Insel und Festland eine Landenge, die den Namen Tschiwyrkui bekam. Vom Kirchdorf Monachowo führt ein Pfad zum Gipfel der Halbinsel. Die Berge sind bis auf halber Höhe mit Zirbelkiefern, Fichten, Espen, Erlen und kleinen Birken bewachsen. Auch gibt es viel Zedernkrummholz. Hier wachsen, wie man uns mehr als einmal sagte, die süßesten Himbeeren des Baikal. Im Wald begegnet man Isubr, Elch, Reh und Kabarga. Isubr sind stolze, schöne Tiere mit Geweih und nur ein wenig kleiner als der Riese des Waldes - der Elch. Kabarga oder „Kabaroschka" (Moschustier), wie es von den Jägern liebevoll genannt wird, ist eine geweihlose Hirschart, die in Sibirien weit verbreitet ist. Das Tier ist so groß wie ein Hund. Zierlich, von brauner Färbung, mit starken und doch feingliedrigen Läufen hält es sich in dichten Wäldern, unter Windbrüchen und auf den Steinen der Steilhänge auf. Unter diesen Gegebenheiten fällt das stete Laufen schwer, hier sind Sprungkraft und Flinkheit entscheidend. Die Vorderläufe des Moschustieres sind kürzer als die Hinterläufe - dies ermöglicht ihm, stets sprungbereit zu sein. Die Männchen haben einen kleinen Kopf mit ausdrucksvollen Augen, eindrucksvoll sind die beiden scharfen Eckzähne. Sie dienen jedoch nicht als Waffe bei der Jagd nach Beute, denn das Moschustier ernährt sich von Moos und Flechten. Es braucht die Hauer im Kampf um das Weibchen. Das Moschustier ist durch seine Moschusdrüse beziehungsweise den Moschusstrahl bekannt. Das Männchen hat auf dem Bauch eine eng anliegende Tasche. Sie ist mit Moschus, einer vaselinartigen braunen Flüssigkeit, die einen schweren und lang anhaltenden Geruch verströmt, gefüllt. Das Männchen markiert mit dem Moschus die Grenzen seines Reviers, damit alle wissen: Das Revier ist besetzt. Der Mensch nutzt Moschus in der Medizin und der Parfümerie.

Bevor wir Swjatoi Nos wieder verließen, nahm ich ein herrliches Bad im Golf. In einer Tiefe von anderthalb Metern sah ich kleine und recht farbenprächtige Kaulköpfe. Weil sie an der Unterseite der Steine an seichten Stellen laichen, nennt man sie am Baikal „Podkamenschtschiki" („Untersteinige"). Die Fischlein flüchteten wie die Blitze vor mir. Warum? An anderen Stellen des Baikal, wo es wenige Urlauber gibt und die Fische sich nicht bedroht fühlen, verhält sich der Kaulkopf vollkommen gleichgültig gegenüber Schwimmern. Ein Fischer erklärte mir, was los war: Der Fisch hielt mich für seinen größten Feind, die Robbe. Und im Baikal gibt es Zehntausende Robben! Wenn man über die Landenge von Swjatoi Nos zum Festland zurückkehrt, befindet sich links der Straße der Sandstrand des Bargusiniski Golfes und rechts erstrecken sich Sümpfe und Seen. In der Mitte liegen die Seen Bolschoi und Maly Arangatui. Der Name Arangatui stammt aus dem Burjatischen

131

Der Tschiwyrkuiski Golf trennt die Halbinsel Swjatoi Nos vom Festland

und bedeutet „Gestell, Sitz auf einem Pfahl". Solche Pfähle benutzte man für die Jagd auf wilde Tiere. Der See Arangatui ist ein Muß für jeden Ornithologen. Hier nisten seltene und vom Aussterben bedrohte Vögel: Schwäne, Reiher, Kraniche, Taucher und viele andere mehr. Im Frühling versammeln sich hier so viele Vögel, daß ihre Schwärme das Wasser und alle seichten Stellen bedecken. Der See ist immerhin 55 Quadratkilometer groß!
Bargusiniski Golf, Bargusin, Ust-Bargusin - auf diese Namen stoße ich immer wieder in meinem Baikaltagebuch. Der Bargusinski Golf ist der Teil des Baikal, wo der meiste Omul gefangen wird. Die Siedlung Ust-Bargusin riecht vom Wasser bis hoch zu den Dächern nach Fisch. Es ist die Siedlung der Fischer, Fischerinnen und angelnden Knaben.
Im Frühherbst verließ ich zusammen mit einer bunten Schar Passagiere in Ust-Bargusin das Schiff. Alle Ankömmlinge zogen die Küste hoch zu den Häusern, die recht weit von der Anlegestelle entfernt liegen. Ich aber bog zum

Pier ab. Ich hatte schon lange davon geträumt, einmal mit eigenen Augen zu sehen, wie Omul gefangen wird. Und jetzt wollte ich mit den Fischern sprechen: Vielleicht würde mich ja eine der Brigaden mit auf den Baikal nehmen. Die Brigaden in Ust-Bargusin bestehen aus vier Fischern, doch nur der Brigadier entscheidet, ob ein Gast willkommen ist. Eine Brigade traf ich gleich am Pier, wo das Netz auf einem breiten Gestell trocknete. Vier Augenpaare fixierten mich: Wer bist du? Warum willst du aufs Meer? Ich erklärte, daß ich einen Dokumentarfilm über den Baikal machen wolle, gekommen sei, um alles mit eigenen Augen zu sehen und dann den Stoff auszuwählen. Ich sah in ihre Gesichter, würde mich auch niemand auslachen? Nein. Hier achtet man die Arbeit der anderen. „Du mußt dich gedulden. Der Kultuk weht. Du siehst, daß wir sitzen und warten. Hast du warme Kleidung? Eine Jacke? Nein, die taugt nicht. Wir geben dir eine Wattejacke. Man gab uns Roben (Arbeitsbekleidung), aber sie taugen nicht: in Wattejacken ist es viel besser." Wieder einmal fiel mir auf, daß die am Baikal lebenden Menschen etwas Gemeinsames haben: Sie sind wortkarg, immer selbstsicher und mögen keine Eile.

Zwei Tage lang wehte der böse Kultuk, und die Wellen stürzten gegen das Ufer. Um vier Uhr weckte mich einer der Fischer: Höchste Zeit!

Das Boot sprang von Welle zu Welle und arbeitete sich hartnäckig nach vorne. Wir erreichten Swjatoi Nos, und der Brigadier bestimmte nach nur ihm bekannten Zeichen den richtigen Ort: „Motor aus! Los geht es!"

Das Faß, das als Boje diente, plumpste ins Wasser, tanzte auf den Wellen. Weder Wind noch Wellen störten die Fischer bei der Arbeit - in weniger als einer Stunde warfen sie mehr als zwei Kilometer Netze aus! Am frühen Morgen des nächsten Tages stachen wir erneut in See. Die Fischer wissen Bescheid, je früher sie die Netze herausziehen, desto besser der Fang. Aus der geheimnisvollen Tiefe des Baikal wurde langsam das Netz gezogen, in dem große Fische zappelten. Da gab es für alle reichlich Arbeit. Einer sammelte Schwimmer und Senkblei ein, der andere legte das Netz zurecht, die Fische mußten herausgeholt und Unrat weggeworfen werden. Auch ich wollte helfen, griff einen Omul und warf ihn auf den allgemeinen Haufen. Der Brigadier rügte: „Er ist noch klein, wirf ihn ins Meer zurück, soll er noch ein wenig wachsen."

„Mit dem Wetter hatten wir heute Glück, obwohl eine Frau an Bord war", meinte der jüngste Fischer. „Weißt du, wie es am Baikal heißt?" „Ich weiß, ich weiß", gab ich zurück. „Das Weib hat im Boot nichts zu suchen. Ob sie will oder nicht, sie riecht nach Bratpfanne..."

Die Möwen begleiteten unser Motorboot die ganze Zeit, bettelten um Fisch. Die Fischer mögen die Möwen nicht, wie wir Landratten mitunter die lärmigen, ewig krächzenden Krähen nicht mögen. Ich konnte nicht an mich halten und warf ihnen einige Fische zu. Die Möwen fingen die Fische im Flug oder tauchten in den Schaum.

Der junge Fischer knüpfte an das Gespräch an, das wir am Ufer begonnen und nicht beendet hatten. Denn als ich fragte, ob sein Leben schwer sei, hatte er unbestimmt abgewunken. Jetzt sagte er plötzlich: „Du hast gefragt, ob es mir schwerfällt. Du siehst ja selbst: Um vier stechen wir in See und ziehen

133

Die Halbinsel Swjatoi Nos ist 53 Kilometer lang und bis zu zwanzig Kilometer breit

die Netze heraus. Dann müssen wir den Fisch sortieren und abgeben, die Netze trocknen und - wo nötig - ausbessern. Der Motor muß überprüft und geölt werden. Dann ist der Abend schon da: Wir müssen hinaus, die Netze werfen. Oft gehen wir nicht einmal nach Hause, sondern übernachten im Boot. Wenn wir schwimmende Netze auswerfen, verbringen wir die Nacht gleich auf dem Meer: Ein Wind kann aufkommen, und die Netze müßten wir dann ewig suchen. Das Leben eines Fischers ist ohne Frage hart. Aber es ist eine Gewohnheitssache. Mein Vater, mein Großvater und mein Urgroßvater - alle waren Fischer auf dem Baikal. Aber nicht Fischer, die Fische ‚fangen'. Amateure fangen Fisch mit der Angelrute. Wir Fischer gewinnen den Omul. Die Baikalfischer sind Gewinner. Einige Dezitonnen, die wir heute gewonnen haben, sind ein guter Fang..." Der Motor tuckerte gleichmäßig. Wir saßen auf den Pritschen, die Sonne wärmte uns, der Baikal schaukelte das Boot. „Vier Dezitonnen haben wir heute", sagte einer. „Nein, mehr!" gab sich ein zweiter überzeugt.

Es war warm, als wir nach Ust-Bargusin zurückkamen. Auf dem Pier drängten sich schon die Neugierigen. Wir waren, wie es schien, die ersten Rückkehrer, und alle interessierte die Frage: Wie steht es mit dem Fang? Man sortierte die Fische schnell in Kisten: der Omul kam in die eine Kiste, die Renke in eine zweite, der Charius in die dritte und die Schleie in die vierte Kiste. Insgesamt zwölf unterschiedliche Kisten. Der Lastkraftwagen, ein 1,5-Tonner, lag mit seiner schweren Last tief auf den Stoßdämpfern. Der Brigadier stieg nach vorne in die Kabine, ich kletterte nach hinten, und los ging es zum Kombinat. Der Omul ist ein delikater Fisch, er muß sofort verarbeitet werden.

Als wir das Kombinat erreichten, mußte ich zuerst die Genehmigung des Direktors - es war ein junger Burjate - einholen, um zuschauen zu können, wie aus „meinem" Omul Konserven gemacht wurden. Und ich bekam sie. Ich beobachtete die Mädchen in weißen Kitteln beim Zerlegen des Fischs, sah, wie der gebratene Fisch aus dem siedenden Öl herauskam und wie die blanken Dosen über das Fließband flitzten.

Es war Hochsaison, und der Direktor war eigentlich immer unterwegs, da die Fischfangunternehmen des Ust-Bargusiner Kombinats an der ganzen Küste verstreut sind. Doch fand er Zeit, um über den Omul zu sprechen: „Warum gibt es immer weniger Omul? Meiner Ansicht nach ist vor allem die Verschmutzung der Laichflüsse und Laichstellen durch Abfälle der Holzwirtschaft, durch Rinde und ‚Topljak' (halbversunkene Baumstämme) sowie durch Industrieabfälle, die in den Baikal geleitet werden, schuld. Dann haben wir natürlich das Problem der Wildfischerei."

Ich kehrte zum Pier zurück, um von „meinen" Fischern Abschied zu nehmen. „Wo willst du jetzt hin?" fragte der Brigadier. „Mein Freund und ich wollen weiter nach Bormaschi und dann zum Naturschutzgebiet." „Komm einmal wieder. Siehst du, der Baikal hat sich mit dir angefreundet - es ist eine Freundschaft für immer! Da ist Wassili - er fängt sein Leben lang Fische. Da sind Nikolai und Fjodor. Und Saschka? Er ist noch so jung, warum sollte er Fischer werden und sich mit den Netzen abarbeiten? Er ist gekommen und geblieben. Er kann nicht ohne den Baikal sein, das Meer ist seine Leidenschaft. Und diese Leidenschaft, diese Seele haben wir von unseren Vätern und Großvätern geerbt."

Am Bargusiner Trakt beginnt die belebte Straße zum großen Kirchdorf Bargusin. Hier gibt es eine Fährverbindung über den Fluß. Dorthin begaben wir uns an einem Sonntag, um den Großen Bormaschowsee zu besuchen.

Vor über 300 Jahren kam der Bojarensohn Iwan Galkin an der Spitze eines kleinen Trupps hierher, er bog vom Baikal an der nördlichen Seite ab und kam ins Tal des Bargusin. Am rechten Ufer des Flusses wählten sie einen bequemen Platz und errichteten einen Ostrog. Ein Ostrog diente in Sibirien dazu, den „Jassak" (Tribut) einzufordern - in diesem Falle von den Burjaten und Tungusen. Später wurden sie in Verbannungsorte umfunktioniert.
Nach dem Dekabristenaufstand 1825 wurden die Brüder Wilhelm und Michail Küchelbecker in die Verbannung geschickt. Wilhelm, ein Freund Puschkins, lebte lange Jahre in Bargusin. Michail jedoch starb früh. Den harten Prüfungen hielt er nicht stand.
An der Fährstation standen vier Autos, drei Motorräder und ein Motorroller. Keine Fahrer waren zu sehen, sicher saßen sie noch im Café. Die Fähre legte an, die Fahrzeuge fuhren hinauf. Der Fährmann, ein hagerer Alter mit großer Schirmmütze, ging mit seiner Ledertasche von Fahrer zu Fahrer und verteilte die Tickets. Bei uns blieb er stehen. Neben den Fahrzeughaltern waren wir die einzigen Fahrgäste.
Der Fährmann sah uns pfiffig an: „Nach Bolschije Bormaschi?"
„Stimmt."
„Dann nichts wie hin. Ein beeindruckender See. Heilt alle Krankheiten. Bei Gott!" bekreuzigt sich der Alte. „Heute seid ihr alleine, im Frühjahr aber habe ich meine wahre Not, all die Menschen überzusetzen. Viele alte Menschen. Aber auch junge. Der eine geht von Rheuma gekrümmt, der andere ist abgemagert, der dritte leidet an Magenschmerzen. Alle fahren zum See. Unser Wasser heilt alle Krankheiten!"
Die Fähre erreichte das Ufer und legte an.
„Seht, in die Richtung müßt ihr gehen!" Der Alte wies auf eine gestampfte Waldstraße. „Bleibt gesund!" rief er uns noch nach.
Wir lachten und winkten ihm freundlich zum Abschied.
Im jungen Fichtenwald gab es viele Pilze. Wir sammelten Butterpilze für zwei ganze Pfannen. Die Hiesigen sammeln sie nicht: entweder halten sie sie für ungenießbar oder sie sind zu faul, sie zu putzen.
Den Großen Bormaschowsee erreicht man nach gut einer Stunde Fußmarsch. Der See ist nicht ganz einen Kilometer lang und 200 bis 250 Meter breit. Das Wasser ist trüb und wirkt mit seiner graublauen Schattierung ein wenig seifig. Der Fährmann hatte ganz richtig geworben: Das Wasser ist wirklich heilbringend, und das bestätigten auch die Wissenschaftler. Sie fanden heraus, daß es reich an Alkalisalzen ist.
Wir badeten im warmen Wasser und konnten uns kaum vorstellen, daß der Baikal nur drei Kilometer entfernt war, wo man kaum so unbeschwert schwim-

men kann. Mein Freund erklärte mir, woher der See seinen seltsamen Namen - „Bormaschowoje Osero" - hat. „Hier vermehren sich in Menge und Masse kleine Krebse - Bormaschi. Sie sind ungemein gefräßig. Mir erzählte ein Jäger, daß er einmal einen Vogel abschoß, der ins Wasser fiel. Er wollte ihn auf dem Rückweg abholen. Als er jedoch zurückkam, fand er nur Knochen und Federn. Die Krebse hatten den ganzen Vogel aufgefressen. Die Bormaschi sind gute Fischköder. Renke, Omul, Charius beißen gerne an. Im Winter versammeln sich die Bormaschi dicht unterm Eis. Es sind so viele, daß sie wie schwarze

Der Iwolginski Dazan bei Ulan-Ude ist das Zentrum der Buddhisten in Rußland

lebendige Fransen aussehen. Die Fischer hacken große Löcher ins Eis und ziehen mit einem Kasten mit Griff Kreise darin - voll mit Fisch holen sie ihn wieder raus. Mit diesem Köder hat man immer Glück. Wirf eine Handvoll Krebse ins Eisloch und das Wasser kocht buchstäblich von Fischen."

Hätte ich den Dokumentarfilm über den Baikal gedreht, so hätte er von den Fischern, der Fischfanghochsaison, den Jägern und Naturschutzgebieten sowie all den Sehenswürdigkeiten des Baikal erzählt, unbedingt wäre aber auch die folgende, ganz anrührende Episode vorgekommen.

Als das Motorschiff Anker geworfen hatte, warteten an der Anlegestelle bereits zwei Personen: ein alter Mann und ein etwa zwölfjähriges Mädchen. Der Alte war auf Baikalweise gekleidet: Gummistiefel, Wattejacke und Pelzmütze, die man hier das ganze Jahr über trägt. Das Mädchen war sehr leicht angezogen: die weiße Bluse flatterte wie ein Segel im Wind. Vom Schiff legte das Beiboot ab. Ersichtlich warteten der Alte und das Mädchen auf die Post. Sie wendeten kein Auge von der Schaluppe. Von wem erwarteten sie einen Brief? Der Alte vielleicht eine Botschaft vom Sohn? Oder von einem Freund? Jahre sind seither vergangen, aber vor meinen Augen stehen nach wie vor diese Anlegestelle, der windige Tag, der Alte und das Mädchen. Ob sie an diesem Tag den lang erwarteten Brief wohl bekommen haben?

Der Berg Baragchan ist ein besonders verehrter Berg im Bargusiner Bergkamm. An seinem Fuße befand sich Überlieferungen zufolge das Nomadendorf eines der Ahnen Dschingis Khans. Der Berg wird als „Ort der Kraft" wahrgenommen, und man sagt, daß die Menschen dort den Strom der Energie spüren. Der Buddhismus, der den Schamanismus verdrängt hat, bezeichnete die Gebieter der Orte mit dem tibetischen Wort „Sabdak". Laut tibetischen Texten gibt es in Burjatien und der Mongolei fünf wichtige Sabdaks - Orte, an denen die höchsten Geister ihren Wohnsitz haben. Und der nördlichste von ihnen ist der Berg Baragchan. Man sagt, daß derjenige, der den Berg besteigt, eine Beziehung zu Buddha herstellt und eine Einheit mit ihm bildet. Nur der, der eine gesunde Lebensweise führt, vermag, das Abbild Buddhas auf dem Felsen zu sehen. Die Mönche des Iwolginski Dazan unweit der burjatischen Hauptstadt Ulan-Ude kommen, um den Berg zu besteigen. Auf einem kleinen Plateau unterhalb des Gipfels erhebt sich eine große Steinsäule - Obo - zu Ehren des Geistes des Berges. Die Mönche beten an diesem Ort.

Da ich gerade den Iwolginski Dazan erwähnte, möchte ich über ihn berichten. Der Dazan befindet sich 35 Kilometer von Ulan-Ude entfernt und wurde 1947 errichtet. Er beherbergt eine sehr gute Bibliothek mit einer einzigartigen Sammlung buddhistischer Literatur. Damals konnte man den Tempel nur während des morgendlichen Gottesdienstes besuchen. Bevor man den Tempel betritt, muß man den Dazan einmal in Sonnenrichtung umrunden und die Gebetstrommel - Churde - drehen. Mit jeder Umdrehung werden die Gebete auf der Trommel wiederholt. Ich besuchte den Tempel mehrere Male, doch ein Besuch war besonders interessant.

Ich reiste mit einer alten Burjatin und ihrer Enkeltochter gemeinsam zum sommerlichen Hauptfest der Buddhisten Majdari-Churai in den Dazan. An diesem Tag werden der Streitwagen und die Statue Majdaris - die Statue des zukünftigen Gottes - aus dem Tempel gebracht, und in einem symbolischen Triumphzug werden die fünf Bände der heiligen Bücher Majdaris gezeigt. Die Alte hatte das Mädchen mitgenommen, um es dem bekannten Emtschi Lama vorzustellen, der Krankheiten nach den alten tibetischen medizinischen

Traktaten behandelt. Diese Aufsätze beschreiben 1 300 Heilkräuter, 114 Mineralien und Metalle sowie 150 Stoffe tierischer Herkunft zur Behandlung von Krankheiten. Das Vordringen des Buddhismus nach Burjatien im 18. Jahrhundert hatte auch zur Verbreitung der tibetischen Medizin im Volke geführt. Und die medizinische Schule des Iwolginski Dazan war und ist weit bekannt. Man sagt: Die Krankheit korrekt zu bestimmen, heißt, sie zur Hälfte zu besiegen. Wir saßen also bei Emtschi Lama, einem ausgetrocknet wirkenden, kahlgeschorenen Alten mit durchdringenden Augen, und lang wie eine Hopfenstange war er: „Das wichtigste für den Heilenden besteht darin, daß er es versteht, die Finger beider Hände am Puls des Kranken zu halten und alle seine Sinnesorgane, außer dem Tastsinn, auszuschalten. Ich habe gehört, daß man im Westen nur das Herz des Kranken oder nur seine Atmung studiert. Das ist dumm und reicht nicht. Wir studieren den Puls, und für die Beschreibung seines Schlages benutzen wir Begriffe wie Schnelligkeit, Kraft, Wellenform, Sprödigkeit, Härte, Dichte, auch Leere. Nach dem Pulsschlag bestimmen wir das energetische Gleichgewicht in zwölf klassischen Meridianen und den Zustand der inneren Organe. Wenn wir den Pulsschlag studiert haben, können wir nicht nur eine Diagnose erstellen, sondern auch sagen, an welchen Krankheiten der Patient im Laufe seines Lebens gelitten hat."

Die Diagnostik eines burjatischen Lama unterscheidet sich grundlegend von der der westlichen Schulmedizin. Er macht keine Biopsie und studiert nicht die Laborwerte, er untersucht den Patienten vom Scheitel bis zur Sohle und beginnt mit der Zunge. Der Lama kommentierte die Untersuchung der Enkelin: „Ihre Zunge hat einen gelblichen Belag und ist leicht geschwollen - ein Zeichen, daß es Probleme mit der Verdauung und dem Stoffwechsel gibt." Und er führte weiter aus: „Die nächste Etappe - wir widmen uns dem Geruch des Menschen. Bei Nierenerkrankungen riecht ein Mensch beispielsweise nach Salzwasserfisch, wenn sein Atem nach faulem Fleisch riecht, ist es ein Zeichen, daß etwas mit der Leber nicht stimmt."

Der Lama untersuchte das Mädchen vier Stunden lang! Er schien sie mit geschlossenen Augen abzuhören. Und endlich sagte er: „Das Mädchen hat einen Pulsschlag, aber es ist der Schlag des Blutes, das nicht gleichmäßig fließen kann. Die Leber reinigt nicht nur das Blut, sondern ist für die gleichmäßige Verteilung der Lebensenergie im Körper verantwortlich. Der Organismus des Mädchens ist geschwächt. Die fahle Gesichtsfarbe verweist darauf, daß ihr Herz schwächer wird. Ich gebe ihr eine Medizin, die die Krankheit besiegen kann. Sie hat im Kampf gegen die Krankheit bislang nicht versagt. Gib deiner kranken Enkeltochter jeweils dreizehn Tropfen vor dem Essen. Die Krankheit hat aber noch nicht das Stadium erreicht, da eine ärztliche Behandlung nutzlos ist. Du hast jedoch viel Zeit verloren. Der Zustand des Mädchens ist ernst. Der Organismus ist geschwächt. Es ist notwendig, daß sie die Kraft dieser mächtigen Medizin aushält, allerdings hat diese einen widerlichen Geschmack. Versuche, deine Enkelin zu überzeugen, daß sie die Arznei mit Vergnügen einnimmt, sie erweist sich dann als bekömmlicher. Überzeuge sie, daß sie sich zu der Arznei wie zu einem Heiligtum verhält, denn dem ist wirklich so: Sie hält ihr Leben in der Hand. Hast du mich verstanden?"

Der Iwolginski Dazan ist ein Ort der Gebete für die burjatischen Buddhisten

Die Arznei erwies sich als Kräuterextrakt, das der Lama selbst aus vielen Kräutern zubereitete. Aus welchen? „Aus vielen", lächelt der Alte schlau. „Ich nenne nur Poria, so heißt der Baumpilz, wer viel Fleisch ißt, braucht es; die Remaniawurzel kühlt das Blut und hilft der Leber; sibirisches Süßholz ist die Wurzel, die den Körper von Giftstoffen reinigt."
Nach der Sprechstunde verließen wir den Emtschi Lama mit Kräutern beladen. Die Alte nahm neben den Tropfen für die Enkelin sechs Päckchen mit Kräutern gegen chronische Hartleibigkeit mit; ich trug sechs Päckchen mit einem besonderen Tee aus zwanzig Kräutern im Arm, der, wie der Lama sagte, „die geistige Tätigkeit" fördert. An der Tür wartete schon eine Menschenschlange, da der Lama auch Asthma, Diabetes, Arthritis, Parkinson und viele andere Krankheiten behandelte. Wie burjatische Kräuter wirken, ist absolut

unbekannt. Die Pharmakonzerne, die teure Forschungen für ihre Chemie-präparate finanzieren, sind an ihnen nicht interessiert.

All jenen, die sich für die einzigartige burjatische Kultur interessieren, kann man nur raten, die Siedlung Ust-Ordynski, 65 Kilometer von Irkutsk entfernt, zu besuchen. Wenn Sie mit dem Auto von Irkutsk kommen, aber nicht gera-dezu nach Listwjanka, sondern den direkten Weg zum Kleinen Meer und der Insel Olchon wählen, führt ihre Reise durch den Autonomen Kreis der Ust-Ordynsker Burjaten und die Siedlung Ust-Ordynski, Ust-Orda, wie sie auch genannt wird. Warum ist Ust-Orda interessant? Die Siedlung ist bekannt durch die heute noch erhaltenen Schamanenrituale, die burjatische Liedkultur, die tra-ditionelle Küche (burjatische Pozen, Tschebureki und Tee) und das interes-sante Museum, das von Geschichte, Kultur und Alltag des burjatischen Volkes berichtet. Im Irkutsker Gebiet zählt man heute 81 000 Burjaten, östlich des Baikal zählt man 272 000 Burjaten. Die Burjaten sind das größte der sibiri-schen Völker.

In Lensk, wo ich lange Jahre lebte, spielten wir abends Laientheater. Einmal bereiteten wir uns auf eine Festaufführung vor. Gegeben werden sollten ja-kutische Lieder, russische Tänze und Auszüge aus einem burjatischen Schau-spiel, in dem der Älteste von uns die Rolle des alten Burjaten spielen sollte. Der Alte liegt im Sterbebett und fordert: „Ich will vor meinem Tod Wasser aus dem Baikal trinken." Jemand eilt, um einen Krug Wasser aus dem Baikal zu holen. Der Alte trinkt und lehnt sich zurück: „Jetzt kann ich in Ruhe ster-ben." Und er schließt die Augen und stirbt auf schönste Weise. Während der Generalprobe spielten wir dem alten Schauspieler einen Streich. Der Krug mit dem Baikalwasser wurde gebracht, er nahm den ersten Schluck, erstarrte, schaute uns, die wir alle am Sterbebett versammelt waren, an und leerte den Krug bis auf den letzten Tropfen! Wir hatten fast eine ganze Flasche Wodka in den Krug gekippt. Nach der Probe meinte der Alte: „So, so! Bei der Pre-miere werde ich vor dem Tod darum bitten, noch einen zweiten Krug Was-ser aus dem Baikal zu bringen! Stellt also zwei Flaschen Wodka bereit, Freun-de!"

Aber zurück in den Iwolginski Dazan. Was mich besonders faszinierte, war der unverweste und unverwesliche Körper des Chambo-Lama Dascha-Dor-scho Itigelow. In der buddhistischen Welt sind bislang nur vier Fälle bekannt, daß ein Lama das Stadium der körperlichen Unverweslichkeit erreichte - in Tibet, Indien, Vietnam und eben in Burjatien. In Tibet ist der Körper nicht mehr erhalten, denn während der tragischen Ereignisse in Tibet im Jahre 1959 wurde das Kloster, in dem er sich befand, zerstört, und der Körper verschwand. Der Körper in Vietnam ist in einem schlechten Zustand. In Indien werden in Dhramsala in der Residenz des 14. Dalai Lama die Gebeine von Ling Rinpoche aufbewahrt. Und der vierte Fall ist der unverweste Körper von Pandito Chambo-Lama, des Oberhaupts der Buddhisten Rußlands. Er wurde in einem guten Zustand in Burjatien entdeckt und ist für gläubige Buddhisten - und nicht nur für diese - ein Wunder. Die moderne Wissenschaft vermochte bislang nicht, die Natur dieses Phänomens zu erklären.

Am 11. September 2002 wurde hier im Dazan der Sarkophag (Buchman) aus Chuche-Zurchen gemäß des Vermächtnisses von Dascha-Dorscho Itigelow - er lebte 1852 bis 1927 - geöffnet. In seinem Vermächtnis hatte er seine Schüler beauftragt: „Besucht mich und seht meinen Körper nach dreißig Jahren". Auch 75 Jahre nach der Bestattung war der Körper des Lama in einem ausgezeichneten Zustand, alles ist ganz deutlich zu erkennen: Haut, Nase, Ohren, die geschlossenen Augen. Finger und Ellenbogen sind beweglich; an den Schläfen verwundern die kurzen, flauschig frischen Haare, als ob sie gerade erst gewachsen wären. Es heißt, daß nur große geistige Lehrer sich vor ihrem Tod in den Zustand der „Samadchi" - der Meditation des Todes - versetzen können und damit ihren Körper reinigen, so daß er nach dem Tode auf unbestimmte Zeit unversehrt bleibt. Die Vorsitzenden der Sangcha (Präsidium) der Buddhisten Rußlands, die bei der Öffnung des Buchmans zugegen waren, und die anwesenden Ärzte bestätigten die Identität des Körpers des vor 75 Jahren bestatteten Itigelow. Alle wunderten sich über den ausgezeichneten Zustand des Körpers. Itigelow sitzt in der Lotuspose, die er vor seinem Tod eingenommen hatte. Was für ein Mensch war er?

Daschi-Dorscho Itigelow begab sich im 16. Lebensjahr zum Studium in den Aninski Dazan und verbrachte dort zwanzig Jahre. Er studierte Sanskrit, Tibetisch, Logik und Philosophie. Am 24. März 1911 wurde er für das Amt des Pandito Chambo-Lama - des Oberhaupts der ostsibirischen Buddhisten - ausgewählt. Durch das Diplom des Gouverneurs von Irkutsk vom 11. April 1911 wurde er als Oberhaupt der buddhistischen Dazane bestätigt. Pandito Chambo-Lama nahm 1913 an den Feierlichkeiten zum 300jährigen Bestehen des Hauses Romanow und an der Einweihung des buddhistischen Tempels in der damaligen Hauptstadt des Russischen Reiches St. Petersburg teil. Chambo-Lama verließ das irdische Leben im Jahre 1927 wie ein echter Buddhist, Gebete vor seinen Schülern rezitierend und in der Lotuspose meditierend. In eben dieser Pose wurde der Körper in den Buchman in Chuche-Zurchen gelegt.

Eine Gruppe buddhistischer Mönche unter Führung von Chambo-Lama Lubsan-Nima Darmajew öffnete 1955 heimlich den Buchman und überzeugte

sich, daß der Körper gut erhalten war. Doch beließ man den Buchman an seinem Platz und bedeckte ihn mit größeren Klumpen Salz. Es konnte zur Sowjetzeit keine Rede davon sein, den Körper in einen Dazan zu überführen. Anfang des neuen Jahrtausends überzeugten die buddhistischen Geistlichen das Oberhaupt der ostsibirischen Buddhisten Chambo-Lama Dorschijew, den Sarkophag erneut zu öffnen. „Im Geiste wälzte ich immer den Gedanken, daß die heutige Generation unserer Geistlichen den Sarkophag Chambo-Lamas finden und den Zustand seines Körpers überprüfen müsse", erzählte Dor-

Burjatisches Begrüßungsritual in Ust-Orda

schijew. „Im Traum sah ich, daß wir seinen Sarkophag öffneten. Dies festigte mich in der Überzeugung, daß es gottgewollt ist, wenn wir den unverweslichen Körper Chambo-Lamas zum Objekt der Verehrung der Gläubigen machen. Es war natürlich eine große Verantwortung." Die Zentrale Geistliche Verwaltung der Buddhisten Rußlands beschloß dann, einen Glassarkophag anfertigen zu lassen und den Körper Itigelows einmal im Jahr im Tempel auszustellen.

Im Bargusin-Tal geht die Legende über die Grabstätten der mongolischen Würdenträger - Nojone - in diesem Tal um. Im „Goldenen Heft", der Chronik der mongolischen Khane, und in der „Vertrauten Sage" („Sokrowennoje Skasanie") heißt es, daß die Ahnen Dschingis Khans in dieser Gegend auftauchten, nachdem sie den Tengis, unter dem die meisten Wissenschaftler den Baikal verstehen, überquert hatten. Die Mongolen folgten damals der Tradition, Frauen aus Bargudschin-Tokum zu heiraten. Ursprünglich wurde Bargusin von den Historikern als das gesamte Land verstanden, das an den Baikal angrenzt.

In der Beschreibung des persischen Geschichtsschreibers Raschid-ad-Din lag Bargudschin-Tokum am äußersten Rande des Landes der Jenissej-Kirgisen, die hinter der Minussinischen Niederung bis zum Baikal und weiter Richtung Osten siedelten. Obwohl die „Vertraute Sage" keinen überzeugenden Beweis erbringt, halten einige Historiker das Bargusin-Tal für das historische Bargudschin-Tokum. Für diese Version spricht auch, daß sich hier der heilige Berg Baragchan erhebt. Laut der buddhistischen Lehre zählt er zu den fünf heiligen Gipfeln, und er beschützt den Buddhismus vom Norden her. Nach der Mythologie der Burjaten hält sich auf diesem Berg Chaschar-Sagaan-Nojon, der Herrscher des Bargusin-Tals, auf. Auf dem Gipfel des Berges wurde ein großer Obo errichtet, in dem die Einheimischen vor langer Zeit mongolische Schwerter, ein Schild und Lanzenspitzen fanden. Dies begründete die Legende, daß auf dem Gipfel der bargutische Würdenträger bestattet ist. Aus der „Vertrauten Sage" ist auch bekannt, daß die Mutter Dschingis Khans Oelun-Utschjin im Lande Bargudschin-Tokum im Stamm Olchonutski geboren wurde. In jungen Jahren reiste Dschingis Khan mit seiner Mutter zu den Grabstätten ihrer Ahnen. Die Überlieferungen der Burjaten berichten, daß der Mongolenherrscher kam, um sich vor den Grabstätten der Ahnen zu verneigen und den Geistern der Berggipfel zu opfern. Vor dem Tod trug der Herrscher seinen Söhnen auf, ihn heimlich im Land seiner Ahnen zu bestatten. Akzeptiert man die Annahme, daß Bargudschin-Tokum das Bargusin-Tal ist, so befindet sich das Grab Dschingis Khans vielleicht hier.

Auf dem Weg von der Siedlung Suwo zur Siedlung Bodon gibt es ein weiteres ungewöhnliches Heiligtum - es ist der große „Stierstein", auf Burjatisch Buche-Schulun. Man erzählt folgendes: Als die Burjaten im Tal siedelten, trieben sie das Vieh im Winter stets an andere Orte. Ein Stier aber liebte das Tal so sehr, daß er, der dreimal weggetrieben wurde, dreimal zurückkehrte, bis er zu Stein wurde, um ewig im Tal bleiben zu können. Die Einwohner beten den Stein seitdem an. Wenn man an das Heiligtum herantritt, muß man in Gedanken etwas über sich selbst erzählen, dann, so sagen die Burjaten, darf man bitten, um was man will.

Suwo weist noch eine zweite Sehenswürdigkeit auf - das „Suwoer Schloß". Es sind bizarr auf dem Berggipfel liegende Steine, die in der Tat an ein phantastisches Schloß erinnern. Man erzählt, daß dieses Schloß der letzte Vorposten der schönen und tapferen Barguten war, die das Tal einst besiedelten.

Aus der Vogelperspektive sieht man deutlich die Spuren der von diesem Volk angelegten Bewässerungskanäle. Hier wurden eiserne und bronzene Gegenstände gefunden, man trifft auf alte Dämme und Mühlen, Höhlen mit eingemeißelten Schriften in tibetischer Sprache, heilige Stätten und Überreste weiterer Bauten. Der Name des Tals stammt nach Meinung des Landeskundlers M. N. Melchejew vom Begriff „Barguten" („Krähwinkel", „Randgebiet").

Die Niederung des Bargusin ist über 200 Kilometer lang und oberhalb der Siedlung Bargusin bis zu 35 Kilometer breit. Sie ist reich an Seen, die meisten sind zwei bis zehn Hektar groß. Man zählt exakt 1 076 Seen, zwanzig von ihnen sind extrem salzhaltig.

Im Nordwesten ist das Tal durch die steilen Abhänge der Bargusin-Alpen (2 840 Meter) und im Nordosten durch die weniger steilen bewaldeten Hänge des Ikatski Bergkammes (2 558 Meter) begrenzt. Der Bargusinski Bergkamm ist überaus attraktiv für Wanderer und Bergsteiger. Ganz hervorragende Pfade ziehen sich durch die Täler der Gebirgsflüsse hoch zu den Pässen und Gipfeln. Man trifft auf malerische Wasserfälle, Gletscher und Gletscherseen. Die Gebirgstaiga ist durch Zirbelkiefern- und Fichtenwälder vertreten. Es gibt viel Zedernkrummholz, Goldrhododendron, und auf den Wiesen sieht man die großen Blätter des Badan.

Die wichtigste gepflasterte Straße zum Tal verläuft am Vorgebirge des Bargusinski Bergkammes. Das Tal ist seit eh und je besiedelt und praktisch völlig bebaut. Die Bevölkerung - etwa 30 000 Menschen leben im Tal - besteht zu dreißig Prozent aus Burjaten.

Der Fluß Bargusin ist 480 Kilometer lang, die Fläche des Flußbeckens beträgt 21 100 Quadratkilometer. Der Strom ist ab Kilometer 204 bis zur Mündung schiffbar. In zahlreichen Seen schwimmen Wasservögel. Man kann sie aus nächster Nähe fotografieren, sie sind nicht scheu. Riedgrassümpfe, Überschwemmungswiesen, Weiden sowie Pappel- und Kiefernwälder prägen die Flußlandschaft.

Die höhergelegenen Stellen weisen große Steppengebiete - Kuitunen - auf. Dort gedeihen Kiefernwälder und Buschwerk, im Unterholz wachsen wilde Rosen, Kornellkirschbäume und daurischer Rhododendron. In den Kuitunen trifft man auf Sanddünen und -hügel. Sandlandschaften erstrecken sich auf rund 10 000 Hektar. Gegenüber der Siedlung Suwo heben sich Sanddünen und Niederungen effektvoll von den verschneiten bargusinischen Gipfeln ab. Der kleine Suwinski Kuitun bildet eine sieben Kilometer lange und vier Kilometer breite, relativ niedrige Bergkette, vor der sulfatreiche Bergseen und

Salzbodenflecken liegen. Strukturlosen Sand findet man auch im Becken der Flüsse Ina, Ulan-Bura, Schargalanty und Argada.

Die Siedlung Turka wird aus dem Ewenkischen mit „Omulstraße" übersetzt. Den Fluß Turka streben im August und September die Omulschwärme zum Laichen hoch. Sieben Kilometer von der Siedlung Turka entfernt liegt der bereits im Jahre 1751 gegründete Kurort Gorjatschinsk, es ist der älteste Kurort Ostsibiriens.

Im Volksmund heißt es, daß ihn ein namenloser Jäger entdeckte. Während eines Kampfes in der Taiga wurde sein Hund verletzt. Der Jäger ließ ihn ne-

145 —

Die Aufstellung des Serge bedeutet: Dieser Platz hat einen Besitzer

ben einer warmen Quelle zurück und setzte die Jagd fort. Als er zurückkehrte, sprang ihm der Hund munter entgegen. Seine Spuren führten ins Wasser, und das brachte den Jäger auf den Gedanken, daß die Quelle heilbringend sei. So nahm er selbst ein Bad im warmen Quellwasser. Und siehe da: Das schwere Leiden, das ihn seit langem plagte, verschwand wie durch ein Wunder. Das Gerücht verbreitete sich in Windeseile durch die Taiga, immer mehr Jäger besuchten die Quelle, um allerlei Erkrankungen zu kurieren.

Der Kotokelskoje See gilt als letzter Punkt des östlichen Baikalufers. Er liegt zwei Kilometer vom Baikal entfernt und ist sechzehn Kilometer lang, 7,5 Kilometer breit und acht Meter tief. Das Wasser ist warm und sauber. Am nördlichen Ufer liegen Datschensiedlungen und Erholungsheime.

Rund um die im See liegende Insel Monachow fängt man, so heißt es, die größten und schmackhaftesten Barsche. Vor vielen Jahren existierte auf Monachow ein Kloster (die Ruinen der Klostergebäude sind bis heute erhalten), und die Mönche sollen die Fische gefüttert haben.

In der Siedlung Gremjatschinsk führt die Autostraße zum Baikalufer und verläuft Richtung Norden 64 Kilometer direkt am Ufer entlang. Es gibt viele Sandstrände, Zedernkrummholz, Stelzbäume und jede Menge rote Johannisbeeren. Einmal war ich hier mit einer Geobotanikerin unterwegs. Und sie erzählte mir viel von „gewichtslosen Nützlichkeiten". Ein für mich neuer Begriff. Danach sondern die Pflanzen Phytonzide – duftende Stoffe – ab, die für Mikroben tödlich sind. Ein Hektar Kiefernwald kann, wie Wissenschaftler behaupten, bis zu fünfzig Kilogramm Phytonzide produzieren. Die meisten Phytonzide produziert der Zedernwald. Im Naturschutzgebiet Bargusin finden sich die Zedernwälder im Gebirge, dort gibt es fast keine schädlichen Bakterien! Der Nutzen der Phytonzide verpufft also.

Es gibt Worte, die durch ihren häufigen Gebrauch verblassen und gewöhnlich werden. Mit dem Wort „Naturschutzgebiet" wird das hoffentlich nie passieren! Wenn man mich mitten in der Nacht aus tiefstem Schlaf wecken und fragen würde: „Willst du mit zum Naturschutzgebiet fahren?", so würde ich aufspringen und eiligst den Rucksack packen. Und es wäre mir egal, ob ich das Naturschutzgebiet bereits mehrmals besucht habe. In Rußland gibt es mehr als hundert Naturschutzgebiete, ich kenne leider nur zwanzig. Das Naturschutzgebiet Bargusin ist eines der faszinierendsten von diesen.

Was mich in Transbaikalien immer in Erstaunen versetzte, ist die ethnographische Vielfalt. In Burjatien leben auf einem Territorium von 350 000 Quadratkilometern fast alle Nationalitäten Rußlands. Ein gesondertes Kapitel sind die hier siedelnden Russen. Sie besiedelten Transbaikalien in drei Wellen: Im 17. Jahrhundert kamen die Kosaken als „Bodenpioniere"; Ende des 18. und Anfang des 19. Jahrhunderts wurde den Altgläubigen hier Lebensraum geboten; Ende des 19. und Anfang des 20. Jahrhunderts kamen Bauern als Übersiedler hierher. Mit jeder Welle brachten die Menschen ihre eigene Kultur mit. Die Kultur der Altgläubigen hat mich am meisten beeindruckt. Ganz zufällig stieß ich einmal auf Bitschura, ein Dorf russischer Altgläubiger im Tal der Flüsse Bitschurka und Chilok, rund 300 Kilometer vom Baikal entfernt. Seit eh und je fleißige Ackerbauern, die einer gesunden Lebensweise frönen (seit 300 Jahren trinken diese Russen keinen Wodka!), hervorragende Familienväter – das sind Altgläubige. Ihre Kinder haben reine und schöne Gesichter und große blaue Augen!

In Bitschura entstand eine erste Skizze über die Altgläubigen, die ich später zu einem Drehbuch für einen Dokumentarfilm überarbeitete. Ich war Studentin an der Moskauer Filmhochschule - und ein Dokumentarfilm mußte abgeliefert werden. Natürlich brauchte ich für mein Szenarium einen Kameramann, der den rund zehnminütigen Film über Bitschura aufnehmen sollte. Meine Kommilitonen hatten ihre Filmentwürfe schon alle realisiert, nur ich hatte noch nichts. Einer aus unserer Gruppe hatte einen Film über einen Affen gedreht, der in einer Moskauer Wohnung lebte. Ein wirklich lustiger Affe! Und seine Besitzerin erzählte interessant über Verhaltensweisen und Lebensgewohnheiten des Tieres. Ein zweiter hatte einen Film über Bulgakow und seine „unheimliche Wohnung" in Moskau vorgelegt; der dritte hatte sich einem kleinen Provinzstädtchen an der Wolga und seinen Bewohnern gewidmet, und der vierte schließlich über den Alltag von Judokas berichtet. Ich aber konnte keinen Kameramann finden, der mit nach Bitschura fahren wollte. Abgesagt wurde aus unterschiedlichen Gründen. Den einen war es zu weit, die anderen lehnten verschwommen mit einem: „Du sagst, daß sie schon seit 300 Jahren keinen Wodka trinken. Fürchterlich!" ab. So blieb Bitschura ein Traum.

Russische Altgläubige im Baikalgebiet ist jedoch ein überaus interessantes Thema. Wie konnten sie ihre Identität bewahren? Wie überlebten sie?

In der zweiten Hälfte des 17. Jahrhunderts kam es zur Spaltung der russischen Kirche. Patriarch Nikon wollte die kirchliche Bücher und Rituale in Übereinstimmung mit den griechischen bringen, denn in den Übersetzungen aus dem Griechischen ins Altslawische hatten sich viele Fehler und Fehlinterpretationen eingeschlichen. Die Menschen „alten Glaubens", die die Neuerungen ablehnten, werden seitdem Altgläubige („Staroobrjadzy") genannt. An der Spitze des Kampfes für den „alten Glauben" stand Protopope Awwakum. Das Leben der Altgläubigen war zunächst schwierig. Sie standen außerhalb des Gesetzes, wurden verfolgt, gefoltert und in ihren Blockhäusern verbrannt. Viele flohen in die herrenlosen Ländereien - sie flüchteten zu den Kosaken oder gründeten ihre eigenen „freien" Siedlungen, wo sie gemäß ihren Bräuchen beteten. Katharina II. unterzeichnete dann 1762 einen Ukas des Senats, mit dem den Altgläubigen angeboten wurde, nach Rußland zurückzukehren. „Allen im Ausland lebenden russischen Spaltern erklären wir, daß es ihnen erlaubt ist, zurückzukehren und eigene Siedlungen nicht nur in Sibirien, sondern auch in der Barabinski Steppe und anderen freien und entlegenen Orten zu gründen. Es wird ihnen erlaubt, einen Bart zu tragen, und wir schenken ihnen die Freiheit, den Stand zu wählen, dem sie angehören wollen. Wir verkünden zudem, daß sie für sechs Jahre von allen Abgaben und Arbeiten befreit werden." Und so tauchten die Altgläubigen in Sibirien auf.

Ein ergrauter Altgläubiger aus Bitschura erzählte die Geschichte seines Dorf: „Mein Großvater erzählte mir, wie sie zu Fuß hierher kamen. Sie durchquerten ganz Rußland, jahrelang waren sie unterwegs. Es heißt, daß sie auf ihrem Wege Getreide anbauten. Aus Mitleid gab man ihnen ein Stück Land, sie bestellten das Feld, fuhren die Ernte ein, und mit dem Brot zogen sie weiter.

In der zweiten Hälfte des 18. Jahrhunderts kamen viele Altgläubige nach Sibirien

Ohne Brot geht man nicht weit. Sie hatten kein Vieh, aber Pferde. Sie erreichten das Tal des Churut, schlugen ihr Lager auf. Daraufhin gingen sie in die Berge, und von den Bergen aus sahen sie eine kleine Siedlung, jene Siedlung, die heute Staraja Bitschura heißt. Sie stiegen von den Bergen hinunter, gingen aber nicht ins Dorf, weil sie vor den alteingesessenen sibirischen Ansiedlern Angst hatten. Rund herum stand dichter Wald. Sie kehrten zum Lager zurück und erzählten allen von der Siedlung und dem Fluß. Man faßte den Beschluß zu bleiben. Sie sandten drei Boten in die Ortschaft. Die Boten kehrten zurück, berichteten, daß die Dorfbewohner nichts dagegen haben, daß die Altgläubigen mit ihnen leben. Direkt aus dem Lager übersiedelte man ins Dorf. Die Ankömmlinge bauten ihre Häuser, pflügten die Äcker, zogen die Kinder groß. So entstand unser Dorf Bitschura." So endete der Alte seine Erzählung.

Zarin Katharina II. hatte in den Altgläubigen eine Kraft gesehen, um die riesigen Flächen Transbaikaliens nutzbar zu machen; und sie hatte Recht behalten. Mit der Zeit entstanden hier Betriebe, es wurde Gold gewonnen. All diese Betriebe benötigten Arbeiter, die essen mußten. Die örtliche Bevölkerung beschäftigte sich jedoch mit den traditionellen Wirtschaftsformen: die Burjaten gingen der Viehzucht nach, die Tungusen waren Jäger. Die Kosaken und die Alteingesessenen produzierten wenig Getreide, in der Regel nur für den eigenen Bedarf. Mehl mußte also über riesige Entfernungen herbeigeschafft werden und war entsprechend teuer. Mit der Ankunft der Altgläubigen, die fleißige Ackerbauern waren, erlebte die Region ein wahres Wirtschaftswunder. Denn man ließ sie Land besiedeln, das untauglich oder schwer zu bearbeiten war. Die Dörfer der Altgläubigen verwandelten jedoch im Laufe von dreißig bis vierzig Jahren die umliegende Landschaft. Man sah sogar an den Berghängen Ackerland. Die Neusiedler konnten nicht nur sich selbst ernähren, sondern einen Überschuß an Getreide verkaufen. So bildete sich Anfang des 19. Jahrhunderts die Gruppe der russischen altgläubigen Bauern im Baikalgebiet heraus, die auf entscheidende Weise die Wirtschaft der Region beeinflußte. In einigen Ortschaften stellten die Altgläubigen die Mehrheit der Bevölkerung, sie nannten sich „Semeiskije" und besaßen ihre eigene Kultur.

Und was für eine! Bis heute haben sie ihre eigenen Lieder, ihre eigenen Trachten, ihre einzigartig schönen, farbenfrohen Häuser, ihre eigenen Traditionen und Feste.

Und mit dem Gotteshaus in Bitschura hatte es eine besondere Bewandtnis. Die alte Kirche war unter der atheistischen Sowjetmacht geschlossen worden. Kaum hatte Gorbatschow die Perestroika eingeleitet, machte Großmutter Tanja (so nannte man im Dorf die alte Tatjana Iwanowa) einen entscheidenden Schritt. Sie spendete 1986 das Grundstück neben ihrem Haus für den Bau einer Kirche. Es dauerte einige Jahre, den Papierkrieg mit der Bürokratie zu führen und Geldmittel aufzutreiben. Aber 1991 wurde mit dem Bau begonnen. Die Dorfbewohner bauten in ihrer arbeitsfreien Zeit. Fünf bis sechs Jahre lang baute man - und endlich war es soweit. Ein Priester kam, um die Kirche zu weihen. Wie die alte Tanja erzählte, entpuppte sich dieser als Nikonianer - er brachte Paraffinkerzen (anstatt der für die Altgläubigen üblichen Wachskerzen) und nikonianische Ikonen mit. Diesen Schicksalsschlag einfach hinzunehmen, war nicht die Sache Tatjana Iwanowas. Sie kämpfte

für den traditionellen Glauben. Im Jahre 2000 gelang es mit Unterstützung der Presse und der Öffentlichkeit Bitschuras, den „falschen" Priester abzusetzen. Er wurde durch einen „richtigen" - altgläubigen - Priester ersetzt. Der jetzige Gemeindevorsteher - Vater Georgi - ist in jeder Hinsicht gut. Dank ihm wird im Kirchdorf der traditionsreiche altorthodoxe Glaube gepflegt.

Mein Fremdenführer war der Geographielehrer der Mittelschule Alexander Utenkow. Er war in Bitschura gebürtig, Altgläubiger und betrieb eine Bauernwirtschaft, besaß zwei Kühe, Ziegen, Gänse und zwei Hunde. In der Freizeit leitet er den Folklorechor und das Kinderensemble. Im Programm: alte Lieder und Volksreime. Alexander ist autodidaktischer Musiker, spielt Harmonika und komponiert Lieder.

Lachen mußte ich, als ich erfuhr, daß die Kommunistitscheskaja Straße dreizehn Kilometer lang ist. Man erzählte mir, daß sie im Guinessbuch der Rekorde als längste Dorfstraße der Welt aufgeführt ist.

Im Hof der alten Matrjona Aronowna, mit der wir zusammen von der Chorprobe zurückkehrten, sah ich einen großen Holzklotz: drei Meter lang und etwa achtzig Zentimeter breit. Ich erfuhr, daß aus diesem Holzklotz ihre letzte Bleibe - der Sarg - gefertigt werden wird. Entsprechend der Tradition bewahren die Alten die „traurigen" Holzklötze direkt am Haus auf. Doch man denke an die Worte Tolstois, daß ein Tag ein vergeblicher Tag war, wenn man an ihm nicht einmal über den Tod nachgedacht hat. Ungeachtet des Holzklotzes im Hof trauert Matrjona Aronowna übrigens wenig - denn entsprechend der christlichen Tradition ist der körperliche Tod nicht Übergang ins Jenseits, sondern zum ewigen Leben. Doch bis es soweit ist, hat Großmutter Matrjona viele Sorgen auf Erden - im Chor, mit ihrer Wirtschaft und mit den Spinnen. Sie hat sogar ein Steckenpferd - in ihrer Freizeit näht und bestickt sie Trachten für Puppen, und mit Halsketten geschmückt stellt sie diese im Fenster aus - den Vorbeigehenden zur Freude.

Der Mann ihrer Freundin malt Bilder. Er heißt Polikarp Jermolajewitsch Sudomoikin. Es sind naive und liebevolle Bilder, darunter auch religiöse Sujets. Mir gefielen die nackten Frauen am Ufer des Flusses! Rubens-Nachahmungen, aber schön! Und auch die Figuren aus Baumwurzeln erregten meine Aufmerksamkeit! Wir haben da Puschkin, die Wassernixe (Rusalka) und ein Eichhörnchen mit einer Nuß.

So leben heute Russen in Transbaikalien - die Nachkommen der Altgläubigen, die während der Regierungszeit Katharinas II. zusammen mit ihren Familien ins Exil geschickt wurden.

Von einem Kloster, Bagulnik und Sammlern

Das Delta der Selenga - Golf Prowal - Posolski Sor - Stadt Babuschkin -
Fluß Salzan - Fluß Langatui - Fluß Sneschnaja - Stadt Baikalsk - Fluß
Chara-Mursin - Fluß Utulik - Pik Tscherskogo - Siedlung Sljudjanka -
Siedlung Kultuk - Stadt Schelechow

Das Delta der Selenga ist eine einzigartige Naturlandschaft und erstreckt sich
über mehr als 700 Quadratkilometer, 11 200 Hektar sind als geschlossenes
Naturreservat ausgewiesen. Das Delta ist interessant aufgrund der riesigen
Menge nistender Vögel - man zählt 251 Arten. An keinem Ort Ostsibiriens
findet man mehr Vögel. Hier leben 120 000 Enten ständig, rund sieben Millionen Vögel passieren das Delta auf dem Weg in wärmere Gefilde. Das Delta findet sich als Nistplatz für Wasservögel auf der Liste der Wasser- und

Das Selenga-Delta ist Heimat von 251 verschiedenen Vogelarten. 11 200 Hektar
sind als geschlossenes Schutzgebiet ausgewiesen

Sumpfterritorien von internationaler Bedeutung. Hier arbeitet die Ornitho-
logische Station Selenga des wissenschaftlichen Forschungsinstituts für Biologie der Staatlichen Universität Irkutsk. Die Uferniederung im Gebiet der Selenga-Mündung in den Baikal erstreckt sich über hundert Kilometer. Schiffe können hier nicht fahren, da das Wasser seicht ist; wandern kann man
nicht, weil das Delta versumpft ist; und die Hülle und Fülle von Stechmücken

schreckt die Urlauber ab. Außer Ornithologen habe ich hier kaum einen Menschen getroffen.

Einmal fuhren wir mit einem kleinen Motorboot durch das Delta. Wir passierten große grüne Sümpfe, dann kam flaches, bewaldetes Ufer. Fern am Horizont hoben sich dunkel die Berggipfel ab. In den Sümpfen wimmelte es von Vögeln, es war reines Vogelreich. Hunderte Möwen schwirrten in der Luft. Enten flogen lärmend von einem Sumpf zum nächsten, Angst vor Schüssen brauchten sie nicht zu haben. Kriekenten waren in besonders großer Zahl vertreten. Direkt am Wasserrand liefen Schlammläufer hin und her, die hier „Perewostschiki" genannt werden. Sie wackelten mit ihren langschnäbligen Köpfen, als ob sie uns als gute Bekannte grüßten.

Als unser Boot am Ufer festmachte, erhob sich von einem Stein ein großer Sperber. In seinen Klauen hielt er etwas Dunkles. Zwei Dutzend Wildenten stießen plötzlich von allen Seiten auf ihn zu. Sie umkreisten den Raubvogel schreiend, bedrängten ihn und flogen wieder hoch. Der Habicht wollte ihnen entkommen, doch ach, er trug schwer an seiner Last. Schlußendlich ließ er seine Beute fallen und verschwand im Wald. Die gerettete Kriekente schüttelte sich, flatterte in die Luft und plumpste zurück in den mit Gras bedeckten Sumpf. Die Wildenten lärmten noch einige Zeit hoch in der Luft und flogen dann in alle Richtungen davon.

Wie gut, daß Ornithologen starke Feldstecher haben! So konnte ich in aller Ruhe einen großen und ausnehmend schönen Vogel, der im Grün des Ufergebüsches ganz ohne Eile „spazierenschritt", beobachten. Doch was für ein Vogel war denn das? Einer der Ornithologen nahm mir den Feldstecher aus der Hand und blickte in die Richtung, in der ich den Vogel entdeckt hatte. „Das ist ein Vogel, den man nur selten an diesem Ort sieht! Im Unterschied zu seinen weißen Brüdern nistet der schwarze Reiher eigentlich nur in entlegenen Wäldern..." Ich bewunderte den Vogel eine ganze Zeit: lange rote Beine und roter Schnabel, schwarze Flügel und ein blendend weißer Bauch. Wie ein Modenarr im altmodischen Frack! Der schlanke, elegante Vogel ließ sich ein letztes Mal sehen und verschwand im Gebüsch.

Mein Freund war Zeuge eines überaus merkwürdigen Kampfes im Selenga-Delta! Er angelte ruhig im Schatten eines dichten Busches. Plötzlich störte lauter Lärm die Stille. Er blickte auf und sah, daß ein schwarzer Vogel, schwer und verzweifelt mit den Flügeln schlagend, in Spiralen in die Höhe zu steigen versuchte. Verwundert stutzte er: ein Auerhahn? Doch dann blieb der Vogel einen Moment reglos in der Luft und stürzte dann steil nach unten.

Direkt auf meinen Freund! Der konnte gerade noch beiseite springen, und der Auerhahn landete mit ausgebreiteten Flügeln die Brust nach unten gerade auf dem Platz, an dem mein Freund just noch gestanden hatte. Auf dem Rücken des Auerhahns saß ein kleines Raubtier - ein sibirischer Nerz. Als er den Menschen nur einen Meter entfernt sah, fletschte es laut schreiend die scharfen Zähne. Mein Freund warf seine Zigarettenschachtel nach ihm. Der Nerz flüchtete ins Gras. Mein Freund trat an den Auerhahn heran. Er war tot, der Hals an einigen Stellen durchgebissen. Der Nerz hatte den Vogel entweder beim Füttern oder beim Schlafen erwischt, doch wie ein Kämpfer hatte der Auerhahn bis zur letzten Sekunde versucht, ihn abzuwerfen.

Die Selenga ist 1 024 Kilometer lang. Die Fläche des Flußgebiets beträgt 447 000 Quadratkilometer. Sie ist der größte Zufluß in den Baikal. Das Wasser fließt mit einer solchen Geschwindigkeit, daß man sich selbst in Ufernähe nicht auf den Beinen halten kann. Auch der kräftigste Mann wird umgerissen. Und die Selenga ist ein tiefer Fluß mit heimtückischen Wirbeln. Viele Menschen ertranken in ihren Tiefen. Ich bin eine gute Schwimmerin, doch riskierte ich nie, mich weit vom Ufer zu entfernen.

Ulan-Ude ist nach dem Fluß Uda benannt, der sanft und irgendwie schuldbewußt in die stürmische und wasserreiche Selenga mündet. Kann man die stille Uda mit der eigenwillig schönen Selenga vergleichen? Die burjatische Hauptstadt bekam jedoch den Namen der unscheinbaren Uda.

Den Golf Prowal habe ich bereits kurz erwähnt. Heute ist es hier ruhig und still, das Wasser ist angenehm warm, man kann baden und stundenlang in der Sonne liegen. Nur die Alteingesessenen pflegen die schreckliche Geschichte des Ortes zu erzählen.

Es war am Vorabend des Neujahrs 1862. Angst kam bei den Bewohnern der Zaganski Steppe, die sich nördlich der Mündung der Selenga erstreckt, sowie der anliegenden Taigadörfer Dubinino, Scheraschewo, Inkino, Kudarinskoje und Oimurskoje auf, als sich die Erde zu bewegen begann. Ein ungemein lauter Lärm stieg aus den Tiefen der Erde. Die Glocken läuteten von selbst. Samoware und Ikonen fielen zu Boden. Die Türen der Häuser und die Tore der Herrenhäuser sprangen auf. Geschirr fiel aus den Schränken. Stühle kippten um. Die Blockhäuser ächzten und krachten. Ziegelsteinschlote und Kamine stürzten in sich zusammen. Panik brach aus. Die Menschen flüchteten in der frostigen Nacht aus den Häusern, niemand dachte an warme Kleidung. Es war schwer, sich auf den Beinen zu halten. Die Erde schlug Wellen. Bäume und Pfähle schwankten wie Betrunkene und knickten um. In der Dunkelheit platzte etwas geräuschvoll und explodierte. Das Vieh gebärdete sich wie verrückt. Wagen und Zwanzig-Pud-Fässer mit Salzfisch rollten durch die Höfe.

Laut Augenzeugenberichten sanken viele Menschen weinend auf die Knie und flehten Gott um Hilfe an. Viele hielten der Prüfung nicht stand, manche verloren den Verstand. Das Erdbeben währte die ganze Nacht. Am frühen Morgen kam wie von Geisterhand die Stille. Doch am Mittag des 31. Dezembers kam es zu drei starken Explosionen, die die Glockentürme der Kirchen zerstörten. In die Luft stiegen Fontänen warmen, mit Schlamm vermischten Wassers. Augenzeugen sahen eine Flamme aus der Erde schlagen. Wie Korken von den Sektflaschen sprangen die Holzhäuschen über den Brunnen aus der Erde, die Wasserfontänen stiegen vier und fünf Meter hoch. Die Erde riß überall auf, dann sackte sie langsam ab. Die dicke Eisschicht des Baikal und der Selenga riß, und neue riesengroße Wasserfontänen, vermischt mit Eis und

Mönche des russisch-orthodoxen Klosters Posolski zu Beginn des 20. Jahrhunderts

Sand, stiegen in die Luft. Die Steppe sackte ab, und das Baikalwasser durchbrach an drei Stellen das Ufer, schlug als alles vernichtende Welle über die Steppe. Was durch das Wasser nicht zerstört wurde, wurde von den riesigen Eisschollen, die die Flutwelle vom Baikal brachte, zu Pulver zermalmt. Nach amtlichen Angaben verschwanden 200 Quadratkilometer Land im Baikal, und durch die dem Erdbeben folgende Überschwemmung kamen „in der Zaganski Steppe mehr als 1 300 Menschen - Frauen und Männer - zu Schaden. Zerstört wurden über tausend Häuser, Nomadenzelte und andere Bauten. Mehr als

5 000 Stück Vieh wurden vermißt, viel Getreide und Heu ging verloren." Das Echo des Bebens rollte bis Irkutsk, wo die Kirchenglocken ebenfalls von selbst zu läuten begannen.

Mit dem Erdbeben hatte sich ein neuer Golf am Baikal herausgebildet. Die Hiesigen brauchten lange Zeit, sich an die neue Umgebung zu gewöhnen. Bekannte Quellen waren verschwunden, neue an anderen Orten erschienen. In den Sanddünen waren Hohlräume entstanden, so daß sie kaum passierbar waren. Der „streunende" Sand verschluckte Kühe. Im Golf schwammen lange Zeit Torfinseln, und die Bewohner ernteten auf diesen noch jahrelang das Heu. Irgendwann aber hatten Wasser und Wind ihre Arbeit getan, die Inseln verschwanden.

Enchaluk ist Burjatisch und bedeutet „Wonne". In der Siedlung Nowy Enchaluk trägt auch das Erholungslager den Namen „Enchaluk". Es liegt nördlich des Selenga-Deltas direkt am Baikalufer, sechs Kilometer vom Kap des berühmten Golfes Prowal entfernt. „Enchaluk" ist mir vor allem aufgrund des ungewöhnlichsten Kompliments in Erinnerung, das ich je gehört habe! Das Gestüt von „Enchaluk" besaß Donskoi-, Orlowski- und Iwanowski-Pferde. Organisiert werden auch heute Ausritte und lange Reiterwanderungen. Der zehnjährige Sohn des Pferdepflegers wuchs mit den Pferden auf, und er liebte sie: das Pferd an sich war für ihn der Inbegriff von Schönheit. Als ich eines abends ein wenig zurechtgemacht zum Tanz ging - auch heute noch ist „Enchaluk" für seine Diskothek bekannt - , traf ich den Jungen, der große Augen machte und sagte: „Tanja, du bist so schön! Wie ein echter Apfelschimmel!" Heute noch muß ich lächeln, wenn ich daran denke.

Am Baikalufer, das hier Posolski Sor heißt, liegen viele Dörfer - Tanchoi, Posolsk, Istomino, Ranschurowo, Suchaja, Enchaluk, Saretschje... Hier gibt es zahlreiche Erholungslager, Cafés, Schaschlikstände und Bootsausleihstationen. Die sandigen Posolskije Landzungen im Norden und Süden werden als Halbinsel Karga bezeichnet. Sie ist dreißig Kilometer vom Selenga-Delta entfernt. Der Name Posolski Sor ist mit einer historischen Begebenheit verbunden.

Der Kosak Wassili Kolesnikow begleitete im Jahre 1650 Botschafter Jerofej Sabolozki, der nach China und in die Mongolei geschickt worden war, um diplomatische Beziehungen mit diesen Ländern aufzunehmen. In der Nähe des heutigen Kirchdorfes Posolsk wurde Sabolozki von Burjaten überfallen, die von den hiesigen Fürsten aufgehetzt worden waren. Sabolozki wurde getötet. Anläßlich dieses Ereignisses wurde im Jahre 1681 das Posolski Spaso-Preobraschenski Kloster (Kloster der Verklärung Christi) gegründet. In diesem Kloster ist auf einer gußeisernen Tafel zu lesen: „Hier ruht der Körper des

Gottesdieners und russischen Botschafters Jerofej Sabolozki, der 1650 in Begleitung des mongolischen Botschafters mit friedlichen Vorschlägen zu Khan Sezen reiste und an diesem Ort von den Mongolen meuchlerisch ermordet wurde." Auf einer zweiten Tafel heißt es: „Auf dem im Jahre 1651 hier vergossenen christlichen Blut gründeten Feodossi und Hieromönch Makari mit den aus Moskau gekommenen Brüdern das Kloster mit dem Ziel, den mongolischen Heiden den Glauben zu predigen. Das Kloster wurde im Andenken an den ermordeten Botschafter Posolski genannt."

In der Chronik des Posolski Klosters stieß ich auf die begeisterten Äußerungen von Erzbischof Weniamin, der am 2. Juni 1862 das Kloster erreichte: „Im Posolski Kloster, der ersten Stelle der transbaikalischen Mission und der mir zugewiesene Aufenthaltsort, kam ich am 2. Juni an. Zwei Backsteinkirchen mit ebensolchen Steinummauerungen und Vorstehergemächern, umsäumt von hohen Zirbelkiefern, begrüßten mich aus der Ferne am Ende meiner Reise über den Baikal. Das sich an der Küste des Meeres (so nennt man den Baikal hier gerne) erhebende Kloster schien auf dem Wasser zu schwimmen. Beleuchtet von den Strahlen der Abendsonne, schien es mir mit seinen weißen Kirchen als das himmlische Jerusalem, das vom Himmel heruntergekommen ist und das der heilige Johann in seiner Vision bewundert hatte. Ich betete zu Gott, daß er es zu den Bergen Athens, zur Stadt des lebendigen Gottes, machen solle, damit alle im ketzerischen Aberglauben Irrenden danach streben."

Gerade von hier aus schickte Weniamin seine berühmten Briefe an seinen Freund, den Erzbischof von Kasan Wladimir. Die Briefe wurden 1913 in Moskau veröffentlicht. Beim Lesen stieß ich auf die Information, daß englische Missionare am Baikal tätig waren. Die Engländer sind eine der wenig erforschten Seiten der Geschichte der am Baikal lebenden Burjaten. Es ist zunächst die Geschichte der Tätigkeit von drei protestantischen Pastoren - Sendboten der Londoner Missionsgesellschaft - Edward Stalibrace, Robert Will und William Swan. Sie kamen 1820 in die Siedlung Selenginsk an der Selenga und lebten hier mehr als zwanzig Jahre. In dieser Zeit bauten sie eine Druckerei auf, gründeten eine Bibliothek und eine Schule für burjatische Kinder und fertigten eine herausragende Bibelübersetzung ins Mongolische an. Zudem unterwiesen sie die Burjaten im Gewerbe und bekehrten rund 3 000 von ihnen zum Christentum. Anfang der 40er Jahre des 19. Jahrhunderts wurden sie des Landes verwiesen.

Erzbischof Weniamin schrieb über die Engländer folgendes: „In Selenginsk, ehemals Aufenthaltsort des heiligen Innokenti und wichtigstes Betätigungsfeld seiner Aposteltätigkeit, wurde meine Aufmerksamkeit auf die Ruinen der englischen Mission gelenkt, die Rußland vor kurzem verlassen mußte. Nach dem Urteil der Kenner der mongolisch-burjatischen Sprache ist die von den englischen Missionaren angefertigte Bibelübersetzung die beste in dieser Sprache. Bei der Übersetzung hielten sie das Gleichgewicht zwischen der mongolischen Literatursprache und der burjatischen Volkssprache. Deshalb weist die Übersetzung beste Qualitäten auf - einerseits die für das Wort Gottes erforderliche sprachliche Feinsinnigkeit und andererseits Verständlichkeit für jeden Burjaten." Die Bibelübersetzung wird heute in der Raritätenabteilung der Nationalen Bibliothek der Republik Burjatien aufbewahrt.

157

Blick auf das Posolski Kloster um 1900

Die Engländer hinterließen zudem in Nowoselenginsk ein altes Denkmal über den Grabstätten der Familienangehörigen der Missionare. Auch geht der Name des Felsen „Anglitschanka" am Ufer der Selenga auf sie zurück.
In den Klosterchroniken gibt es eine aufschlußreiche Notiz über vier Kanonen, die dort fast ein Jahrhundert geladen standen. Nachdem flüchtige Zuchthäusler das Kloster überfallen hatten, schenkte man ihm Ende der 70er Jahre des 18. Jahrhunderts drei gußeiserne Kanonen und eine Kupferkanone. Als Artilleristen dienten baschkirische Kosaken. Sie waren wohl keine versierten Spezialisten, denn, nachdem sie die Kanonen geladen hatten, vergaßen sie sie schlicht. Und so standen die Kanonen fast hundert Jahre lang unter freiem Himmel. Als der Klosterschatzmeister sie zum Osterfest 1866 reinigen und streichen lassen wollte, stellte er zu seinem Erstaunen fest, daß sie mit Kugeln bestückt und mit Pulver versehen waren.
Das Kloster existierte bis 1920. Nach seiner Schließung wurde das Gebäude in einen Klub umfunktioniert, später beherbergte es eine Schule und schließ-

lich ein Krankenhaus für psychisch kranke Kinder. In dieser Zeit verkamen die Klosterbauten und wurden die Steinmauern zerstört. Die Kirchengemeinde wurde am 30. August 1995 neu registriert. Und im März 2000 entstand das Kloster als Mönchskloster wieder.

Ich übernachtete einmal in Posolsk. Das Haus meiner alten Gastgeberin war mit getrocknetem Bagulnik behängt. Und ganze Säcke mit Bagulnik standen herum. „Großmutter, wozu brauchst du so viel Bagulnik?" fragte ich die Alte. Sie antwortete mit einer Frage: „Weißt du denn nicht, daß alle Baikalbe-

158

Steppenburjaten im Jahre 1916

wohner mit Bagulnikaufguß den hohen Blutdruck vertreiben - das ist das eine. Zum anderen war mein Mann Fischer. Mein Sohn und mein Enkelkind sind ebenfalls Fischer. Wir reinigen mit Bagulnikblättern die Omulfässer. Der intensive Geruch verschwindet, wenn man das Faß mit einem Sud aus Bagulnikblättern abbrüht. In den Fässern können wir dann sogar Kohl absalzen. Bagulnik - das ist die Schönheit des Baikalufers. Er ist heilbringend und steht den Kräutern aus der Apotheke in nichts nach. Bagulnik wird auch in der Wirtschaft verarbeitet. Und die Legenden und Märchen über den wilden Rosmarin lassen sich kaum zählen!" Ich bat die alte Frau, mir nur eine zu erzählen. Und sie ließ sich nicht lange bitten:

Bei einer schon bejahrten Burjatin wuchs der Sohn heran. Niemand hatte einen so wunderbaren Sohn. Die Natur hatte ihn mit solcher Schönheit beschenkt, daß alle Mädchen davon träumten, seine Frau zu werden. Er war stark, gescheit und bekannt als der beste Jäger der ganzen Gegend. Die Jagd führte ihn oft so weit vom Dorf, daß keiner der Gleichaltrigen mithalten konnte. Einmal verfolgte er eine ganze Woche lang einen Zobel. Nachdem er ihn erlegt hatte, sah sich der junge Mann um. Nie hatte er von einem solchen Ort gehört, nie einen solchen gesehen. Alles war fremd: fremder Wald, fremder Himmel, und sogar die Luft war fremd. Dem jungen Mann preßte es das Herz zusammen, ihm wurde kalt. Schon wollte er zurückkehren, da kam ein Mädchen auf einem Pferd auf die Lichtung. Der junge Mann sah sie, und es war um ihn geschehen. Das Mädchen war von unsagbarer Schönheit. Zwei prachtvoll gekleidete Greise folgten der Reiterin in ehrenvollem Abstand, und hinter ihnen folgten zwanzig bewaffnete Krieger. Einer der Würdenträger befahl etwas, und die Krieger wandten sich gegen den Jäger. Das Mädchen aber hob die Hand - und die Krieger erstarrten. Sie stieg vom Pferd, ohne den Blick von dem Jungen zu wenden, und trat auf ihn zu.

Das Mädchen erwies sich als Tochter eines mächtigen Khans. Ihre Reiselust hatte sie just in die Gegend gebracht, in der der junge Burjate zur Jagd war. Als einzige Tochter des Khans hatte sie die Freiheit zu tun, was ihr gerade in den Kopf kam. Sie verliebte sich, daß alles Licht vor ihren Augen verlosch und nur das Gesicht des jungen Burjaten blieb. Auch der Junge wurde von einem unbekannten Gefühl erfaßt, das schön wie die Morgenröte nach dunkler Nacht und stechend wie die Morgensonne nach der Nachtfrische war. Die beiden vergaßen alles auf der Welt und merkten nicht, daß ein Tag nach dem anderen verflog. Die Würdenträger, die die Tochter des Khans begleiteten, waren beunruhigt: Was wird der mächtige Khan sagen, wenn er hört, was mit seiner Tochter inmitten der Taiga passierte? Wird er uns den Kopf abschlagen, da wir beauftragt waren, seine Tochter zu unterweisen und sie wie ein Augapfel zu hüten? Nachdem ihre Versuche, das verliebte Mädchen zur Vernunft zu bringen und zur Rückkehr zu überreden, nicht fruchteten, beschlossen sie, dem Khan alles zu gestehen.

Der Khan war furchtbar aufgebracht, als ihm die Nachricht zu Gehör gebracht wurde. Er kam zu Pferde geritten, um die Wahrheit zu erfahren. Drei Tage und drei Nächte unterhielt er sich mit dem jungen Burjaten und stellte fest, daß der Junge nicht nur schön, sondern auch vernünftig war. Und in ihm reifte ein Plan: Das Schicksal selbst hatte ihn mit diesem jungen Mann bekanntgemacht! So wollte er die Tochter mit ihm verheiraten. Schon des öfteren hatte der Khan von den Reichtümern der burjatischen Region gehört, die von tapferen Kriegern und treffsicheren Jägern bevölkert wird. Man sagte, daß dort Viehherden weiden, deren Köpfe niemand zählen könne, und sich im Schoße der Erde herrliche Schätze verbergen. Was also konnte besser sein, als mit Hilfe dieses jungen Burschen die reiche Region zu erobern und sich das Volk untertan zu machen?

Der Khan erklärte dem jungen Jäger, daß er bereit sei, ihm seine Tochter zur Frau zu geben. Muß man beschreiben, daß das Gesicht des Jungen vor Freude glänzte und mit welchen Gefühlen er sich vor dem Khan verneigte? So wurde beschlossen, Botschafter mit reichen Geschenken zur Mutter des Jägers zu schicken, um sie um die Genehmigung für die Heirat zu bitten.

Die Mutter des Jägers verstand es, die Boten zu bewirten. Sie schenkte ihnen Arza, zweimal destillierten Milchwodka, ein, so daß sie sich besinnungslos betranken. Sie rief die Alten zu sich, um ihren Rat einzuholen. Die Greise vernahmen die Neuigkeiten, und der Älteste stellte nur eine Frage: „Und was sagt dein Mutterherz?"

Die Mutter antwortete: „Mein Herz sagt: dahinter steht Unheimliches. Mein Sohn ist ein einfacher Jäger, das Mädchen, in das er sich verliebt hat, ist die Tochter des Khans. Es ist nicht gut, daß der Khan seine Tochter mit einem einfachen Menschen verheiraten will."

Und die Ältesten gaben zur Antwort: „Ein Mutterherz trügt nicht. Du mußt den Sohn überzeugen, mit seiner Auserwählten nach Hause zurückzukehren. Wir werden uns darauf vorbereiten, daß der Khan Krieger schickt. Er plant Böses, doch wird es ihm nicht gelingen. Er wird seine Tochter wie auch seine Hoffnungen verlieren. So wird es sein!"

Die Mutter des Jägers überlegte lange, wie sie den Sohn überzeugen sollte. Und sie schickte ihm einen Bagulnikzweig.

Als der junge Jäger den Zweig in Händen hielt, war er aufgeregt. Er küßte jedes Blatt und verstand sogleich, was die Mutter meinte.

Solcher Bagulnik - mannshoch - gedeiht nur am Baikal. Die Mutter bedeutete ihm, daß ein Mensch, der die Heimat verliert, kein Glück haben wird, es ist ihm beschieden, in der Fremde gleich diesem Zweig heimischen Bagulniks zu verkümmern.

Der Jäger schläferte die Wachsamkeit des Khans und seines Gefolges ein. Eines Tages floh er zusammen mit seiner jungen Frau in die Heimat, nach Burjatien. Man kann sich vorstellen, wie der Khan wütete. Er ließ beide Würdenträger hängen und machte sich auf, das Land der Burjaten zu erobern. Doch hielten die Burjaten dem Ansturm stand. Der Khan mußte unverrichteter Dinge zurückkehren.

Legenden gibt es viele im Baikalland. Sagen gibt es zu jeder Pflanze, die mehr oder weniger auffällt und schön ist oder eine Rolle im Leben der Baikalbewohner spielt. Es gibt so viele Erzählungen über die Zirbelkiefer, den Faulbeerbaum, die Fichte, im Prinzip über alle Bewohner der Taiga! Sogar die wenig geliebte Espe - Sammelort schädlicher Milben und Zecken - ist in der Vorstellung des Volkes mit einem schönen Märchen verbunden.

Wie herrlich ist es, durch den Baikalwald zu wandern! Wie begreife ich den Erforscher der ussurischen Taiga Wladimir Arsenjew (1872 bis 1930), der in seinem Vermächtnis anwies, ihn in der Taiga zu bestatten. Er dichtete sogar selbst den Spruch, der sein Grab im Taigawald schmücken sollte: „Du bist mein Lehrmeister, mein Tröster und Freund, du bist mein Tempel und meine Heimat, rauschender, stiller Wald!" Doch der letzte Wille Arsenjews wurde nicht erfüllt. Er ruht auf dem Marinefriedhof in Wladiwostok.

Blick vom Ostufer auf das westliche Baikalufer

Die Stadt Babuschkin (bis 1914 hieß sie Siedlung Myssowaja) wurde 1892 gegründet. Benannt ist sie heute nach Iwan Babuschkin, dem bekannten Revolutionär, Bolschewiken und Mitstreiter Lenins, der in Sibirien an der Revolution 1905 teilnahm. Er wurde 1906 von den zaristischen Truppen gefangengenommen und ohne Gerichtsurteil erschossen. In der Stadt leben heute rund 7 500 Einwohner.

Von Babuschkin führt die Straße durch das Tal des Flusses Mostowaja über den Bergkamm Chamar-Daban hoch zum See Gusinoje. Eine wunderbare Gegend, die die Reisenden nicht nur durch wilde Taigalandschaften begeistert, sondern auch durch die reichen Beerenfelder und Zirbelkiefernwälder mit Unmengen Zedernnüssen.

Der schönste Weg ist, wie ich meine, der Pfad entlang dem Fluß Babcha. Er führt in schönste Berglandschaften mit alpinen Gipfeln, phantastischen Waldlichtungen und einer Holzbrücke über den Fluß bis zur Mündung des Baches Poroschisty. Es gibt einen zweiten Weg entlang dem Fluß Osinowka, der uns durch hohes Gras und Farnkraut zu einem fünf Meter hohen Wasserfall bringt. Dieser Pfad beginnt drei Kilometer hinter der Siedlung Tanchoi. Mir ist dieser Ort gut erinnerlich, weil ich mich lange plagen mußte, bis unser Feuer brannte.

Scheint Ihnen, es sei leicht, im Wald Feuerholz zu finden? Wenn Sie gerade im dichten Urwald sind, kann es recht schwierig sein. Tanne und Lärche werfen hohe Funken, so daß Ihre Kleidung Schaden nehmen kann. Die Erle hat

Der Fluß Langatui ist 32 Kilometer lang und Ziel vieler Wanderer

zu viel Wasser, und man bekommt mehr Rauch als Feuer. Man muß nach Steinbirken Ausschau halten. Ihr Holz brennt gleichmäßig und gut.

Im Winter braucht man für eine Übernachtung im Freien zwei Stämme. Findet man sie nicht, muß man sie fällen. Die Stämme legt man in spitzem Winkel vor den Zelteingang, und in der Spitze wird das Feuer gemacht. Das Holz brennt bis zum Morgen. Es gibt nicht nur Wärme, sondern auch die Möglichkeit, das Essen zuzubereiten und, was überaus wichtig ist, die Kleidung zu trocknen, indem man sie auf die warmen Steinbirkenstämme legt.

Der Fluß Salzan (35 Kilometer lang) beeindruckt mit den malerischen Felsen „Tschertow Palez" („Teufelsfinger"). Der Fluß Langatui (32 Kilometer lang) ist mit der alten Poststraße verbunden, die in den 40er Jahren des 19. Jahrhunderts aus Mitteln des sibirischen Kaufmanns Igumnjow gebaut wurde. Der Fluß Sneschnaja (173 Kilometer lang) ist der längste und wasserreichste der Flüsse, die von den Hängen des Chamar-Daban herunterkommen.

Wir standen vor einem Bergfluß. Die Strömung war stark, doch schien uns der Fluß wenig tief. „Wir werden den Fluß ohne Seil queren", entschied mein Freund. Ich war einverstanden: „Los geht es!" Der Freund ging als erster und erreichte ohne Mühe das gegenüberliegende Ufer. Dann war es an mir, den Fluß zu durchqueren. In der Mitte des Flusses tastete ich mit dem Fuß nach einem größeren Stein, dabei starrte ich fatalerweise in das stürmisch um mich kreisende Wasser. Ein Fehler, den man auf keinen Fall machen sollte. Mir wurde schwindelig, ich verlor das Gleichgewicht und rutschte ab. Die Strömung riß mich mit, wie ein Kreisel wurde ich stromabwärts geschleudert. Doch wie durch ein Wunder gelang es mir, Halt an einem Findling in der Flußmitte zu finden und hinaufzuklettern. Mein Freund wand das Seil um einen Baum und warf mir das andere Ende zu. Es brauchte einige Male, bis ich es aus dem Wasser herausfischen konnte. Durch das Seil gesichert, erreichte auch ich das andere Ufer.

Chamar-Daban nennt man auch „Orechowy Perewal" („Nußbergkamm"). Die Bergkette besticht durch ganz unterschiedliche Landschaften und ist zwischen vierzig und neunzig Kilometer breit. Die Berggipfel erreichen eine Höhe von 2 300 Metern über dem Meeresspiegel. Hier sind wir schon im Baikalischen Naturschutzgebiet. Man trifft auf seltene - auch endemische - Pflanzen und vom Aussterben bedrohte Tiere. Es gibt weite Waldlichtungen, in denen der Mensch in mannshohem Gras verschwindet.

Vor der Brücke über die Sneschnaja kann man zu den malerischen Waldseen abbiegen, ein Fußmarsch von etwa fünf Kilometern. Die Seen sind warm und so heißen sie auch „Warme Seen". Hier gibt es eine Tourbase.

Der Fluß Sneschnaja bildet schon die Grenze zwischen der Republik Burjatien und dem Gebiet Irkutsk. Und Baikalsk ist die erste Stadt auf unserem Weg. Sie zählt über 17 000 Einwohner. Baikalsk entstand mit dem Papier- und Zellulosekombinat. Die Regierung verspricht die ganze Zeit, etwas gegen die Umweltverschmutzung durch die Fabrik zu tun und setzte sogar Termine fest. Versprechungen nach allen Seiten zu geben, mag gut für das Image sein, aber den gewichtigen Worten folgten bislang keine Taten! Jemand bezeichnete all die schönen Versprechungen als „Mülleimer vergessener Ideen". Ich habe so viele Versprechungen im Kopf, die gemacht und nicht eingelöst wur-

den. Das älteste Versprechen ist mit dem Baikal verbunden. Es wurde bereits vor neunzehn Jahren gegeben! Der Ministerrat der RSFSR faßte im Jahre 1990 den Beschluß, die Produktion im Baikalischen Zellulosekombinat einzustellen. Die Industrieabwässer hatten den See jahrzehntelange belastet. Michail Gorbatschow besuchte noch kurz vor seinem Rücktritt die Fabrik und erklärte: „So etwas müssen wir stillegen!" Nach Angaben von Greenpeace Rußland existieren bislang alle Umweltschutzauflagen nur auf dem Papier. In der Tat werden die Abwässer nach wie vor in den Baikal geleitet, und die Industrieabgase „verpesten" die Luft. Seit Jahren informiert der Leiter des Baikalprogrammes von Greenpeace Roman Waschenkow die Öffentlichkeit darüber, daß sich faktisch nichts tut. „Keine radikalen Maßnahmen wurden bisher in Angriff genommen. Muß sich vielleicht der Präsident einmischen (wie bei der Verlegung der Erdölpipeline im Baikalgebiet), damit das Kombinat seine Arbeit einstellt? Gefällt es Rußland denn, immer wieder die Kritik der UNESCO hören zu müssen, da der Baikal zum Weltnaturerbe der Menschheit zählt?" In der russischen Zeitung „Argumenty i Fakty" (Nummer 13 von März 2008) wurde unter der Rubrik „Stimme des Volkes" ein Leserbrief mit dem aussagekräftigen Titel „Warum wird der Baikal getötet?" veröffentlicht. Die Zeitung antwortete, daß die Tätigkeit des Kombinats untersucht werde.

In den Siedlungspunkten hinter Baikalsk wurden in früheren Jahren am Straßenrand warm- und kaltgeräucherter Omul, frische Piroggen, Wildlauch und Zedernnüsse wohlfeil angeboten. Heute sieht man nur noch wenige Händler, und die Preise sind enorm gestiegen. Als ich darüber mit einem Mann, der Omul verkaufte, sprach, antwortete er mit einem lauten Lachen: „Haben Sie denn nichts umsonst bekommen? Keine Blumen?" Ich stutzte, und er lächelte: „Ich erinnere mich nur an einen Witz. Wollen Sie ihn hören?"

Also. Zwei Männer unterhalten sich, und die Flasche kreist. Der eine sagt: „Stell dir mal vor, hinter Baikalsk herrscht eine neue Ordnung. In einem Restaurant bewirtet man die Besucher mit Omul und geschälten Zedernnüssen, soviel man will, man schenkt Blumen, gießt ein ums andere Mal ein und begleitet den Besucher bis nach Hause. Und alles kostenfrei!"

„I wo!" zweifelt der Trinkkumpan. „Warst du selber dort?"

„Ich nicht, aber meine Frau!"

Zurück zu unserer Reise. Den Fluß Chara-Murin erkundet man am besten zu Fuß. Seine Länge beträgt 85 Kilometer. Der Pfad ist reizvoll, denn überall trifft man auf Marmor herrlicher Farbschattierungen - von schwarz bis grau, von rosa bis dunkelbraun und mit schöner Aderung. Auch auf weißen Marmor stößt man. Ich besuchte diese Gegend einst im Mai. Stellen Sie sich den Mai auf dem Baikal vor. Das Eis hält sich bis Juni. Im Mai weht vom Meer wie aus einem gigantischen Kühlhaus eine spürbare Kälte. Die Laubbäume stehen nackt und traurig, nur die Kiefern und Tannen heben sich mit ihrem dichten Grün von den Gebirgshängen ab. Die Sonne scheint schon warm, das Eis aber türmt sich noch auf dem Baikal - ohne warme Jacke kann man sich nicht am Ufer aufhalten. Aber wie schön ist es in den Wäldern und an den Flüssen abseits unseres sibirischen Meeres. Der Rhododendron blüht! Er blüht üppig und ausgiebig, füllt alle Lichtungen in der Taiga. Man läuft den Pfad entlang und

165

Anlegestelle bei Baikalsk

ist von einem leuchtenden Blumenmeer, das einen betörenden Duft ausströmt, umgeben! Ja, das ist der langweilige und kalte Monat Mai.
Zum Ende des Sommers fahren die Sibirjaken zu Tausenden in die Baikalwälder, um die Gaben der freigebigen Taiga - Zedernnüsse, Beeren und Pilze - zu sammeln. Sind sie nicht im Besitz eines Autos, reisen sie mit der „Elektritschka" bis zur Siedlung Kultuk. Entlang des Kutulukski Traktes kann man Moosbeeren sammeln. Sind sie mit dem Auto unterwegs, fahren sie ins Tunkinski Tal beziehungsweise ins Chamar-Daban-Gebirge, um die Eimer mit Sumpfbeeren zu füllen. Moos- und Blaubeeren gibt es in Menge und Masse entlang des Flusses Bystraja. Entlang der Straße von Bajanda nach Eklanzy sammelt man Preiselbeeren. Die süßesten Himbeeren am Baikal gedeihen im

Tal des Murino. Hierher fährt man mit dem Auto, daß man im „Lager der Beerensammler" - solche Lager entstehen spontan -, kurz hinter der Brücke der Autobahn Irkutsk-Ulan-Ude über den Murino, abstellt. Dann steigt man den Flußpfad einige Kilometer bergan. Bedenken Sie, daß ein Treffen mit einem Bären am Ort der süßesten Himbeeren keine Seltenheit ist. Doch ist das Raubtier in dieser Jahreszeit friedlich und greift den Menschen nicht an. Wir schlagen am Murino unser Lager auf. Und während wir sitzen, erzählen wir Bärengeschichten. Die verbreitetste Erzählung, die Sie in Sibirien in fast jeder Siedlung hören werden, ist die Anekdote über den Bären auf dem Fahrrad. Ob sie wahr ist oder nicht - nun, wer weiß?

Ein reicher ausländischer Bärenjäger kam zum Baikal. Er bezahlte die teure Lizenz und ging auf die Jagd. Der Jäger richtete sich ein und wartete, doch kein Bär ließ sich blicken. Da erinnerte sich einer aus der Jägerbrigade, die den Ausländer betreute, daß der Zirkus, der in Irkutsk ein Gastspiel gab, einen Bären besitzt. Der Bär war alt, fast blind, und arbeiten konnte er schon lange nicht mehr. Der Zirkus wollte ihn einschläfern lassen. Also ging man zum Zirkus und tauschte den traurigen Bären gegen eine Kiste Wodka. Sowieso wird er sterben, sollte er während der Jagd zu Tode kommen.

Am nächsten Tag berichteten sie dem Ausländer, daß ein Bär an einem Haferfeld gesichtet worden sei. Die Jagd könne beginnen.

Am nächsten Morgen nahm der Ausländer mit seinem Gewehr seine Position am Haferfeld ein. Ein Jäger nahm dem Bären den Maulkorb ab und ließ ihn laufen. Der Bär stellte sich, wie er es gewohnt war, auf die Hintertatzen und lief wie ein Manegenstar die Straße herunter. Da kam ihm die Postbotin auf dem Rad entgegen. Kaum sah sie das Tier, sprang sie vom Rad, ließ die Posttasche fallen und lief davon. Der Bär schwang sich aufs Rad und fuhr los! Als er sich dem wartenden Jäger näherte, vergaß dieser vor Verwunderung zu schießen. So konnte der Bär entkommen.

Aber zurück zum Thema Beeren- und Zedernnüssesammeln in der Baikaltaiga. Ich will in diesem Zusammenhang noch eine lustige Geschichte erzählen. Anders als die vom „radfahrenden Bären" ist sie aber wahr.

Anfang der 70er Jahre kam ich nach Moskau, um mein Studium an der Filmhochschule aufzunehmen. Doch immer konnte ich einige Tage freischaufeln, um am Ende des Sommers und Anfang Herbst für einige Tage den Baikal zu besuchen. Einmal aber klappte es nicht. Am traditionellen Zedernnüssesammeln mit meinen Freunden konnte ich nicht teilnehmen. Ich mußte in Moskau bleiben. An einem Tag klingelte das Telefon: „Hier spricht das Zentralkomitee des Leninschen Komsomol. Sie werden mit dem Preis des Leninschen Komsomol ausgezeichnet. Kommen Sie bitte morgen früh pünktlich um neun Uhr!" Ich will die Situation erklären. Ich war dreimalige Nichtpreisträgerin des Leninschen Komsomol. Der Verband der Filmschaffenden schlug meine Dokumentarfilme zwar für den Preis vor und die Vorschlagslisten wurden zur Erörterung auch in den Zeitungen veröffentlicht, doch jedesmal wurde mein Film nicht nominiert. Vielleicht weil meine Dokumentarfilme nicht von Betriebsdirektoren, Gebietsparteisekretären, Generälen und Bestarbeitern, sondern von einer jungen, kinderreichen Bäuerin, einem Dorfpriester und einem jungen Maler berichteten. All das fiel in die Rubrik „moralisch-ethische Themen". Mir war immer der Hang zu „kleinen Themen" vorgeworfen worden, was aber meine bewußte Wahl war, da ich große Lügen vermeiden wollte. Meine Szenarien sind im Buch „Russische Szenen" veröffentlicht, und wen sie interessieren, der kann sie dort lesen.

Als ich zum dritten Mal vorgeschlagen wurde, kam dieser Telefonanruf. Punkt neun Uhr war ich am Eingang des Zentralkomitees. Der Pförtner fragte: „Zu wem wollen Sie?" Ich erzählte ihm vom Anruf und dem Preis. Er telefonierte lange und meinte schließlich: „Das muß ein Mißverständnis sein. Ihr Name steht nicht auf der Liste der Ausgezeichneten!" Ich verließ das Gebäude - und sehe direkt vor mir meine Irkutsker Freunde, die treuen Gefährten meiner Baikalreisen, mit einer riesigen Tasche.

„Habt ihr mich zum Narren gehalten! Gesteht! Schämt euch!" Dann umarmten wir uns, die Jungs übergaben mir den „Preis des Leninschen Komsomol" - eine ganze Tasche mit meinen geliebten Zedernnüssen und Preiselbeeren vom Kutulukski Trakt.

Der Fluß Utulik ist bei Wassersportlern überaus beliebt. Auf rund sechzig Kilometern ist er befahrbar. Die komplizierten Flußengen am Unterlauf waren jahrelang Schauplatz der sibirischen Kanumeisterschaften höchsten Schwierigkeitsgrades. Im Mittellauf ist der Strom aufgrund der zahlreichen Vorsprünge und Canyons unüberwindbar. Die Geschichte dieser Gegend beschreiben A. Kalimchan und T. Sawenkowa in ihrem Buch „Naturpark Utulik-Babcha" wie folgt: „Eine wichtige Etappe in der Geschichte Rußlands sind die Jahre 1797 bis 1805, als unter Katharina II. die Chamar-Daban-Straße von Irkutsk bis Kjachta, auch Mongolischer Trakt genannt, gebaut wurde. Auf alten Landkarten ist die Chamar-Daban-Straße markiert, und die ehemaligen Poststationen, die auf dem Weg vom Baikal zum Kasatschja Poljana (Kosakenfeld, hier findet man die Fundamente zahlreicher Stationen) auf den Bergpässen Tschjortowy Worota, am Utulik an der Mündung des Flusses Spuskowaja, am Oberlauf des Flusses Schubutui sowie im Tal des Flusses Sneschna-

ja auf dem Anwesen Bairi lagen, waren als Winterlager gekennzeichnet. Die Ruinen der grandiosen Artefakte vom Ende des 18. und Anfang des 19. Jahrhunderts sind an vielen Orten erhalten, und Befestigungen in Form von Stützsäulen und Stützmauern an der Serpentinenstraße hinauf zum Gipfel der Tscherski-Berge sind heute noch zu bestaunen. Sie sind Denkmäler der Geschichte und Kultur."

Am Baikal kann man vielfältigste Wassersportarten betreiben

Eine der interessantesten und zugleich schwierigsten Strecken des Baikalgebiets führt hinauf zum Pik Tscherskogo. Die Geodäten waren die ersten, die den Berg 1961 bezwangen; die ersten Sportler erklommen ihn erst 1975. Der Anstieg läuft am Fluß Kurkula entlang. Wegen der vielen Wasserfälle nennen die Besucher diese Gegend „Land der Wasserfälle". Die Bergbesteigung ist vor allem bei Wind und schlechtem Wetter mit Schnee und Regen gefährlich. Touren werden sonntags mit einer Übernachtung angeboten. Der Berg trägt den Namen des polnischen Wissenschaftlers, Baikalforschers, Geologen und Geographen Iwan Tscherski (1845 bis 1892), der für seine Teilnahme an der polnischen Revolution 1863 in die sibirische Verbannung geschickt worden war. Ich bestieg den Berg nur bis auf tausend Meter. Dort befindet sich die Wetterstation. Meine Freunde aber stiegen den zickzackartig verlaufenden Steinpfad weiter hinauf. Das war im Winter 1976. Einer von ihnen wurde von einer Lawine verschüttet, doch konnte er gerettet werden. Der Weg vom Gipfel nach unten (25 Kilometer) nimmt gewöhnlich acht Stunden in Anspruch.

Jetzt sind wir schon wieder in Sljudjanka. Die erste Erwähnung über die Ansiedlung von Menschen in dieser Gegend geht ins Jahr 1647 zurück. Ihren Namen erhielt die Siedlung nach dem Fluß Sljudjanka (Flimmer). Im 18. Jahrhundert wurden die Flimmervorkommen entdeckt. Nach der Verlegung der Transsibirischen Eisenbahn im Jahre 1905 wurde die Eisenbahnstation Sljudjanka mit ihrem phantastischen Bahnhof aus baikalischem Marmor errichtet. Sljudjanka wird zu Recht „mineralogische Perle Vorbaikaliens" genannt. Hier wurde ab dem 19. Jahrhundert Flimmer und wird seit den 50er Jahren Marmor gewonnen. Ab 1925 galt Sljudjanka als Arbeitersiedlung. Seit 1936 ist sie Stadt. In Sljudjanka sind derzeit 22 Unternehmen ansässig. Die größten von ihnen sind das Bahnbetriebswerk, der Betriebshof, der Marmortagebau „Perewal", „Baikalski Marmor" und die Flimmerfabrik. Sljudjanka ist Eisenbahnknotenpunkt. Die Stadt zählt 30 000 Einwohner. Die Besonderheit der Marmorsorten ist der blaue Kalkspat, der dem Marmor eine intensive hellblaue Färbung verleiht.

Flimmer wurde hier noch bis Anfang der 70er Jahre gewonnen, und er galt als der beste in Rußland. Aufgrund der sinkenden Nachfrage wurde der Abbau schließlich eingestellt. In der Aue des Flusses Sljudjanka sind die Flimmergruben erhalten. An den alten Strecken auf beiden Seiten des Flusses und in den Halden der Gruben kann man seine Gesteins- und Mineraliensammlung vervollständigen. Im Privatmuseum „Edelsteine des Baikal" zeigt Valeri Schigalow, früher Fotoreporter der Werkszeitungen von Sljudjanka und Tixi und heute leidenschaftlicher Mineraliensammler, eine Kollektion von 8 960 Ausstellungsstücken. In der Sammlung sind alle der modernen Wissenschaft bekannten Mineralien (3 450 Arten) vertreten. Zum Museum gehört ein kleiner Laden, der einen hervorragend über die Mineralien des Gebiets berät. Die detaillierte Liste der örtlichen Mineralien weist etwa 200 Arten und Unterarten auf. Das Sljudjanka-Vorkommen ist aufgrund der Vielfalt der Mineralien einzigartig. In Rußland kann es nur mit den Vorkommen im Ural und auf der Halbinsel Kola verglichen werden. Das Museum findet sich in der Uliza Sljudjankaja 36.

In meiner Sammlung findet sich ein Lasurit aus dem Chamar-Daban. Diesen Stein schenkte mir ein Jäger, als er erfuhr, daß ich mich für die Baikaledelsteine interessiere. Ich habe viele verschiedene Baikalgeschenke mitgebracht - vom Lasurit bis hin zum Bärenzahn. Für ein Geschenk muß man sich mit

etwas Gleichwertigem bedanken. Man schenkt zum Beispiel Patronen, ein Messer oder eine Taschenlampe. Ein königliches Geschenk ist eine Motorsäge oder ein Bootsmotor.

Ja, der Lasurit vom Chamar-Daban-Gebirge. Dieser Juwelierstein von unnachahmlichem Blau reflektiert das türkisblaue Licht des Baikalhimmels. Lasurit wurde einst verehrt. In der Kultur des alten Ägyptens hatte er einen höheren Wert als Gold. Im 15. und 16. Jahrhundert war er der beliebteste Edelstein in Italien. Im Altertum galt er als Medizin: Er erleichtert die Atmung, stärkt das Sehvermögen, hilft bei der Behandlung von Epilepsie. Lasurit wird seit alters her für die Herstellung von Farbe - Ultramarin - verwendet. Die besten Gemälde der Renaissance malte man mit Naturultramarin.

Die Siedlung Kultuk ist die älteste Siedlung in Ostsibirien. Kultuk war für mich ein besonderer Ort, da dort ein alter Bekannter - der Wolfsjäger Jegor Kusmitsch - lebte. Wenn wir in Kultuk waren, besuchten wir ihn, um seinen Geschichten über Wölfe zu lauschen. In alten Jahren ähnelte er selbst einem Wolf. Kusmitsch begann mit der Wolfsjagd nach dem Krieg. Denn Ende der 40er Jahre vermehrten sich die Wölfe in dieser Gegend rasant, sie rissen Kühe, Pferde und Schafe. Damals erlegte unser Jegor Kusmitsch seinen ersten Wolf. Er nutzte bei der Jagd drei Methoden: Fangeisen, die er gut getarnt im Feld aufstellte, Schlingen, die er auf schmalen Pfaden auslegte, und mit dem Gewehr jagte er in der Nacht. Kusmitsch konnte nämlich wie ein Wolf heulen. In der örtlichen Mundart heißt es „locken". Am Tage antworten die Wölfe selten. Aber in der Nacht - da erzählen sie alles über sich: Der eine wandert alleine, den anderen verfolgen Jagdhunde, der dritte sitzt in der Wolfshöhle. Nach dem Heulen eines Wolfes kann man sogar bestimmen, wo sein Zuhause ist. Als Kusmitsch einmal auf meine Bitte wie ein Wolf heulte, bekamen wir eine Gänsehaut - alle erstarrten!

Ich blättere in meinen Baikaltagebüchern und finde viele Erzählungen von Kusmitsch: „Der Wolf ist der Zar unserer sibirischen Taiga! Ich habe niemals erlebt, daß ein Tier einen Wolf tötete. Die Tiere haben sogar vor einem toten Wolf Angst! Selbst die Vögel meiden ihn. Die Wölfe sind heute frech wie nie zuvor. Sie sind maßlos. Ist kein Jäger in der Nähe, können sie ganze Schaf- oder Rentierherden reißen. Sie wandern von einem Dorf zum anderen und zeigen keine Furcht! Es gibt ja kaum noch Wolfsjäger. Und es ist ja auch nicht leicht, den Wolf zu erlegen. Selbst ein direkter Schuß kann mitunter fehlschlagen. Ein sicherer Schuß - nur aus fünfzig Schritt Entfernung! Näher läßt er einen nicht... Man muß die wölfischen Sitten und Bräuche, ihren Charakter und ihre Paarungsetikette kennen. Während der Brunstzeit heult die ledige Wölfin lockend, aber auf ein Antwortheulen reagiert sie nicht und geht auch nicht selbst zum Buhler. Es ist die Zeit der Bekanntschaft. Wenn die Wölfe zu größeren Rudeln zusammenkommen, kann die Wölfin eine Nebenbuhlerin zerfleischen. Im Februar wirst du am Baikal nicht auf einen einzigen Wolf treffen, sie ziehen alle hoch zum Tscherski-Gipfel, zu den Gletschern. Da finden die Wolfshochzeiten statt. In dieser Zeit vergessen sie sogar das Fressen."

Je älter der Jäger wurde, desto schlechter wurde sein Sehvermögen. Schließlich war er fast blind. Auf seine Bitte hin nahmen wir ihn im Winter einmal mit in die Taiga. Wir fuhren im Auto. Der Alte sagte plötzlich: „Jungs, da sind Wölfe!" Er starrte in die frühmorgendliche Dämmerung hinein. Wir glaubten ihm nicht, wußten wir doch, daß er fast blind war. Trotzdem sahen wir uns den Abhang des Hügels an, auf den er mit der Hand gezeigt hatte. Und da waren wirklich zwei Wölfe! Sie hörten uns und verschwanden im Gebüsch. Der alte Jäger erläuterte: „Ich habe in den langen Jahren der Jagdpraxis einen besonderen Spürsinn für Wölfe entwickelt. Mein Körper reagiert auf sie. Als ob mir jemand bedeutet, wo Wölfe sind."

In allen Fragen waren wir vollkommen einverstanden mit dem Alten. Es gab jedoch ein Thema, das wir tunlichst zu vermeiden suchten, weil da die ganze Nacht gestritten und diskutiert wurde! Jegor Kusmitsch war der Meinung, daß der Wolf ein nutzloses, ja, schädliches Tier ist, und es besser wäre, es gäbe ihn überhaupt nicht. Bald zerfleischt er das Reh, bald den Hirsch, bald das Schaf - welchen Nutzen bringt er? Wir argumentierten leidenschaftlich, daß in der Natur alles vernünftig ist und die Taiga ohne den Wolf unvollständig wäre. Der hitzige Alte führte uns Beispiel um Beispiel der Aggressivität und Grausamkeit der Wölfe an: Sie zerfleischen sogar ihre Artgenossen aus einem fremden Rudel! Die Begegnung des Wolfes mit dem Menschen endet mit nichts Gutem. Ich widersprach ihm immer mit einem eigenen Erlebnis. Meine Freundin, ihr fünfjähriger Sohn und ich verbrachten einmal ein Wochenende auf der Lena. Es war warm, und wir schliefen am Feuer unter freiem Himmel. Als wir am Morgen erwachten, konnten wir uns lange Zeit nicht beruhigen. Nur zwei Meter von unseren Füßen entfernt sahen wir im nassen Flußsand die Fährten von vier Wölfen. Sie waren nachts an uns vorbeigezogen, ohne uns anzugreifen. Jegor Kusmitsch erwiderte stets: „Ihr hattet einfach Glück. Der Wolf ist erbarmungslos!"

Kusmitsch erzählte uns auch von der Gründung der Siedlung Kultuk. Der Kultuker Ostrog wurde im Frühjahr 1647 vom Kosakentrupp unter Iwan Pochabow angelegt. Am Baikalufer verläuft die Krugobaikalski Eisenbahn. Gegen-

über der Siedlung sieht man deutlich das Schamanenkap, das einen halben Kilometer in den Baikal ragt. Früher wurden hier die religiösen Rituale vollzogen. Die Burjaten nannten das Kap „Aicha-Schulun" - „Schrecklicher Stein". Am Kap erstrecken sich Strände, auf denen sich die Kinder gerne sonnen. Das Baden ist hier ein Vergnügen, denn die Wassertemperatur ist im Sommer höher als in anderen Buchten; im August erreicht sie siebzehn bis neunzehn Grad.

Das Wort „Kultuk" ist turksprachig und bedeutet „Golf, Ecke, Sackgasse". Auch der Südwind auf dem Baikal trägt diesen Namen. Der Kultuk pflegt Regenwetter zu bringen.

In der Siedlung Kultuk gabelt sich die Straße: die eine führt nach Ulan-Ude, die andere ins Tunkinski Tal und ins Ostsajan. Hier in Kultuk nehmen wir Abschied vom Baikal. Unser Weg nach Irkutsk führt über Moty, Baklaschi und Schelechow. Bis Irkutsk sind es 98 Kilometer.

An der Trasse Kultuk-Irkutsk - es ist eine gut ausgebaute Straße! - findet sich das Wirtshaus „Swjatoi Istotschnik" („Heilige Quelle"), aus dicken Baumstämmen gebaut und im altrussischen Stil dekoriert. Dort gibt es die beste „Napoleon"-Torte ganz Sibiriens: Auch ich halte mich für eine ganz gute Bäckerin, und das Rezept für „Napoleon" habe ich noch von meiner Großmutter. Doch im „Swjatoi Istotschnik" ist sie unvergleichlich gut!

Verpassen Sie das Kaffeehaus „Karetnyj Dwor" („Karosseriehof") nicht. Zwar bietet die Küche nichts Außergewöhnliches, doch bevorzugen die sibirischen Fernfahrer das Café, denn es gibt einen riesigen Parkplatz für ihre Lkws. So können sie ruhig übernachten. Und außerdem gibt es ein ordentliches Abendbrot. Verbringen Sie einfach einen Abend dort und hören Sie zu, und Sie werden reichlich Stoff für die Erinnerung haben! Es geht um Jägergeschichten, Straßenabenteuer und Treffen mit interessanten Passagieren, um Wölfe und Bären. Aus der Masse der Erzählungen wähle ich zwei Geschichten.

Im Winter verlegt man zwischen den Siedlungen an der Baikalküste Eisstraßen. Die fünfzig Zentimeter dicke Eisschicht trägt ein Gewicht bis zu fünfzehn Tonnen, ist das Eis einen Meter dick, dann kann es das Gewicht eines Hubschraubers oder einer Lokomotive tragen. Doch das Eis kann plötzlich reißen. Und gerade dies passierte mit dem Wagen der Schnellen Medizinischen Hilfe, der auf dem Weg nach Sewerobaikalsk schon kurz vor Kap Ryty war: „Wir fuhren um einen Eisspalt herum und stießen auf ein frisches Eisloch, offensichtlich war kurz zuvor ein Auto eingebrochen. Im Loch schwammen Kartons und Papiere. Im Schnee erkannten wir die Spuren von zwei Menschen, wobei anhand der Tropfspuren ersichtlich war, daß sie naß geworden waren. Der Tag war frostig, minus dreißig Grad. Es wehte ein Nordwestwind mit einer Geschwindigkeit von fünf bis sieben Metern pro Sekunde. Die Chance, unter diesen Bedingungen zu überleben, war nahezu gleich Null. Wir folgten der Spur, und schnell entdeckten wir zwei wankende Gestalten. Sie waren so entkräftet, daß sie auf unser Kommen gar nicht reagierten und weiter auf das Ufer zuliefen. Sie sahen fürchterlich aus. Die Kleidung war steif wie ein Harnisch und an den Nähten geplatzt, durch die Löcher sah man die nackte Haut. Nur Kleidung aus reiner Wolle platzt nicht an den Nähten, sol-

Blick auf die Transsibirische Eisenbahn Anfang des 20. Jahrhunderts bei Kultuk

che aus Baumwolle oder Synthetik schon. Die Kleidung war an der Haut festgefroren, wir konnten sie nicht abstreifen, sie hätte Haut mit abgerissen. Die gefrorenen Stellen rieben wir kräftig mit Wodka ein. Irgendwann konnten die beiden doch erzählen: Das Eis riß, der Spalt war sofort wieder mit einer dünnen Eisschicht bedeckt. Der Fahrer bemerkte es zu spät und konnte nicht ausweichen, das Auto stürzte ins Wasser. Das geschah innerhalb von Sekunden. Der Fahrer konnte vom Sitz abspringen. Beim Springen fixierte er im Unterbewußtsein den Rand des Eisloches und griff danach. Der See ist an dieser Stelle über 800 Meter tief. Er schaffte es aus dem Eisloch heraus und half seinem Kollegen. Sie hatten Glück, daß wir in der Nähe waren."
Zwischen dieser und der nächsten Erzählung findet sich in meinem Tagebuch das Volksrezept bei Erfrierungen: Man schneidet eine Kartoffel in zwei Hälf-

ten und legt sie hinaus in die Kälte. Wenn sich ein brauner Belag gebildet hat, schabt man diesen mit dem Messer ab und streift ihn auf einen sauberen Lappen. Den Lappen legt man auf die kranke Stelle. Eitert die Frostwunde, muß zusätzlich eine gebackene Zwiebel oder ein fauler Apfel auf die Wunde gelegt beziehungsweise diese mit ausgelassenem Bärenfett eingerieben werden.

Nun aber die zweite Geschichte: Vor einigen Jahren nahm ich einen ewenkischen Jäger mit. Er kam aus Irkutsk und wollte per Anhalter zurück in die Taiga. Ich frage den Alten: „Gefällt dir die Taiga, da ist es doch schwer zu leben?" Er lachte auf und schüttelte den Kopf: „In der Stadt ist es schwieriger. Ich war in Irkutsk, sollte eine Auszeichnung als bester Zobeljäger bekommen. Man hatte mir die Adresse gegeben. Den Zettel habe ich verloren. Da stand ich nun an einer großen Straße. So viele Menschen! Und alle liefen hin und her. Ich dachte mir: Ich warte. Wenn alle weggelaufen sind, werde ich gehen. Ich stand vor einem großen Haus und wartete. Die Menschen laufen und laufen. Der Kopf schwindelte mir. Da sah ich einen alten Mann. Graumeliert, wichtig. Ich dachte, daß er so grau und alt ist wie ich. Und er wird vieles kennen. Ich fragte: ‚Sag mir, Genosse, wo hier die Medaillen ausgegeben werden.' Er sah mich an und sagte: ‚Sie suchen sicher ein Krankenhaus! Nehmen Sie hier diesen Bus und fahren Sie zwei Stationen.' ‚Was brauche ich einen Bus?' wunderte ich mich. ‚Ich laufe doch dem Zobel nach! Du wohnst aber hier, und wie es scheint, bist du nicht auf dem laufenden.' Ich fragte alle Passanten. Niemand wußte etwas, so ein albernes Volk. Dann verspürte ich Hunger. Ich hatte alles dabei, brauchte nur Holz für ein Feuer, um Tee zu kochen. Ich sah eine Baustelle, drang durch ein Loch im Zaun, fand Holz und kochte Tee im Kessel. Da kam ein Mann angelaufen: ‚Alter, was machst du hier, willst du alles in Brand setzen? Scher dich gefälligst weg.' Ich sagte: ‚Ich werde den Tee austrinken und gehen.' Nach fünfzehn Minuten kommt ein Milizionär: ‚Ihre Papiere?' Ich fing fast an zu heulen: Nie wieder würde ich diese verfluchte Stadt verlassen. Ich wollte nach Hause, zurück in den Wald! ‚Ich bin wegen der Medaille gekommen. War müde. Wollte Tee trinken.' ‚Was für eine Medaille?' ‚Ich bin Jäger, Zobeljäger.' Er nahm mich mit zur Milizstation. Dann kam ein Auto. Man brachte mich irgendwo hin, und ich erhielt die Medaille ‚Für ausgezeichnete Arbeit.' Ich besuchte dann das Theater und andere Stätten. Ich dachte jedoch immer: Daß ich mich nur nicht verirre. Und ein Heimweh hatte ich, zum Heulen. Ich wollte in die Taiga zurück! Ich hätte auch ohne Medaille fahren können. Aber die Leute hätten mich ausgelacht. Und jetzt fahre ich nach Hause. Schluß!"

Vor meiner Abreise aus Irkutsk nahm ich einmal mit einem Spaziergang Abschied von der Stadt. Eine junge Frau verteilte an einer belebten Straße Broschüren von angenehm himmelblauer Farbe an die Passanten. In der Regel nehme ich keine Werbung, aber diesmal ließ ich mir eine Broschüre in die Hand drücken. Das blaue Büchlein hieß „Die Lebensbeschreibung des Propheten Mohammed". Mir gefiel besonders ein Satz, der sich auf jeder Seite wiederholte. Und mit diesem möchte ich die Fernfahrergeschichten beenden: „Nur Allah allein weiß, was davon wirklich wahr ist!"

In der Siedlung Moty zählt zu den Sehenswürdigkeiten ein schöner Schamanenfelsen aus rotem Sandstein, der sich vier Kilometer von der Siedlung entfernt am Ufer des Flusses Irkut erhebt. Im Wald hinter der Siedlung fahren die Bewohner auf dem alten Holzfällergleis, um Preiselbeeren zu sammeln. Wenn man aus Moty Richtung Schelechow fährt, kommt man am „betrunkenen Wald" vorbei. 1994 kam es im September zu einem unerwarteten Wintereinbruch mit heftigem Schneefall. Die Bäume trugen noch ihr Laub, sie bogen sich und brachen unter der schweren Last des Schnees. Keiner der Alteingesessenen konnte sich erinnern, daß eine solche Katastrophe in den letzten hundert Jahren passiert wäre. Der Wald erholte sich in den vergangenen fünfzehn Jahren wieder, nur der Windbruch aus umgestürzten Bäumen erinnert noch an die Katastrophe.

Die Siedlung Baklaschi ist mir aufgrund des überaus leckeren Brotes erinnerlich, das wir im Geschäft „Gorjatschi Chleb" („Frisches Brot") am Ufer des Irkut gegenüber der Schelechowsker Brotfabrik kauften.

Die Stadt Schelchow mit ihren 68 000 Einwohnern liegt im Tal der Flüsse Olcha und Irkut, sechzehn Kilometer von Irkutsk entfernt. Die ersten russischen Siedlungen im Tal des Irkut - Baklaschinskaja und Wwedenskaja Sloboda - werden in den Chroniken des 17. Jahrhunderts erwähnt. Als Arbeitersiedlung entstand Schelechow in den 50er Jahren, der Status einer Stadt wurde ihr am 27. Januar 1962 verliehen. Die junge Stadt ist nach Gregori Schelechow benannt.

Wer war Schelechow? Daran erinnert sich niemand in Schelechow. Und doch ist er der wohl berühmteste „russische Kolumbus". In den Geschichtslehrbüchern ist folgendes zu lesen: „Die Expedition zur Errichtung russischer Siedlungen, bestehend aus 192 Mitgliedern, machte sich am 24. August 1783 mit drei Schiffen - ‚Tri Spasitelja' (‚Drei Heilige'), ‚Swjatoi Simeon Bogopriimez i Anna Prorotschiza' (‚Der heilige Simeon und Anna, die Prophetin') und ‚Archistrat Michail' - unter Leitung Schelechows von Ochotsk aus auf den Weg. Die Reise dauerte vier Jahre. Die Anstrengungen Gregori Schelechows mündeten in der Errichtung zahlreicher russischer Siedlungen auf den Aleuten

und an der Küste des amerikanischen Festlandes. Auf der Strecke vom Ke-
naischen Golf bis zur Bucht Ljtua auf Alaska wurden fünfzehn gußeiserne
Säulen mit kupfernem Staatswappen und den Worten: ‚Land russischen Be-
sitzes' aufgestellt. In den Siedlungen entwickelte sich der Ackerbau, Schulen
für die Eingeborenen wurden eröffnet, viele Inseln erforscht und beschrieben. Der Handel mit den Ureinwohnern florierte. Schelechow träumte davon,
mit der Zeit das ‚Russische Amerika' bevölkert, gedeihend, mit vielen Siedlungen und einer eigenen Hauptstadt - Slaworossija - zu sehen. Die Russen

Unzählige Sagen und Legenden von und über Schamanen gehören zum Leben am
Baikal

beherrschten nach dem Tode Schelechows mittels der Russisch-Amerikanischen Handelskompanie (diese wurde 1775 von Schelechow mitbegründet)
ganz Alaska, viele Inseln und fast die gesamte amerikanische Küste bis Kali-
fornien."
In Schelechow gibt es einige Unternehmen, darunter ein Aluminium- und ein
Kabelwerk. Irkutsk ist nun nicht mehr weit. Die Straße verläuft durch die dichte sibirische Taiga. Sie steigt bald ins Gebirge hoch, bald taucht sie in den
Wald. Bei gutem Wetter kann man die verschneiten Gipfel des Ostsajan sehen. Gleich hinter Schelechow führt eine Brücke über die Transsib.

In Sankt-Petersburg hängt in der Ermitage am Eingang zur Petrowski Galerie eine alte, mit Farbe auf Stoff gemalte Landkarte Sibiriens. Diese Landkarte fertigte der Tobolsker Beamte Semjon Remesow an, Geschichtsschreiber Sibiriens und ein hervorragender Geograph und Kartograph. Für diese Landkarte spendierte ihm Zar Peter I. fünf Goldrubel.

In der Manuskriptenabteilung der Staatlichen Leninbibliothek wird ein anderes Werk des Tobolsker Geographen aufbewahrt: ein Atlas, der in Altrussisch „Gezeichnetes Buch Sibiriens" heißt. Der Atlas weist drei Landkarten auf. In der „Zeichnung des Landes der Irkutsker Stadt" aus dem Jahre 1701 kann man die erste ziemlich genaue Darstellung des Baikal sehen: abgebildet sind mein Lieblingsgolf Tschiwyrkuiski, die Halbinsel Swjatoi Nos und die Insel Olchon sowie die kleine Sajatschi-Insel.

Von allen meinen zahlreichen Reisen erinnere ich mich, ich weiß nicht warum, an die erste und an die letzte besonders gut. Bei diesen Erinnerungen treten mir fast die Tränen in die Augen. Bei der ersten Baikalreise standen wir auf dem Deck der „Komsomolez". Alles begann mit der „Komsomolez". Das Oberdeck - das sind Rucksäcke, Schlafsäcke, ein ganzes Zeltstädtchen wie auf einer riesigen Waldlichtung. Die Irkutsker Studierenden schlugen ihre Zelte zwischen den Wanten auf, die Kiewer „banden" sie am Mast fest, die Moskauer befestigten sie am Haspel. „Schaut, der Schamanenstein!" machten uns die Mitreisenden aufmerksam. Und wirklich erhob sich links auf dem Weg zum Hafen Baikal, am Abfluß der Angara der einsame Stein. Er war grau, unscheinbar und schien durch nichts aufzufallen. Aber die Kenner, die den Baikal bereits mehrmals besucht hatten, erzählten uns eine Legende nach der anderen über den Schamanenstein:

Es ist lange her..., so beginnen alle burjatische Sagen. Am Baikal lebte der böse Schamane. Alles gehörte ihm. Der Wald rauschte nicht, wenn er betete. Der Schamane war habgierig, er entließ aus seinem Besitz nicht einmal ein dummes Küken. Vögel und Tiere baten ihn eines Tages, er möge sie ziehen lassen, damit sie sich hinter den Hügeln tummeln könnten. Der Schamane war erzürnt und befahl seinen Dienern, Berge rund um den Baikal zu errichten, die so hoch sein sollten, daß kein Tier und kein Vogel sie überwinden konnten. Das ganze Reich erstarrte. Dann kam die Zeit, daß der Schamane sterben mußte. Er rief seine Diener zu sich und sagte, daß sie Wasser ablassen sollten, vielleicht werde es ihm dann leichter. Die Diener versetzten einen Fels, und das Wasser strömte. Die Tiere lebten auf, die Vögel sangen, der Wald rauschte. Der böse Schamane aber kam nicht wieder zu sich. Er war schon nicht mehr am Baikal. Der Fels aber steht noch und heißt Schamanenstein.

Eine andere Legende kommt der Wahrheit vielleicht näher. Derselbe Schamane oder ein anderer - gütigerer - Schamane stellte den Stein an der Stelle auf, an der die Angara den Baikal verläßt. Er sollte verhindern, daß sich das gesamte Wasser aus dem Baikal ergießt. Alte Menschen erzählten folgendes: Wird der Schamanenstein entfernt, erzürnt sich der Baikal und zerstört Irkutsk. Dem ist tatsächlich so: Denn der Stein ist der Gipfel des Unterwasserbergkammes, der wie eine Sperre den Abfluß der Angara kontrolliert. Der Stein ist gleichsam ein Wassermesser: Als sich 1858 der Spiegel des Baikal hob und der Stein von Wasser bedeckt war, wurde Irkutsk überschwemmt. Im Frühjahr 1932 ragte nur noch der Gipfel des Schamanensteines aus dem Wasser heraus. Alle Irkutsker kamen zusammen, um einen Eiswall um die Stadt zu errichten. Zwei Nächte haben sie nicht geschlafen, die Stadt wurde jedoch gerettet.

Nach diesen Erzählungen wollten wir gleich den Schamanenstein besuchen, das linke Angara-Ufer war jedoch schon verschwunden: Wir waren auf offenem Meer. Auf der einen Seite das Panorama des Primorsker Bergkammes. Er ist nicht allzu hoch. Der höchste Gipfel heißt „Golez Trjochglawy" („Dreiköpfiger Findling") und ragt in eine Höhe von 1 728 Metern. Dann ziehen sich bewaldete Hügel, Hügel und Hügel. Und die felsigen Granithänge des Ufers. An Deck war es kalt, und ich zog alles übereinander an, was ich bei mir hatte. Der Dampfer steuerte Listwjanka an, und als die weißen Häuserblöcke zu sehen waren, wies jemand auf ein dreistöckiges Haus am Ufer: „Sie mal, das ist das Baikalische Limnologische Institut. Dort gibt es ein hervorragendes Museum! Das mußt du unbedingt besuchen..." So fing es also an.

Die letzte Reise machten wir mit dem Auto entlang dem südlichen Baikalufer. Wir stellten das Auto in Kultuk ab, um vom Baikal Abschied zu nehmen. Das Meer war still und türkisblau. Die Wellen der Brandung spülten an das Ufer und rollten wie spielende junge Katzen auf den Kies, zischten und zogen sich zurück. Es war kaum zu glauben, daß bald der „Kultuk" aufkommen würde, der die Wellen hoch peitschen läßt.

Noch aber genossen wir einen warmen, sonnigen Tag und den malerischen unbeschwerten Baikal. Plötzlich fiel uns eine Gruppe von Menschen auf. Sie war gerade angekommen, ausgeladen wurden irgendwelche Apparate. Wie sich herausstellte, war es ein Fernsehteam. Sie drehten einen Film über ein minderjähriges Mädchen, das in der Sendung „Erfüllung Deiner Träume" gesiegt hatte. Das Mädchen war todkrank; ihr Traum war, den Baikal zu besuchen. Ein Traum, der ihr jetzt erfüllt wurde.

Irkutsk

Irkutsk ist die größte Stadt in der Nähe des Baikal und zählt etwa 593 500 Einwohner. Anton Tschechow schrieb, als er Irkutsk passierte: „Irkutsk ist eine hervorragende Stadt. Ganz intelligent. Ein Theater, ein Museum, gute Hotels, und im Stadtgarten gibt es Musik. Es ist besser als Jekaterinburg und Tomsk. Es ist ganz Europa."
Die Geschichte der Stadt ist wechselhaft und interessant. Auf der Landkarte Sibiriens erschien Irkutsk Mitte des 17. Jahrhunderts. Alles begann mit einem Ostrog, den man am 6. Juli 1661 zu errichten begann. Irkutsk sollte das „Fenster" nach Osten werden, um Rußlands Wege zum Pazifischen Ozean nutzbar zu machen. Alle Expeditionen, die die russische Regierung in den Fernen

Blick auf Irkutsk und die Angara zu Beginn des 20. Jahrhunderts

Osten, nach Jakutien, in die Mongolei, nach China und Alaska entsandte, wurden in Irkutsk zusammengestellt. Von hier aus wurde die Besiedlung der Ufer des Amur in die Wege geleitet. In Irkutsk organisierte man Verpflegung und Ausrüstung für die Bering-Expedition. Hier wurde das Kontor der Russisch-Amerikanischen Handelskompanie eröffnet, die ab den 80er Jahren des 18. Jahrhunderts die Besiedlung und Urbarmachung der neuen Ländereien von der Küste Alaskas bis Japan maßgeblich beförderte und den Handel entwickelte. Über Irkutsk reisten die Botschafter des Zarenreiches nach Peking und liefen die Handelswege in die Mongolei und nach China. Der Großhandel in Ostsibirien konzentrierte sich vorwiegend in den Händen der Irkutsker Kaufleute. In der ersten Hälfte des 19. Jahrhunderts nahm Irkutsk nach sei-

ner Größe den ersten Platz unter allen Städten Sibiriens ein und war das Verwaltungs- und Kulturzentrum des riesigen Territoriums vom Jenissej bis zum Stillen Ozean.

Erste Erwähnungen über die Verbannung nach Sibirien trifft man in den Dienstvorschriften Dschingis Khans im 12. Jahrhundert: Es gab unter den Mongolenherrschern zwei Strafen - die Todesstrafe und die Verbannung nach Sibirien. Für die ganze Welt war die rauhe sibirische Region während vieler Jahrzehnte im 19. und 20. Jahrhundert die Inkarnation des Gefängnisses. Schon Ende des 19. Jahrhunderts kam ein Zuchthäusler auf zwei alteingesessene Sibirier. In Irkutsk lebten zu unterschiedlichen Zeiten die verbannten Dekabristen, die 1825 Zar Nikolai den Treueeid verweigerten, Petraschewzen, die ab Mitte der 40er Jahre des 19. Jahrhunderts gegen den zaristischen Despotismus und die Leibeigenschaft auftraten, polnischen Aufständischen, Narodowolzen (Volkstümler des ausgehenden 19. Jahrhunderts) und Bolschewiki. Ihr Einfluß auf die kulturelle Entwicklung der Stadt und deren Verwandlung zum geistigen und kulturellen Zentrum Ostsibiriens war bedeutend.

Das Irkutsker Stadtwappen ist ein silberner Schild, auf dem der königliche Barbus (Tiger) abgebildet ist, der mit einem Zobel im Maul über ein grünes Feld läuft. Der Barbus symbolisiert Weisheit und Macht, der Zobel ist Sinnbild für den Reichtum Sibiriens. Die erste urkundliche Erwähnung des Irkutsker Stadtwappens stammt aus dem Jahre 1690.

Irkutsk steht auf der Liste historischer Siedlungspunkte mit alter Architektur und historischer Stadtplanung. Von den sibirischen Städten wurden 1970 nur Irkutsk und Jenisseisk in die Liste der 115 russischen Städte aufgenommen, die den Titel „historische Städte" erhielten.

1997 wurde Irkutsk im Zuge eines internationalen Wettbewerbes in die Liste der hundert Städte aufgenommen, in die bevorzugt Investitionen zur Bestandswahrung, für die Rekonstruktion und Restauration gelenkt werden sollen. Insgesamt 400 Bewerber hatten an diesem Wettbewerb teilgenommen. Unter den teilnehmenden russischen Städten lag Irkutsk vor Kischi, Moskau, Sankt-Petersburg und Zarskoje Selo.

In Irkutsk gibt es 685 historische und Kulturdenkmäler, davon sind 108 von föderaler Bedeutung. Von größtem Interesse sind die im Zeitenlauf entstandenen Architekturdenkmäler im ältesten Stadtteil - die Spasski-Kirche und die Bogojawlenski Kathedrale, das Denkmal für Zar Alexander III. und das Gebäude der Ostsibirischen Abteilung der Russischen Geographischen Gesellschaft.

Die Spasski-Kirche (Erlöserkirche, erbaut 1706 bis 1710) ist in der Uliza Su-che-Batora 2 zu finden. Die Kirche wurde vom Baumeister M. Dolgich er-richtet und war der zweite Backsteinbau in Irkutsk. Sie ist der älteste bis heu-te erhaltene Backsteinbau in ganz Ostsibirien. Am 1. August 1710 wurde das Gotteshaus geweiht. Die Kirchenfahne mit dem Heilandsbild, die laut Über-lieferung die Russen mitbrachten, als sie an der Mündung des Irkut in die An-gara einen Ostrog zu errichten begannen, wurde aus der alten Holzkirche in die Kathedrale gebracht. Die Spasski-Kirche war damals die Kathedrale, das heißt die Hauptkirche der Stadt.

Ende 1850 bis 1860 wurde der Glockenturm gebaut, dessen Spitze fünfzig Meter hoch in den Himmel ragt. Anfang des 19. Jahrhunderts waren die Kir-chenfassade und der Innenraum mit Fresken geschmückt worden. Diese Ma-lerei ist ein einzigartiges Beispiel der sakralen Kunst und sucht ihresgleichen vom Ural bis zum Stillen Ozean.

Das monumentale Außenpanneau an der Ostfassade besteht aus drei Bild-nissen. Links ist die „Taufprozession am Wasser" zu sehen, das heißt die Tau-fe der burjatischen Bevölkerung. Der rechte Teil der Komposition zeigt die Heiligsprechung des Irkutsker Bischofs Innokenti Kultschizki. In der Mitte fin-det sich die Taufe Christi.

Während der Sowjetzeit war in der Spasski-Kirche die Reparaturwerkstatt für Filmausrüstungen des Gebiets Irkutsk untergebracht. Unter der Leitung der Moskauer Architektin Galina Oranskaja wurden 1960 die Restaurierungsar-beiten aufgenommen. Der Mangel an Großziegelsteinen wurde schnell zum Problem. Um Abhilfe zu schaffen, wurde eine spezielle Produktionslinie für Großziegelsteine in der Lissichinsker Ziegelei aufgebaut. Nach Abschluß der Restaurierung im Jahre 1982 wurde im Gebäude der Spasski-Kirche der Aus-stellungssaal des Irkutsker Gebietsmuseums für Heimatkunde eröffnet.

Die Bogojawlenski Kathedrale (Kathedrale zu Christi Erscheinen, 1718 bis 1726) findet sich am Nischnaja Nabereschnaja. Die Geschichte des Gottes-hauses geht zurück in das Jahr 1693, als die ersten Bewohner des Irkutsker Ostrog eine Holzkirche errichteten. Sie fiel dem großen Brand im Jahre 1716 zum Opfer. Der Bau der Kathedrale aus Backstein wurde 1718 begonnen, die ersten Altäre wurden 1724 geweiht. Die Bogojawlenski Kathedrale galt bis zur Einweihung der Kasaner Kathedrale im Jahre 1894 als Hauptkirche der Stadt. In der Vorhalle der Kathedrale wurden die wichtigsten Ukase und Ma-nifeste verlesen, hier versammelten sich die Menschen an Festtagen und in Zeiten der Not.

Für die Außengestaltung der Kathedrale wurden erstmals Ornamente ver-wendet, für das rund 300 vielfarbige emaillierte Kacheln mit Darstellungen

von Blumen und Märchengestalten aus halb vergessenen heidnischen Sagen genutzt wurden. Das Geheimnis der Kachelproduktion geriet leider in Vergessenheit. Das Dekor weist eine Mischung aus altrussischen Sujets und Ba-

Die Spasski-Kirche ist die älteste Kirche in Irkutsk

rockelementen auf. Dem Gotteshaus liegt also zugrunde, was Kunsthistoriker später als „sibirischen Barock" zu charakterisieren pflegten.
Die Bogojawlenski Kathedrale wurde 1934 geschlossen. Die Räumlichkeiten beherbergten eine Produktionshalle der Brotfabrik und ein Wohnheim, im Hauptglockenturm war das Salzlager untergebracht. Das Gotteshaus wurde in den 90er Jahren restauriert und der Kirche zurückgegeben.
Das Denkmal für Zar Alexander III. ist das einzige monumentale Kunstwerk, das als Nachbildung aus der vorrevolutionären Zeit in Irkutsk überliefert ist. Anläßlich des abgeschlossenen Baus der Transsibirischen Eisenbahn wurde der Beschluß gefaßt, den Zaren, der als Schutzherr des sibirischen Eisen-

bahnvorhabens wahrgenommen wurde, mit drei Denkmälern zu ehren. Das Denkmal in Irkutsk war das erste, es folgte 1909 das in St. Petersburg; 1912 wurde das Alexander-Denkmal in Wladiwostok enthüllt.

Der Allrussische Wettbewerb für die Errichtung des denkwürdigen Monuments in Irkutsk wurde 1902 eröffnet. Der Entwurf des Bildhauers Robert Bach, der die Figur Alexanders III. auf ein Granitpodest stellte, wurde als bester ausgezeichnet. Am 30. August 1908 wurde das Denkmal in Irkutsk enthüllt. Auf den vier Seiten des Monuments finden sich Bronzereliefs historischer Persönlichkeiten, die der Entwicklung Sibiriens ihren Stempel aufgedrückt haben. Die Reliefs wurden in St. Petersburg gegossen. Die polierten Granitblöcke kamen aus Finnland. Auf der der Angara zugewandten Seite sehen wir das Relief von Nikolai Murawjew-Amurski, 1838 bis 1861 Generalgouverneur Ostsibiriens. Sein Name ist mit dem friedlichen Anschluß der riesigen Amurregion an Rußland und mit der Unterzeichnung des Aigunsker Vertrages mit China im Jahre 1858 verbunden. Mit diesem Vertrag wurde die russisch-chinesische Grenze im Gebiet des Amur festgelegt. Auf der nördlichen Seite befindet sich das Hochrelief von Michail Speranski, 1819 bis 1821 Generalgouverneur Ostsibiriens. Er leitete weitreichende Verwaltungsreformen in die Wege. Die östliche Seite ziert ein Doppeladler, der in seinen Klauen eine Papierrolle, den Zarenreskript, adressiert an den Thronfolger Zarewitsch Nikolai Alexandrowitsch hält: „Ihre Kaiserliche Hoheit, als Sie nach einer langwierigen Reise im Russischen Land angekommen waren, legten Sie am 19. Tag im Mai 1891 auf meine Anordnung hin den Grundstein für den von Uns vorgezeichneten Bau der durchgehenden Sibirischen Eisenbahnlinie. Heute beauftrage ich Sie, Sie zum Vorsitzenden des Komitees der Sibirischen Eisenbahn ernennend, diese Angelegenheit des Friedens und der aufklärerischen Arbeit Rußlands im Osten zu Ende zu führen. Soll der Allerhalter helfen, das Unternehmen, das Uns so nahe am Herzen liegt, zusammen mit jenen Vorschlägen, die zur Besiedelung und industriellen Entwicklung Sibiriens beitragen, zu verwirklichen. Ich glaube fest, daß Sie die Hoffnungen von Uns und Unserem geliebten Rußland rechtfertigen. Von ganzem Herzen Sie liebend Ihr Alexander." An den Ecken des Sockels sind die Wappen Sibiriens, des Irkutsker und des Jenisseiser Gouvernements und des Jakutsker Gebietes dargestellt. Rechts vom Doppeladler findet sich das Wappen von Irkutsk.

Während der Feierlichkeiten zum 1. Mai 1920 wurde die Statue des Zaren und die Bronzeaufschriften auf dem polierten Granit „Dem Zaren Alexander III." und „Vom dankbaren Sibirien" gemäß dem Dekret „Über die Denkmäler" entfernt. Das zerlegte Standbild lag einige Jahre im Hof des Geographischen Museums. Sein weiteres Schicksal ist unbekannt. Am wahrscheinlichsten ist,

daß es eingeschmolzen wurde. 43 Jahre blieb das Podest leer. 1963 wurde auf den Sockel eine Betonpyramide nach einem Entwurf des Architekten Wladimir Schmatkow montiert. Das Monument nannte man „Denkmal für die Pioniere Sibiriens".

Am 24. April 2002 billigte die Stadtverwaltung von Irkutsk den Vorschlag der Ostsibirischen Eisenbahn, das Zarendenkmal wiederherzustellen. Die 4,95 Meter hohe Skulptur wurde rekonstruiert und im Kombinat „Skulptura" nach dem Entwurf des Bildhauers und Mitglieds der Akademie der Künste der Russischen Föderation Albert Tscharkin gegossen. Im Oktober 2003 wurde die Figur Alexanders III. feierlich auf den Sockel gehoben. Die Gesamthöhe des Denkmals beträgt 13,45 Meter. Es wurde vorwiegend aus den Mitteln der Ostsibirischen Eisenbahn finanziert.

Mein Lieblingsplatz in Irkutsk ist die Altstadt. In keiner anderen sibirischen Stadt gibt es eine so wunderbare Holzarchitektur und solch eindrucksvolle Schnitzereien wie in Irkutsk. Unter allen sibirischen Städten sind nur in Irkutsk und Tobolsk die pittoresken Winkel der alten Holzbauten aus dem 19. Jahrhundert erhalten.

Die Tradition, die Häuser mit Schnitzarbeiten und Malereien zu schmücken, stammt aus heidnischen Zeiten. Unsere Vorfahren waren der Meinung, daß Schnörkel und Ornamente magische Zeichen waren, die das Haus gegen böse Kräfte schützten, Wohlstand brachten und dem Besitzer gute Ernteerträge sicherten. Wohlhabende Hausbesitzer schmückten ihre Herrenhäuser mit vielreihigen Holzspitzen. Die sibirischen Meister perfektionierten mit der Zeit ihr geometrisches Ornament. Neben Rhomben, Quadraten, pfeilartig durchbrochenen Mustern trifft man immer öfter auf kunstvolle Rosetten, Voluten (schneckenförmig verziertes Element) und gezackte Sterne. Mit einzigartigen Ornamenten bedeckte man die Pfeiler der Tore und Türen.

In der Geschichte der russischen Schnitzarbeiten nehmen die Irkutsker Fensterverkleidungen im Stil des sibirischen Barocks einen besonderen Platz ein. Eine solche Vielfalt und Vollkommenheit in der Fertigung der Voluten trifft man in keiner anderen Stadt Sibiriens oder des europäischen Teils Rußlands. Die Voluten gehören zu den komplizierten Hochreliefs bei der Verkleidung von Holzhäusern. Diese Arbeit wurde mit Meißel, Messer und Stemmeisen ausgeführt und verlangte vom Meister hohes Können. Das breite Oberbrett der Fensterfassung wurde oft mit feinem Ornament dekoriert. Die Fensterverkleidungen und Fensterläden waren blendend weiß gestrichen. All das verlieh den Häusern ein besonders feierliches Aussehen.

Die Holzarchitektur kann man unweit der zentralen Straßen der Stadt ken-
nenlernen. Wenn man vom Lenindenkmal etwa einen halben Kilometer die
Leninstraße hoch zur Krestowosdwischenskaja Kirche geht, kommt man in
die alten Stadtviertel von Irkutsk mit ihren charakteristischen Holzbauten.
Die Timirjasew-Straße ist eine der wenigen, die während des Brandes 1879
nicht in Mitleidenschaft gezogen wurde, und die Häuser an der Podgornaja-
und der Lapina-Straße bieten mit ihren Gesimsen und Fensterverkleidungen,
Türen und Veranden überaus interessante Beispiele der Holzschnitzkunst. An
stilisierten Darstellungen von Blättern, Blumen und Ornamenten aus inein-

Die Heilig-Kreuz-Kirche wurde Mitte
des 18. Jahrhunderts im Stil
des „sibirischen Barocks" erbaut

Im Oktober 2003 wurde ein
neues Denkmal für Zar Alexander III.
enthüllt

ander übergehenden Kreisen, alles fein geschnitzt, kann man sich bis heute
erfreuen.
Sehr aufschlußreich ist der Besuch des „Museums der Dekabristen". Das Museum wurde am 29. Dezember 1970 in dem Haus eröffnet, dessen Geschichte mit der Familie von Sergej Trubezkoi, dem Führer des Dekabristenauf-
standes, verbunden ist. Das kleine Herrenhaus in der Arsenalnaja Straße wurde Mitte des 19. Jahrhunderts für eine seiner Töchter errichtet.
Von 1845, dem Jahr der Verbannung der Familien Trubezkoi und Wolkonski
nach Irkutsk, bis zur Amnestie im Jahre 1856, war die Hauptstadt des Gou-

vernements elf Jahre das Zentrum der Dekabristenkolonie Ostsibiriens. Die politischen Verbannten beeinflußten die kulturelle und politische Entwicklung Sibiriens positiv.

Die ständige Ausstellung des Museums berichtet vom Leben der Dekabristen im riesigen „Zuchthaus" Ostsibirien in den Jahren 1826 bis 1856. Gezeigt werden persönliche Dinge der Familie Trubezkoi sowie Möbel, Stickereien der Fürstin Trubezkaja und Malereien ihrer Tochter.

Nach dreißig Jahren Verbannung wurden die Dekabristen 1856 amnestiert. Von den 121 nach Sibirien verbannten Dekabristen hatten neunzehn überlebt, sechzehn von ihnen kehrten in den europäischen Teil Rußlands zurück. Wer sich für die Kunst Sibiriens interessiert, sollte das Irkutsker Kunstmuseum besuchen. Es nennt eine Kollektion von 14 000 Gemälden sein eigen, darunter eine überaus reiche Sammlung sibirischer Ikonen.

An der Ecke des Gagarin-Prospekts und der Karl-Marx-Straße hat das 1782 gegründete Landeskundemuseum des Irkutsker Gebietes seine Türen geöffnet. In diesem Museum kann man sich mit der Ethnographie Sibiriens bekanntmachen, beinahe alle Völker Sibiriens sind hier vertreten. Das Museum besitzt die größte Sammlung zum Thema Schamanismus in Rußland.

Das Museumsgebäude wurde 1882 bis 1883 im maurischen Stil nach dem Entwurf des Architekten Baron Heinrich Rosen gebaut. Auf dem Fries sind 22 Namen prominenter russischer und ausländischer Wissenschaftler - Baikal- und Sibirienforscher - eingemeißelt: Ferdinand Wrangel, Vitus Bering, Gerard-Friedrich Miller, Alexander Middendorf, Alexander von Humboldt und andere mehr.

Unter den berühmten Baikalforschern seien fünf Namen besonders hervorgehoben:

Daniel Gottlieb Messerschmidt (1685 bis 1735). Der gebürtige Deutsche war der erste Wissenschaftler in der Baikalregion, von ihm stammt die erste wissenschaftliche Beschreibung des Binnengewässers. Auf Geheiß Peter I. reiste er zehn Jahre lang durch Sibirien. Er hinterließ die vielbändige „Beschreibung Sibiriens".

Johann Gottlieb Georgi (1729 bis 1802). Mitglied der St. Petersburger Akademie der Wissenschaften (1783), gebürtiger Deutscher. Er leitete die Expedition von Peter Simon Pallas zur Erforschung des Baikal. Auf einfachen Fischerbooten bereiste er den See und gab eine detaillierte Beschreibung des Küstenverlaufs. Er ist der Verfasser des ersten verallgemeinernden Werkes über die Völker Rußlands.

Iwan Tscherski (1845 bis 1892). Der größte Erforscher Ostsibiriens ist gebürtiger Pole. Für die Teilnahme am polnischen Aufstand von 1863 wurde er nach Sibirien verbannt, wo er sich wissenschaftlichen Studien widmete. Er erforschte eingehend den geologischen Aufbau der Baikalufer und stellte die erste geologische Landkarte der Baikalküste zusammen.

Benedikt Dybowski (1833 bis 1930). Der polnische Zoologe wurde ebenfalls für die Teilnahme am polnischen Aufstand 1863 nach Sibirien verbannt. Er beschrieb die Naturbedingungen und die Fauna des Baikal, untersuchte das

187

Typische Schnitzereien an einem Haus in der Altstadt von Irkutsk

Bodenrelief sowie Strömung und Temperatur im See. Er war seit 1928 ausländisches Mitglied der Akademie der Wissenschaften der UdSSR.

Wladimir Obrutschew (1863 bis 1956). Der Geologe und Geograph gilt als „Vater der Geologen Sibiriens" und war seit 1929 Mitglied der Akademie der Wissenschaften der UdSSR. Er erforschte Sibirien und Zentralasien. Von ihm stammt die erste wissenschaftliche Beschreibung des Ursprungs der Baikalniederung. 1889 bis 1891 widmete er sich umfassenden geologischen Studien.

Die zentrale Straße von Irkutsk heißt Karl-Marx-Straße. Sie erstreckt sich zwei Kilometer vom Ufer der Angara. Am Ufer ankert der Eisbrecher „Angara", der als Museum dient. Dort kann man die Ausstellung „Die Geschichte des Schiffsverkehrs auf dem Baikal" besuchen.

Mich verbindet und verband vieles mit Irkutsk. Einer meiner Lieblingsorte befindet sich in der Suche-Batora-Straße 1. Dort hatte das Ostsibirische Studio für Filmchronik seinen Sitz, in dem meine Freunde, die wie ich die Moskauer Filmhochschule absolviert hatten, arbeiteten. Einer der interessantesten Dokumentarfilme, die in diesem Studio entstanden, hieß „Es waren einmal sieben Simeons" unter der Regie von Herz Frank und Wladimir Eisner. Dieser Film aus dem Jahre 1989 wurde wie kein anderer Dokumentarfilm der damaligen Zeit diskutiert.

Das Landeskundemuseum wurde 1782 gegründet

1988 kidnappten eine Mutter und zehn ihrer Kinder eine Tupolew 154C mit 76 Passagieren an Bord, die sich auf dem Weg von Irkutsk über Kurgan nach Leningrad befand. In Irkutsk war die Familie von Ninel Owetschkina allen bekannt! Es war das berühmte sibirische Ensemble „Sieben Simeons", das sich einen Namen mit seinen Jazzkompositionen - wir nannten ihren Stil „Sibirischen Jazz" - gemacht hatte. Die sieben Brüder im Alter zwischen acht und 26 Jahren waren ausgesprochen begabt, sie improvisierten und sangen frei. Alle wußten, daß sie von der alleinstehenden Mutter erzogen wurden. Ihr Leben war schwer. Für ihre Instrumente mußten sie jahrelang sparen. Als die Mutter nach der Geburt des elften Kindes den Orden „Heldenmutter" erhielt und zwei Drei-Zimmer-Wohnungen in Irkutsk zugewiesen bekam, gratulierte die ganze Stadt! Die Familie hatte zuvor am Rande von Irkutsk in einem kleinen Häuschen gewohnt.

Niemals werde ich ein Konzert der „Sieben Simeons" von 1987 vergessen. Man ließ sie nicht von der Bühne. Sie spielten und spielten. Aus der Zuschauermenge wurde der Ruf laut, eine Jazzimprovisation unseres geliebten Volksliedes „Ruhmreiches Meer, heiliger Baikal" zu geben. Und sie begannen zu spielen. Bald tauchte die Melodie auf, bald verschwand sie, und doch hörten wir den Wellenschlag, das Heulen des Windes und das Rollen des Donners. Der flüchtige Zuchthäusler schwamm durch den Baikal. Und das Leben war rauh, ein Knäuel ganz und gar nicht einfacher Lebensläufe, von Leidenschaften, Schlechtigkeiten und Schönheit. Es schien, daß jeder der Anwesenden beim Zuhören versuchte, sich über sich selbst und den eigenen Seelentrubel klar zu werden. Die Musiker improvisierten so herrlich, mit solcher Liebe und einem solchen Verständnis, daß es schien: Alles wird gut, und der flüchtige Zuchthäusler wird das rettende Ufer erreichen. Die Melodie brach abrupt ab, ohne Antwort zu geben. Brandender Applaus und Begeisterungsrufe!

Wie man bei unserem „Schwanensee" an Kristallkronleuchter, Samtvorhänge, begeistertes Schweigen und heimlich verzehrte Schokoladenpralinen denkt, so sind die Konzerte der „Sieben Simeons" untrennbar mit den riesigen sibirischen Kulturhäusern aus Beton, Menschen mit Pelzmützen, Zigarettenqualm und unendlichen Vorhängen verbunden.

Am 8. März 1988 entführte die Familie das Flugzeug. Es fehlte nur die älteste Tochter Ludmilla. Sie wußte nichts von der geplanten Flucht ins Ausland. Sie zog ihre drei Kinder groß und lebt noch heute in der Bergarbeiterstadt Tscheremchowo bei Irkutsk.

Als die Familie die Entführung beschloß, setzte sie fest: Wenn es nicht klappt, begehen alle „Sieben Simeons" zusammen mit der Mutter Selbstmord. Die jüngsten Geschwister sollten am Leben bleiben.

Das Flugzeug startete in Irkutsk und nahm Kurs auf Leningrad. Nach der Zwischenlandung in Kurgan übergaben die Brüder den Piloten einen Zettel mit der Forderung, nach London zu fliegen. Sie träumten davon, von dort aus nach Amerika, in die Heimat des Jazz, zu kommen, hofften auf eine lichte Zukunft. Auf Befehl vom Boden landete die Maschine vor Verlassen des sowjetischen Luftraumes bei Wyborg, angeblich um „aufzutanken". Die Brüder und die Mutter verstanden, daß sie betrogen worden waren. Der Trompeter Dmitri erschoß zuerst eine Stewardeß und dann sich selbst. Der älteste Sohn Wassili, 26 Jahre und Leiter des Ensembles, erschoß seine Mutter auf ihre Bitte und dann sich selbst. Dann brachten sich Oleg und Alexander um. Als das Sonderkommando das Flugzeug stürmte, war schon alles vorbei. Olga und ihre kleinen Geschwister - Tanja, Sergej, Uljana und Michail - blieben am Leben. Und auch der siebzehnjährige Igor wollte oder konnte sich nicht das Le-

ben nehmen. Die Erstürmung des Flugzeuges verlief Zeitungsberichten zufolge sehr „unprofessionell": es gab neun Tote und 35 Verletzte, darunter der kleine Serjoscha Owetschkin. Die Maschine brannte völlig aus.

Von der Geschichte dieser Familie berichteten die Irkutsker Dokumentarfilmer. Zwanzig Jahre sind seitdem vergangen. Von den Überlebenden ging nur Michail ins Ausland. Als talentierter Trompeter spielt er jetzt irgendwo in Spanien. Gerade er war es, der in Kinderjahren das russische Volksmärchen „Sieben Simeons" über die einträchtigen Brüder geliebt hatte. Und der Name des Märchens wurde damals zum Namen des Ensembles.

Das Studio für Dokumentarfilme arbeitete bis 1938 in der römisch-katholische Kirche. 1831 und 1863 hatte der Zar 12 000 polnische politische Häftlinge, Teilnehmer der nationalen Befreiungsaufstände 1830 und 1863 bis 1864, nach Sibirien verbannt. Sie errichteten diese Kirche. Heute befindet sich hier der Orgelsaal, und es werden wieder Gottesdienste gefeiert.

Zeit, Zeit - und wir sind ihre Kinder! Ja, vieles verändert sich - aber es gibt Unveränderliches. Meine Liebe zu Sibirien, zur Lena, zum Baikal, zu meinen Freunden bleibt mir. Die Verbindung der Zeiten ist nicht abgerissen. „Alles währt und dauert... Nur das Leben veränderte und verändert sich..."

Mit Irkutsk ist eine sehr persönliche Geschichte verbunden. Freunde, die nach Irkutsk reisen, bitte ich stets, rechts von der Kirche der Geburt Christi an der Graschdanskaja Straße Blumen auf den Boden zu legen. An dieser Stelle stand das Haus meines Freundes. Am 6. Dezember 1997 stürzte das größte Transportflugzeug der Welt „Ruslan", das zwei Militärflugzeuge an Bord hatte, auf das Haus. „Ruslan" hatte vierzig Tonnen Treibstoff an Bord. 72 Menschen kamen bei der Katastrophe ums Leben. Darunter mein Freund Alexander.

Ich kannte ihn sehr gut, ich schätzte seine Treue und Ehrlichkeit. Auf dem Baikal „sieht" man den Menschen deutlich. Wenn er heimtückisch ist, zeigt sich dies sofort, wenn er feige ist, tritt dies in vielen kleinen Dingen an den Tag, Ehrlosigkeit kann man nicht verstecken. Auf dem Baikal gilt die menschliche Wahrheit - über andere nur Gutes denken, das Schwierige übernehmen, damit es den anderen leichter ist. Alexander war ein tapferer Mensch, der auch alleine auf dem Baikal schipperte oder eine Taigawanderung unternahm. Er kannte und liebte unser sibirisches Meer. Er hat verschiedenen gefährlichen Situationen getrotzt. Gestorben ist er zu Hause. Anläßlich des Unfalls errichtete man an der Absturzstelle die Kirche der Geburt Christi.

„Wenn ich einen heißen Kopf bekomme und streite, werde ich mich und die Idee erniedrigen...", meinte eine Person bei Dostojewski. Deshalb zügele ich mich und ermahne mich immer - du darfst keinen heißen Kopf bekommen und die „Idee" erniedrigen, du mußt ruhig und besonnen sein. Aber es funktioniert schlecht! Man möchte jemanden finden, der Schuld trägt und ihn bestrafen! Für die Verschmutzung des Baikal, für Flugzeugabstürze, dafür, daß von den baikalischen Freunden der eine zum obdachlosen Bettler geworden ist und der andere - mit Energie und Talent - die soziale Leiter aufgestiegen ist und mit einer Kugel im Kopf im Aufgang seines eigenen Hauses starb. Wer ist schuld? Es gibt keinen „an allem schuldigen Herrn", es gibt nur die Grube, die wir wie im Roman Andrej Platonows gemeinsam gegra-

Blick auf das heutige Irkutsk

ben haben. Wirklich gegraben haben. Und dabei sahen wir und sahen nichts... Ich möchte meine baikalischen Erinnerungen nicht mit dem fatalen russischen „Klagen über Unverwirklichtes" beenden. In unserer russischen Alltagssprache gibt es einen Spruch, meist bezieht er sich auf Geld: „Reicht es Ihnen fürs Leben?" „Es reicht fürs Leben." Die Sibirier sind eine besondere Gattung des russischen Menschen, stets reichte es ihnen, um zu verstehen, was gut, wahr und schön ist. Sie wissen, daß jeder Schmerz überwindbar ist, jedes Leiden durch die Seele geht. Und daß ihre Liebe zum Baikal dasjenige ist, ohne das es unmöglich, undenkbar und unnötig ist zu leben.
In Irkutsk lebt der bekannte Schriftsteller Valentin Rasputin. Er wurde 1937 im Dorf Ust-Uda an der Angara geboren, absolvierte die Philologische Fa-

kultät der Irkutsker Universität, arbeitete als Journalist in Irkutsk und Krasnodar, dann erschienen seine ersten Bücher. Sein wohl bester Roman ist „Abschied von Matjora", der 1976 herausgegeben wurde. Der Roman handelt davon, daß mit dem Bau des Bratsker Wasserkraftwerkes schweigend ganze Städte, Tausende Kirchdörfer, Friedhöfe, auch sein Heimatdorf im Wasser verschwunden sind. Anscheinend haben alle recht: Das Land kann nicht ohne Energie, ohne Wasserkraftwerke leben! Die Seele schmerzt jedoch: So vieles ging verloren! Wir könnten uns weiter hinter der Staatsräson und der „natürlichen Entwicklung" verschanzen. Rasputin aber eröffnete uns am Beispiel seines Dorfes, was das ist, die „natürliche Entwicklung", die hundertmal mehr ausrottet, als sie schafft. Dieser Roman wird bis heute diskutiert. Aus dem Vorwort der deutschen Ausgabe noch ein Zitat:

Ratlos steht die achtzigjährige Bäuerin Darja vor dem Ende ihres heimatlichen Inseldorfes Matjora, das durch das Anstauen der Angara für das Bratsker Kraftwerk in den Fluten verschwinden wird. „Vor hundert Jahren", klagt sie, „haben die Menschen in Ruhe und Frieden gelebt... Eure Knochen, die schont ihr fein. Bloß daß ihr eure Seele verplempert habt... Wenn einer große Dinge tut, dann freilich ist sein Gewissen aus Eisen gegossen." Ihr Enkel versucht, ihr die Bedeutung der Maschine für das Leben des Menschen, für seine Selbstverwirklichung zu erklären. Doch die Alte läßt sich nicht beirren. Die Maschinen, meint sie, werden die Erde zuschanden machen: „Ihr seid nicht die Herren der Maschine, sondern werdet von ihr beherrscht. Ihr müßt immer schneller rennen, um sie einzuholen, und für den Menschen in euch habt ihr keine Zeit mehr. Ihr habt ihn unterwegs verloren." Rasputin entwickelt aus diesem historisch rückwärts gerichteten Blick seiner Heldin zukunftswichtige Fragen, die beim weiteren kommunistischen Aufbau zu bewältigen sind. Die Realisierung der alten Formel: Sowjetmacht plus Elektrifizierung gleich Kommunismus erfordert ein gleichzeitiges Bewahren jener menschlichen Werte und humanistischen Zielsetzungen, die das Bauernvolk in Jahrhunderten erprobt und ausgeprägt hat.

Alle Verehrer Valentin Rasputins, darunter auch ich, fahren, wenn sie den Baikal besuchen, in die Siedlung Ust-Uda an der Angara. Ust-Uda ist zwar untergegangen, doch unter diesem Namen erhebt sich hier heute dank der Bemühungen des alten Schriftstellers die schöne Bogojawlenski Holzkirche. Sie steht auf dem Kap wie ein goldener Leuchtturm für alle Reisenden und Wandernden.

Nachwort

Wir waren fünf. Dem Baikal ist es zu danken, daß wir über lange Jahre eine innige und schöne Freundschaft unterhielten. Ohne diese Freundschaft gäbe es dieses Buch nicht.

Ich beginne mit denen, die schon nicht mehr unter uns sind. Alexej (Ljoscha) wurde in den 70er Jahren wegen „Boschianertum" aus der Kunsthochschule ausgeschlossen. Auf einer Komsomolzenversammlung beschuldigte man ihn, daß er dekadente Stimmungen in der sowjetischen Malerei propagiere. Und obwohl unser Freund in seinem Schlußwort versuchte, alle zu überzeugen, daß Hieronymus Bosch van Aeken keine blasse Ahnung von Dekadenz hatte, da er im 16. Jahrhundert lebte, half es nicht. Er mußte die Hochschule verlassen, arbeitete dann in einem Irkutsker Betrieb und malte Plakate.

Der zweite war Wladimir (Wolodja), Ingenieur aus Irkutsk und ein begeisterter Filmfreund. Sein Lieblingsfilm war „Der stille Don". Es gab eine Sequenz, wo ihm, wie er selber gestand, auch beim 52sten Mal die Tränen kamen. Im Leben war er kühn und entschlossen. Gar nicht sentimental. Wir schlossen Bekanntschaft mit ihm, als wir in Irkutsk einen alten Moskwitsch mit Fahrer mieteten, um den Baikal zu besuchen. Schnell verstanden wir, daß mit unserem Fahrer irgendetwas nicht stimmte. Er hetzte mit seinem klapprigen Auto mit rasanter Geschwindigkeit durch die Berge. Wir fragten ihn: „Sitzt du schon lange am Steuer?" Und er antwortete: „Aber ja, zwei Monate!" Wir nahmen in Gedanken voneinander und von der herbstlichen Schönheit der baikalischen Natur Abschied. Aber der Himmel beschützte uns. Der Ingenieur mit seinem Moskwitsch war von da an unser ständiger Baikalbegleiter.

Der dritte, Alexander (Sanja), war literarischer Mitarbeiter einer Kreiszeitung. Er war älter als wir, ein wenig einsam und verliebt in den Baikal. Seine kleine Wohnung ähnelte einem Baikalmuseum. Er war unser gütiger und feinfühliger Tröster. Wir vertrauten ihm unser Herzeleid an. Seine Worte waren wie das höchste Gericht. Wie er uns riet, handelten wir oft.

Der vierte war Juri (Jura), der jüngste von uns und sehr gescheit. Er kannte die Taiga besser als alle anderen, orientierte sich bestens auf dem Baikal. Er war zudem Berufsjäger. Erstaunlicherweise konnte er alle Transportmittel ob über Land oder zu Wasser bedienen - Kraftfahrzeug, Motorschlitten, Gleitboot, Kutter, Dampfer, Traktor, Draisine, Fahrrad, Bagger, Artilleriezugmaschine, Schrapper, schneegängiges Fahrzeug und Propellerschlitten. Und er machte das geschickt und elegant!

Ich war die fünfte. Lehrerin aus der jakutischen Stadt Lensk am Mittellauf der Lena. Ich verbrachte meine Ferien entweder auf der Lena oder am Bai-

kal. Schrieb Tagebuch. Notierte in diesen Jahren alle Märchen, Sagen und Lieder über unser sibirisches Meer. Zu meiner Sammlung gehören auch Musikwerke über den Baikal - Noten, Schallplatten, Tonbandaufzeichnungen: von den Volksliedern bis zur Oper „Baikal" von Lew Knipper. Der sowjetische Komponist Lew Knipper war übrigens der leibliche Onkel des deutschen Filmstars Olga Tschechowa, die russische Wurzeln hatte.

Wir waren uns sehr nah. Wir wanderten bald zu fünft, bald zu viert, bald zu dritt, bald zu zweit. Wir waren jung und leichtsinnig. Leichtsinn halte ich für eine der Komponenten unserer Reisen. Und das war schön! Zusammen hatten wir zwei schwarz-gelbe Taucheranzüge „Sadko" aus festem Gummi, sehr unbequem: Die Hose endete in Gummischuhen und es fiel nicht leicht, die Schwimmflossen darüber zu ziehen. Ja, das war unsere Ausrüstung: zwei Anzüge „Sadko", ein Kraftfahrzeug „Moskwitsch", zwei Gewehre, ein Boot und der Lieblingsspruch von Benjamin Franklin: „Wenn wir nicht zusammenstehen, werden wir einzeln hängen."

Unser Boot - das war eine Geschichte für sich. Einmal spazierten wir zu fünft am Fluß entlang und entdeckten unter Brennesselgebüsch verborgen einen alten Kutter. Alles, was man mitnehmen konnte, hatte man mitgenommen, geblieben war nur die Schale. „Hei, aus diesem Wrack können wir unseren ‚Weißen Dampfer' machen!" sagte einer von uns, und wir anderen nickten: „Das wäre schön!"

Am nächsten Tag nahmen die Männer einen Drillbohrer mit und kehrten zu der Stelle zurück. Sie prüften den Bootskörper. Standfest war er - Fünfmillimeterstahl. Der Rost würde es erst im 22. Jahrhundert zerfressen! Wir schnitten dem Boot den „Wasserstrahlhintern" ab, da dieser Antrieb unökonomisch ist, und schleppten es mit einem Traktor in eine Scheune. Im Winter wurde unser „Wassertransportmittel" wiederhergestellt. Von einem Traktor nahmen wir den Dieselmotor; das Reduziergetriebe aus einem abgeschriebenen Kahn hatten wir einer Kollektivwirtschaft abgeschwatzt. Unser Boot entwickelte sich. Auf Deck und in der Kabine stellten wir Holzpritschen auf. Nach all unseren Mühen besaßen wir ein tolles Boot für fünf Mann! Im Sommer wanderten wir zuerst über den Fluß, später dann über den Baikal.

Halt! Sie dürfen nicht denken, daß es keine Streitigkeiten und Auseinandersetzungen gab. Doch, die gab es. Niemandem von uns kam jedoch je der Gedanke, daß wir uns auseinanderleben könnten. Drei haben die Welt schon verlassen. Ihnen würde, so möchte ich glauben, das Baikalbuch gefallen. Handelt es doch von unserer Jugend, unseren Reisen und Abenteuern. Nichts in der Welt verschwindet spurlos. Es drängt ernst und sanft durch Chaos und Nebel unseres Lebens durch.

Und zuletzt über den Baikal. Die doppelwandige Erdölpipeline Ostsibirien-Stiller Ozean sollte in unmittelbarer Nähe der Baikalküste verlegt werden. Man argumentierte, ein anderer Verlauf würde den Bau beachtlich verteuern. Darüber wurde in der Presse berichtet. Es folgten Publikationen über die

195

Gefahren dieses Vorhabens, auch und gerade, weil Vorbaikalien ein erdbebengefährdetes Gebiet ist. Beben in einer Stärke von zehn bis zwölf auf der Richterskala gibt es auch in dem Abschnitt, durch den die Pipeline verlegt werden sollte. Die Gemüter erhitzten sich an der Frage, was wichtiger ist: der Baikal, der zwanzig Prozent der saubersten Wasservorräte der Welt führt, oder das Erdöl? Obwohl Präsident Wladimir Putin am 26. April 2006 eingriff und anwies, die Ölleitung um vierzig Kilometer zu verlegen, hat das Problem keineswegs an Aktualität verloren.

Der Lebenszyklus des Baikalwassers beträgt etwa 400 Jahre: So lange dauert der vollständige Zyklus seiner Erneuerung. Das Meer wird die Folgen einer Umweltkatastrophe jahrhundertelang spüren! Und was passiert mit Flora und Fauna in der Region? Wenn schwere Technik und Bauarbeiter mit Wohncontainern, Kantinen und Bedienungspersonal kommen, braucht es nur eine

Saison, alles Leben zu verdrängen. Die Pipeline soll durch Nationalparks und Naturschutzgebiete verlaufen. Irreversible Schäden an der Baikalnatur könnten die Folgen sein.

Im Jahre 2000 wurde eine Reihe Forschungsergebnisse veröffentlicht: Erstmals hatte man in den Körpern von Robben Spuren von Dioxin gefunden. Die Wissenschaftler stellten im Jahre 2004 chlororganische Verbindungen hoher Konzentration im Gewebe der im Baikalbecken lebenden Vögel fest. „Hauptlieferant" aller Industrieabwässer ist nach wie vor das Zellulose- und Papierkombinat in Baikalsk. Dokumente, Tatsachenberichte, wissenschaftliche Untersuchungen der Baikalumwelt, Angaben über den Verschmutzungsgrad hat der Umweltschützer Anatoli Jurkow in seinem Buch „Baikalisches Gebet" zusammengetragen. Es ist ein offenes und ehrliches Buch über Beamtenwillkür und Kurzsichtigkeit.

Valentin Rasputin schrieb: „Bevor der Ewenke am Baikalufer eine Birke fällte, beschwor er sie lange und bat sie um Verzeihung, daß er gezwungen sei, sie aus Not zu töten. Können wir wie vor zwei- bis dreihundert Jahren die gegen unser Väterchen Baikal erhobene gleichgültige Hand aufhalten? Können wir dem Baikal das von der Natur geschenkte zurückerstatten? Für das Gute mit dem Guten, für die Wohltat mit der Wohltat - nach dem bekannten Kreislauf des sittlichen Seins... Der Baikal besteht als Gipfel und Geheimnis der Natur, nicht für die Bedürfnisse der Industrie, sondern dafür, daß wir sein Wasser, seinen wichtigsten Reichtum, genießen, seine majestätische Schönheit bewundern und seine reine Luft atmen können."

Seit beinahe zehn Jahren wird im Irkutsker Gebiet am vierten Sonntag im August offiziell der „Tag des Baikal" gefeiert. Früher begingen wir diesen wie auch den „Tag des Bären" inoffiziell. Der Baikaltag ist heute ein offizieller Feiertag. Und immer mehr Menschen kommen an diesem Tag nach Listwjanka. Alexander Wampilow schaut vom Denkmal auf das teure Hotel. Und sein Lächeln verliert seine Strahlkraft und verblaßt zur Ironie...

Was aber Freude macht und Hoffnung gibt, ist, daß Hunderte Menschen kommen. Der Baikal liegt offen vor uns, weit, freut sich über den unendlichen und hohen Himmel. Das Herz antwortet unwillkürlich. Überall klingen die Worte: „Wir gratulieren Dir, Väterchen Baikal! Soll Dein Wasser immer sauber sein!" Es ist gut und schön, daß wir den Baikal haben!

Lexikon der burjatischen Schamanentermini:

Aicha - der heilige Schamanenhain, hier werden die Schamanenrituale vollzogen, es ist der Bestattungsort der Schamanen. Frauen haben keinen Zugang. Auch dürfen hier nicht irgendwelche Arbeiten verrichtet oder Holz gefällt werden.

Arschan - Heilquelle. An jeder Heilquelle gibt es einen Platz für Opfergaben. In der Regel werden eine Bitte und eine Dankbezeugung in ritueller Form - man opfert ein wenig Wein für die Geister und bindet bunte Bändchen an einen Strauch oder Baum - dargebracht. Bei der Ankunft äußert man die Bitte, geheilt zu werden, beim Verlassen des Ortes bedankt man sich.

Barissa - sakraler Platz, an dem den Göttern geopfert wird, hier steht gewöhnlich ein Serge aus Holz oder Stein.

Burchan - ostmongolisch, weit verbreitet in den zentralasiatischen Turksprachen, bedeutet „Gott" oder „Buddha".

Buudal - Himmelsstein, Meteorit. Wie erzählt wird, fiel er vom Himmel, kommt von den Ahnen und besitzt magische Kraft; wird bei einigen schamanischen Ritualen verwendet.

Chaaten - die höchsten Geister nach den Tengriern. Man hält sie für die Söhne und Enkelkinder der Tengrier, sie begünstigen das Gewerbe.

Chadak - breite Atlasschärpe, die bei den zentralasiatischen Völkern traditionell dem Ehrengeist oder dem Eschin und den Geistern der Ahnen als Symbol der Ach-

tung und der guten Vorsätze geschenkt wird.

Churde - ein runder oder achtseitiger Gebetszylinder, rot gefärbt, auf einer Metallachse senkrecht stehend. An der unteren Achsenseite findet sich der Griff, um den Churde in Gang zu setzen. Auf dem äußeren Teil des Zylinders werden Gebetstexte für diejenigen aufgeschrieben, die die Gebete nicht auswendig sprechen können. Die Buddhisten glauben, daß jede Drehung des Churde dem Vorlesen aller Gebete gleichkommt, die darauf geschrieben sind.

Duchaalga - Benetzen, Besprengen mit Milch, frischem Tee oder Alkohol. Die Sitte, mit Wein beziehungsweise Wodka die glühenden Kohlen im Feuer, die Erde, den Tisch oder die Luft zu benetzen, ist mit der Opfergabe an die Geister verbunden. Mit Zeige- oder Mittelfinger tippt man in die Flasche und schüttelt die Tropfen ab; man benetzt den Ort einmal aus der offenen Flasche.

Durdalaga - Schamanengebet, Hinwendung an die Geister. Das Schamanengebet muß auswendig rezitiert werden. Einem einfachen Menschen ist es kategorisch verboten, ein Gebet außerhalb des rituellen Rahmens zu sprechen, sonst wird er von den Göttern oder Geistern bestraft.

Eschine - Gebieter, Geister der verehrten Kräfte und Naturerscheinungen, Herrscher der Gegend, Berge, Täler, Bergkämme, Felsen, Flüsse und Seen. Sie sind auch Geister des Feuers, der Krankheiten und des Gewerbes. Der Begriff wird am häufigsten als Bezeichnung des Gebieters des Ortes erwähnt.

Nojone - Himmelsherrscher, Söhne (Chaten) der göttlichen Tengrier, die vom Himmel heruntergestiegen sind, um die Geschicke der Menschen zu lenken. Sie gelten als die höchsten Geister nach den Tengriern. Die Namen der dreizehn nördlichen Herrscher sind nicht in allen Quellen gleich, aber einige der Namen wiederholen sich. Der Herrscher der Insel Olchon heißt zum Beispiel in burjatischer Sprache Chan-Chute-baabai (Chan-Gchoto-baabai), der Sohn des Oberhaupts der 55 westlichen Himmelsbewohner.

Obo - alte Heiligenstätte, Aufenthaltsort der Geister, die Herrscher des Ortes sind, ein Platz, an dem man die Geister anbetet. Am häufigsten in Form eines pyramidenförmigen Steinhaufens; es kann auch ein Zelt aus Geäst sein.

Ongone - Darstellung der Geister der Ahnen, Totems des Stammes und der Sippe. Sie wurden aus Holz, Metall, Ton und Filz in Form menschlicher Figuren oder in Gestalt von Tieren gefertigt. Auch die Darstellung auf Stoff ist bekannt. Ongone fertigte man, damit die Geister sie belebten. Von Zeit zu Zeit wurden die Geister neu beschenkt, damit sie der Familie Hilfe erweisen und dem Gewerbe und der Jagd Erfolg bringen. Jede Familie hat unterschiedliche Ongone für verschiedene Geister. Ongone waren schon in alter Zeit bekannt. Nach Berichten von Marco Polo kannten die mongolischsprachigen Völker bereits im 13. Jahrhundert Ongone.

Ongo oruula - bedeutet, „sich von Ongo beherrschen zu lassen". Ongo ist der Zustand der Trance. Diese wird begleitet von Tänzen, zusammenhanglosem Murmeln (Kamlanije) und der Beschwörung der Geister.

Orgoi - Schamanenmantel.

Saarin - der höchste geistliche Grad des Schamanen, wird nach der neunten Stufe verliehen.

Sajaane - Geister: Beschützer des Stammes, der Sippe, Geister der Schamanen und Nojonen, die heldenhaft gestorben sind, zu ihren Lebzeiten Heldentaten oder Wunder vollbracht haben und im Gedächtnis des Volkes geblieben sind.

Salaa - bunte Stoffstreifen, Bänder, auch schmückende Elemente an den Attributen des Schamanen. Salaa werden an die Zweige eines heiligen Baumes oder eines Buschwerks gebunden. Indem der Mensch den Stoffstreifen oder das Band an den Aufenthaltsort des örtlichen Geistes bindet, wendet er sich an ihn mit einer Bitte oder einem Wunsch. Auf den Stoff schreibt man manchmal Gebete oder mystische Sprüche. Es heißt: Wenn der Wind das Band flattern läßt, wird das Gebet desjenigen, der es angebunden hat, gen Himmel geschickt, auch wenn dieser zu der Zeit an einem anderem Ort weilt. Pilger banden in früheren Zeiten bunte Stoffstreifen oder Bänder an bestimmten Stellen in der Nähe von Klöstern an, damit die Zauberkraft das Böse von den Klostermauern fernhält.

Sassali - Benetzung, Besprengung mit Milchprodukten oder Wodka, eine Form der Opferdarbringung.

Schodoo - Fichtenrinde, die der Schamane als Weihrauch und zur Reinigung während des Opferritus verwendet. Sie wird von einem lebenden Baum von der Seite geschält, auf die die Sonne bei Sonnenaufgang fällt.

Serge - Sippenpfahl. Die Aufstellung des Serge hatte symbolische Bedeutung: dieser Platz hat einen Besitzer. Ein Serge wird zweimal im Leben des Menschen errichtet - anläßlich der Hochzeit und anläßlich des Todes. Früher stand der Serge an jedem Tschum (Nomadenzelt). Man sagte: „Solange der Serge steht, lebt die Familie." Man durfte den Serge nicht zerstören, er sollte von sich aus verkommen. Der Serge symbolisierte den Baum des Lebens, den Weltenbaum, der die drei Welten vereinigt. Auf dem Pfahl gab es drei Rillen. Die obere war für die Pferde der Himmelsbewohner bestimmt, die mittlere für die Pferde der Menschen, die untere für die Pferde der Herrscher der Unterwelt. Serge sind an heiligen Orten, in der Nähe von Straßen und an Nomadenzelten aufgestellt.

Surag - Zeichnungen auf Felsen, aber auch Zeichnungen der Ongonen auf Stoffetzen.

Tailagan - Gottesdienste, es gibt sie in zwei Formen: gemeinschaftliche Gottesdienste (für das Dorf) oder Gottesdienste für die Sippe. Gottesdienste werden an heiligen Stätten abgehalten, um die Geister um eine gute Ernte, die Vermehrung des Viehbestandes, die Vertreibung von Unglück und Unheil zu bitten.

Tarassun - Milchgetränk mit einem Alkoholgehalt von fünfzehn bis zwanzig Prozent. Es wird aus Sauermilch und Hefe zubereitet. Das Getränk hat einen intensiven Geruch.

Tengrier - die höchsten Götter, die im Himmel wohnen. Der Schöpfer (Chuche-Munche-Tenger) oder der Ewige Blaue Himmel (Chuche-Munche-Tengri) ist die geistige Quelle, ist die Realität ohne Anfang und Ende. Der Ewige Blaue Himmel galt als männlicher Ursprung, der das Leben spendet und die Menschheit behütet. Tengrier symbolisierten verschiedene Naturerscheinungen. Nach den uralten Vorstellungen der Schamanen wohnen im Himmel 55 westliche - gute - Tengrier und 44 östliche - böse - Tengrier.

Toibor - der schamanische Trommelstock aus Holz für die Schellentrommel.

Utcha - schamanische Herkunft, schamanischer Stammbaum.

Zam - ritueller Tanz in Kostümen und Masken der schrecklichen Geister. Traditionell wird der Tanz am Ende des letzten Monats des Jahres ausgeführt. Er symbolisiert die Vertreibung der bösen Kräfte des ausklingenden Jahres.

Informationen für die Reise

Einreiseformalität: Für die Einreise nach Rußland braucht man ein Visum, das bei den Konsulaten der Botschaft der Russischen Föderation oder über ein Reisebüro beziehungsweise einen Visadienst beantragt werden kann. Die Visagebühr für ein Touristenvisum (Aufenthalt bis zu dreißig Tagen, zehn Tage Bearbeitungszeit) kostet 35 Euro, für ein Expreßvisum (Aufenthalt bis zu dreißig Tagen, drei Tage Bearbeitungszeit) sind 70 Euro zu zahlen. Reisebüros und Visadienste schlagen eine Bearbeitungsgebühr für die Visabeschaffung auf. Einzureichen sind der ausgefüllte Visaantrag, der Reisepaß, zwei Fotos (mit biometrischen Angaben), eine Einladung beziehungsweise ein Hotelvoucher und der Nachweis über eine Auslandskrankenversicherung.

Vor der Reise: Überprüfen lassen sollte man den Impfschutz gegen Tetanus, Diphterie, Polio und Hepatitis A. Aufgrund der vielen Zecken wird bei langen Taigawanderungen dringend zu einer Impfung gegen Frühsommer-Meningoenzephalitis geraten.

Kleidung: Ins Gepäck gehören auch im Sommer Pullover, Regenschutz, Anorak mit Kapuze, festes Schuhwerk. Die größte Gefahr stellen Zecken dar. Sie kommen vor allem in der Taiga vor. Helle, einfarbige und glatte, strukturlose Stoffe sind zu bevorzugen. Kleidung in Rot- und Orangetönen ist zu vermeiden, da der Rücken des Zeckenweibchens von ziegelsteinroter Farbe ist. Im Winter gehören Skiunterwäsche, Thermojacken und -hosen in den Rucksack oder Koffer sowie schnee- und eistaugliches Schuhwerk. Vor allem im Winter braucht man eine Sonnenschutzlotion mit hohem Lichtschutzfaktor und Gesichtscreme sowie eine Sonnenbrille.

Anreise: Mit dem Flugzeug von Deutschland über Moskau, Sankt-Petersburg oder Nowosibirsk nach Irkutsk oder Ulan-Ude. Anbieter sind unter anderem Aeroflot (www.aeroflot.ru), Rossiya (ehemals Pulkowo, www.rossiya.ru) Transaero (www.transaero.ru), S7 (ehemals Sibir, www.S7.ru) und Krasnojarsk Airlines (www.krasair.ru). Will man sich dem Baikal langsam nähern, bietet es sich an, bis Moskau zu fliegen (etwa mit Germanwings: www.germanwings.com oder Airberlin: www.airberlin.com) und weiter mit der Transsib (Fahrplan der Russischen Eisenbahnen unter www.poezda.ru, auch abfragbar unter www.bahn.de) zu reisen. Für die 5 113 Kilometer von Moskau nach Irkutsk braucht man 3,5 Tage. Verbindungen gibt es auch nach Ulan-Ude und Sewerobaikalsk. Mit dem Auto: Allgemein wird die Strecke über Finnland empfohlen. Reist man über Belarus, muß man sich ein Transitvisum besorgen. Mitzuführen ist der internationale Führerschein und der Fahrzeugschein. Man braucht eine Versicherungskarte für Rußland. Die Zolldeklaration und das Zolldokument (Berechtigung, das eingeführte Auto in Rußland zu fahren, beides erhält man bei der Einreise nach Rußland) müssen immer mitgeführt werden.

Geographie: Der Baikal befindet sich in Ostsibirien im asiatischen Teil der Russischen Föderation. Er liegt inmitten von Bergen auf der Grenze zwischen dem Gebiet Irkutsk am westlichen und nördlichen Ufer und der Republik Burjatien am östlichen und südlichen Ufer. Zu den Gebirgen, die den See umrahmen, zählen das Baikalgebirge am Nordwestufer, das Stanowoihochland im Nordosten, das Bargusin und das Burgassy Gebirge am östlichen Ufer, das Chamar Daban- und das Ostsajangebirge im Süden und Südwesten.

Klima: Die Baikalregion weist ein ganz eigenes Klima auf. Aufgrund der riesigen Wassermasse des Binnengewässers sind die Temperaturunterschiede zwischen Winter und Sommer, die in Sibirien bis zu 100 Grad Celsius betragen können, gleichsam „geglättet". Im Sommer liegen die Temperaturen am Baikal rund fünf bis zehn Grad Celsius unter denen in Irkutsk, im Winter aber fünf bis zehn Grad Celsius darüber. Die Baikalregion ist eine Sonnenregion. Man zählt am Kleinen Meer (Westküste) 2 500 Sonnenstunden, das sind etwa so viele wie in den Kurorten am Schwarzen Meer. Am Ostufer hingegen sind es nur rund 1 800 Sonnenstunden. Oktober und November sind niederschlagsreiche Monate. Während das

Westufer zwischen Listwjanka und Insel Olchon mit 200 Millimeter Niederschlag als trocken gilt, gehen in der Gegend von Baikalsk am südlichen Ostufer bis zu 1 300 Millimeter Niederschlag im Jahr runter. Die Sommer sind allgemein trocken.

Bevölkerung: Die Mehrheit der Bevölkerung sowohl des Gebiets Irkutsk als auch der Republik Burjatien stellen die Russen. Die zweitgrößte Bevölkerungsgruppe sind in beiden Föderationssubjekten die Burjaten. In der Baikalregion siedeln zudem Ukrainer, Belarussen, Tataren, Ewenken, Tofalaren, Jakuten und Vertreter anderer Völker.

Sprache: Staatssprache ist Russisch. In der Republik Burjatien gilt das Burjatische neben dem Russischen als Amtssprache. Die burjatische Sprache (burjatisch: Buriad Chele) wird der Sprachgruppe der Altaisprachen zugeordnet, darunter werden die Turksprachen, die mandschu-tungusischen Sprachen und die mongolischen Sprachen zusammengefaßt. Burjatisch zählt zur Gruppe der ostmongolischen Sprachen. Als Individualtourist kommt man ohne Russischkenntnisse in der Baikalregion in der Regel nicht weit.

Geld: Die russische Währung ist der Rubel, er ist das einzige Zahlungsmittel im Land. Im Umlauf sind Banknoten im Wert von 10, 50, 100, 200, 500, 1 000, 2 000 und 5 000 Rubel. Der Umtauschkurs von Rubel zu Euro betrug im Februar 2009 46 Rubel für einen Euro. Geld kann in Banken, Wechselstuben und Hotels getauscht

werden. Es empfiehlt sich die Kurse zu vergleichen. Achten Sie darauf, daß Sie für den täglichen Bedarf genügend Bargeld bei sich haben. Kreditkarten werden nur in wenigen Hotels in den großen Städten akzeptiert.

Sicherheit: Natürlich gilt es in der Baikalregion, die üblichen Sicherheitsvorkehrungen zu beachten. Man sollte Geld nur in den offiziellen Wechselstuben tauschen, Geld, Paß, Tickets und Kreditkarten stets getrennt aufbewahren, Geld, Wertsachen und Dokumente nicht im Hotelzimmer oder im Auto lassen, auf Gepäck und Handtaschen achten. Insgesamt sind es Sicherheitsvorkehrungen, wie sie weltweit zu beachten sind.

Reisen am Baikal: Busse verkehren regelmäßig von Irkutsk unter anderem nach Listwjanka, nach Arschan, nach Chuschir auf der Insel Olchon, nach Ulan-Ude sowie in viele andere Ortschaften. Die Busfahrkarten sollte man insbesondere im Sommer frühzeitig besorgen. (Tel. des Busbahnhofs in Irkutsk: 272411, Dispatcher: 279115). Als Alternative zu den Linienbussen bieten sich die „Marschroutkas" an, die in der Regel losfahren, wenn alle Plätze besetzt sind. Eine „Elektritschka" verkehrt zwischen Irkutsk und Sljudjanka. Sewerobaikalsk liegt an der BAM. (Auskunft des Bahnhofs in Irkutsk, Tel.: 431717, 632287). Eintägige Ausflüge zur Krugobaikalka werden von den Ostsibirischen Eisenbahnen angeboten (Tel. in Irkutsk:

645990, 643990, e-mail: prig_@list.ru). Mit dem Schiff (Tragflügelboote, Dieselmotorschiffe) kann man den ganzen Baikal bereisen über Listwjanka und Olchon bis hinauf nach Nischneangarsk (Auskunft Raketa-Bahnhof, Tel.: 358860, Auskunft Flußbahnhof, Tel.: 297570). Um zu abgelegenen Uferstellen zu kommen, kann man mit Fischern oder privaten Bootsbesitzern verhandeln. Der Schiffsverkehr auf dem Baikal ist nur in der eisfreien Zeit (Juni bis Oktober) möglich. Natürlich kann man Autos mit und ohne Fahrer mieten oder mit einem privaten Autobesitzer einen Preis vereinbaren. Im Winter gibt es einen regulären Straßenverkehr über den Baikal. Man sollte vermeiden, die ausgewiesenen „Straßen", „Simnik" genannt, zu verlassen.

Reisezeit: Als Hauptreisezeit gelten die Monate Juni bis August. Kenner aber wissen, daß gerade im Februar und März eine herrliche Zeit am Baikal ist. Die Vorzüge des Winters: reine, kalte und klare Luft, unendliche verschneite Weiten, viele Sonnentage, Gelegenheit zum Skilaufen und zum Baden in den heißen Thermalquellen. Aber eigentlich bietet jede Jahreszeit etwas Besonderes - selbst die regenreichen Monate Oktober und November.

Unterkunft: Die Baikalregion gewinnt für Reisende aus aller Welt an Attraktivität. Die touristische Infrastruktur entwickelt sich. Zur Verfügung stehen in den Städten natürlich Hotels und Pensionen, mittlerweile etwa in Irkutsk und Ulan-Ude auch Hostels (anzumerken ist, daß diese nicht unbedingt billiger sein müssen als einfache Hotels). Am Baikal hat man die Wahl zwischen Tourbasen, Sanatorien, einigen wenigen Hotels, Ferienhäusern, Hostels, Campingplätzen, Jurtencamps und natürlich Privatunterkünften: wohl kein Dorf, in dem nicht Zimmer vermietet werden. Die Fischerhütten am Baikal sind in der Regel nicht verschlossen, und ist der Fischer nicht da, kann man sie benutzen. Sie bieten einfachste Bedingungen.

Naturschutzgebiete: Kaum eine andere Region der Welt weist auf so „engem" Raum so viele Schutzgebiete unterschiedlicher Art auf. Die Baikalregion zählt seit 1996 zum Unesco-Weltnaturerbe. Die Schutzgebiete werden unterteilt in Reservate, Biosphärenreservate, Nationalparks und Naturschutzgebiete. Für den Besuch muß man eine schriftliche Erlaubnis einholen. Es gilt, bestimmte Regeln zu beachten, über die man sich in den Verwaltungen zuvor informieren muß. Das **Bargusinski Naturreservat** (Nischneangarsk, Uliza Koslowa 61, Tel.: 51498, 51992, e-mail: bargnr@burnet.ru, Zweigstellen gibt es auch in Ust-Bargusin und Dawscha) wurde 1916 gegründet und ist damit das älteste Schutzgebiet Rußlands. Es befindet sich an der nordöstlichen Küste des Baikal im zentralen Teil der westlichen Abhänge des Bargusiner Bergrückens und ist 374 400 Hektar groß. Mehr als die Hälfte des Schutzgebiets nehmen die Golzy – unbewaldete Gipfel (1 500 bis

2 400 Meter über dem Meeresspiegel) - ein. Ein Drittel ist mit Taigawäldern bedeckt. Man zählt 874 Pflanzenarten. Die Fauna weist 41 Säugetierarten, 274 Vogelarten, sechs Reptilienarten, drei Amphibienarten, rund fünfzig Fischarten und 1 200 Insektenarten auf. In den Tälern der Jesowka, Bolschaja, Talamuscha und Dawscha finden sich Thermalquellen mit einer Wassertemperatur bis zu 70 Grad Celsius. Für Touristen sind nur zwei Routen erlaubt. Der **Pribaikalski Nationalpark** (Irkutsk, Stadtteil Jubileiny 83A, Tel.: 385487, Fax: 385486, e-mail: pribpark @angara.ru, www.pripark.narod.ru) am Westufer des Baikal wurde 1986 ausgewiesen und ist 417 297 Hektar groß. Siebzig Prozent des Territoriums sind Wälder. Die Flora ist mit 1 244 Arten vertreten, darunter 250 Flechten- und 200 Moosarten. 31 Pflanzen sind im Roten Buch Rußlands und 110 im Roten Buch des Gebiets Irkutsk aufgeführt. Die Tierwelt ist vielfältig. Man zählt 64 Säugetierarten, darunter sechs Huftierarten, und ungefähr 340 Vogelarten. Auf den Felsen des Kleinen Meeres finden sich die größten Kolonien der Silbermöwe sowie riesige Nistplätze verschiedener Entenarten. Erfaßt sind sieben Arten Adler und Seeadler. In der Region der Krugobaikalka findet sich ein Sammelplatz für Zugvögel. Der **Transbaikalische Nationalpark** (Ust-Bargusin, Bolnitschny per. 11, Tel.: 91575, e-mail: zabaikal@bur net.ru) wurde 1986 ausgewiesen. Er umfaßt den Tschiwyrkuiski Golf, die Halbinsel Swjatoi Nos und die Uschkani-Inseln. Der Park liegt im mittleren Teil der Ostküste des Baikal. Er

ist 216 170 Hektar groß, davon sind 158 600 Hektar Wälder und 77 000 Hektar Sümpfe. Über vierzig Prozent sind besonders geschützte Gebiete, grundsätzlich verboten ist der Besuch von großen Teilen der Südspitze und der Nordspitze von Swjatoi Nos. Durch den Park verlaufen fünf touristische Routen. Zu den malerischsten Plätzen zählen die Ongokonski-Bucht im Tschiwyrkuiski Golf und der Arangutai-See. Beliebt sind die Mineralquellen Netschajewski, Smeiny und Kulinyje Bolota. Im Nationalpark zählt man 299 Säugetierarten, drei Reptilienarten und drei Amphibienarten. Es gibt 241 Vogelarten, darunter den Falken Sapsan, den schwarzen Kranich, den Königsadler, den schwarzen Storch sowie den Langschwanzseeadler und den Weißschwanzseeadler. Der **Nationalpark „Tunkinski"** (Kyren, Uliza Lenina 132, Tel.: 91793, 91301, e-mail: Tn park@burnet.ru) wurde am 27. Mai 1991 gegründet. Er erstreckt sich im Tunkinski-Tal sowie im Ostsajan- und Chamar-Daban-Gebirge. Durch das Tal fließt vom Süden nach Norden der Strom Irkut, der linke Nebenfluß der Angara. Die Fläche beträgt 1 183 662 Hektar (150 836 Hektar werden landwirtschaftlich genutzt). Im Park wachsen mehr als zehn seltene und vom Aussterben bedrohte Pflanzenarten, hier leben vierzig Säugetier- und 62 Vogelarten, die im Roten Buch aufgelistet sind. Das Tunkinski-Tal ist durch seine Mineralquellen bekannt. Zu den bekanntesten gehören die Quellen Arschan, Nilowa Pustyn und

Schemtschug. Beliebt sind die kohlensauren Radonquellen von Schumak und die eisenhaltigen Quellen von Chongor-Uuly. Das **Baikal-Lena-Reservat** (Irkutsk, Uliza Baikalskaja 291, Tel.: 351562, 351350, e-mail: zapoved@irk.ru) wurde 1986 ausgewiesen und liegt am nordwestlichen Ufer des Baikal im Rayon Katschug und Olchon des Gebiets Irkutsk. Nach seiner Größe liegt es auf Platz 14 in Rußland. Das Reservat zieht sich vom Süden zum Norden entlang dem Westufer des Baikal ungefähr 120 Kilometer und ist durchschnittlich 65 Kilometer breit. Zum Schutzgebiet gehören das Baikalufer vom Fluß Chereima bis zum Kap Jelochin, Teile des Baikalbergrückens und der Oberlauf der Lena mit ihren Nebenflüssen. Am Kap Jelochin verläuft die Grenze zwischen dem Gebiet Irkutsk und der Republik Burjatien. Große Teile des Schutzgebietes sind mit Taigawäldern bedeckt. Am Baikalufer sind Fragmente alter Reliktsteppen erhalten. Die Flora hoher Pflanzenarten des Schutzgebietes zählt 920 Arten, von denen 36 Arten Endemiker für Sibirien sind, zehn von ihnen sind im Roten Buch Rußlands aufgeführt. Breit vertreten sind Moose (230 Arten), Flechten (248 Arten) und Pilze (100 Arten). Im Schutzgebiet haben fünfzig Säugetierarten und etwa 240 Vogelarten ihr Zuhause. Es gibt viele Bären. Man trifft auf seltene Vögel, darunter Weißschwanzseeadler, schwarzer Storch, krummnäsiger Turpan, Ogari und Graukranich. Das **Baikalische Biosphärenreservat** (Tanchoi, Uliza Krasnogwardeiskaja, Tel.: 93720. e-mail: bainr@burnet.ru) befindet sich am südlichen Ostufer des Baikal und erstreckt sich auf 165 700 Hektar im Chamar-Daban. Die Grenzen des 1969 entstandenen Schutzgebietes verlaufen durch die Flüsse Mischicha und Wydrinnaja. Das wissenschaftliche Profil des Schutzgebietes besteht im Studium des Bergtaigakomplexes des Chamar-Daban am Baikalufer. Die Flora ist mit 840 Arten vertreten. Die Verwaltung in Tanchoi ist auch zuständig für das 11 200 Hektar große geschlossene Kabanski Schutzgebiet im Selenga-Delta.

Verhalten in der Natur: Losgelöst von den strengen Bestimmungen in den Naturschutzgebieten und Reservaten sollten in der Natur bestimmte Regeln selbstverständlich eingehalten werden. Zelte sollten in größerer Entfernung vom Wasser aufschlagen werden. Wo immer möglich, sollte man Plätze nutzen, an denen bereits zuvor Zelte gestanden haben, um so wenig Fläche wie möglich zu schädigen. Waschen und Zähneputzen nicht am offenen Gewässer, wenn man Seife benutzt, sollte man darauf achten, daß sie biologisch abbaubar ist. Als Toilette sollte ein Loch gegraben werden, das von allen benutzt wird, Fäkalien immer mit Erde bedecken, verläßt man den Zeltplatz, das Loch sorgfältig zuschütten. Wildtiere dürfen nicht gestört werden. Für das Lagerfeuer darf kein frisches Holz geschlagen werden, findet man kein Holz muß man einen Gaskocher benutzen. Das Feuer muß sorgfältig gelöscht werden,

viele Waldbrände, die riesige Waldgebiete zerstört haben, sind auf Unachtsamkeit von Besuchern zurückzuführen. Müll darf in der Natur nicht vergraben oder verbrannt werden, sondern muß mitgenommen werden.

Museen: Zeit sollte man für die Museen einplanen, in Irkutsk sind lohnenswert das Heimatkundemuseum, die beiden Häuser des Dekabristenmuseums, die Gemäldegalerie, das Mineralogische Museum, der Eisbrecher „Angara" und das Museum für Stadtgeschichte. Das Zentrum für Volkskunst und die Galerie für moderne Künste sowie der Botanische Garten und das Aquarium laden die Besucher ebenfalls ein. Unbedingt einzuplanen sind das Freilichtmuseum „Talzy" und das Ethnographische Freilichtmuseum der Republik Burjatien bei Ulan-Ude. In der burjatischen Hauptstadt sind zudem das Historische Museum, das Naturkundemuseum und das Museum der bildenden Künste lohnenswert. Zudem haben das Literaturmuseum und das Museum für Geologie Interessantes zu bieten. Renoviert wurde das Museum für Baikalkunde in Listwjanka. Von besonderem Interesse ist das Heimatkundemuseum in Ust-Ordynsk, das mit Leben, Kultur und Geschichte der Ust-Ordynsker Burjaten bekanntmacht. Nicht auslassen darf man natürlich das Museum für die Baikal-Amur-Magistrale in Sewerobaikalsk, und man sollte auch der kleinen Gemäldegalerie einen Besuch abstatten. Die Heimatkundemuseen in Chuschir auf der Insel Olchon und in Schelechow bie-

ten interessante Ausstellungen. Für Mineralienliebhaber ist das private Museum in Sljudjanka ein Muß.

Feste und Festivals: Der Winter ist eine lebhafte Zeit am Baikal: das Neujahr, die russisch-orthodoxe Weihnacht, diverse Wintersportspiele, Eisangelmeisterschaft, Messen, Festivals, Masleniza im März (Begrüßung des Frühlings) und das burjatische Fest Sagaalgaan (Abschied vom Winter und Neujahr). Auch das Osterfest wird heute wieder zelebriert. Anfang Juni wird das burjatische Nationalfest Surchrbaan gefeiert (Zeit zwischen Saat und Ernte); man erlebt Wettkämpfe in den nationalen Sportarten, Folkloreensembles und einen Reigentanz. Im Juli lädt man zu den Jordynischen Spielen ein (klappt es mit der Finanzierung sollen die nächsten im Jahre 2009 stattfinden). Im Juli wird das buddhistische Fest Majdari-Churai im Iwolginski Dazan begangen. Im Oktober wird das Erntedankfest gefeiert. Hinzu kommen diverse Musikfestivals, Theatertage und anderes mehr.

Internetseiten: www.nature.baikal.ru, eine überaus informative Seite in Russisch über die Natursehenswürdigkeiten am Baikal, Beschreibungen und Fotos von Flüssen, Kaps, Bergen, Seen, Naturschutzgebieten, Orten. Der Baikal als Weltnaturerbe ist unter **www.gran.baikal.net. whs.de** (Seite gibt es in deutscher, russischer und englischer Sprache) zu finden und bietet Vielfältiges auch zur Um-

weltproblematik. Unter **www.baikal.ir kutsk. org** findet man Informationen rund um den Baikal in englischer Sprache und unter **www.baikalinfo.ru** informiert das Irkutsker Touristeninformationsbüros über Erholungsmöglichkeiten am Baikal. **www.baikalplan.de** ist die Seite des Vereins zur Förderung eines umweltschonenden Tourismus am Baikal, unter dessen Seite **www.baikalinfo.com** Adressen, Fahrpläne, Tips und viele Informationen abzufragen sind. **www.greatbaikaltrail.ru** - dahinter verbirgt sich eine gemeinnützige Organisationen, die seit dem Jahre 2000 einen Fernwanderweg rund um den Baikal (2 000 Kilometer) anlegt. **www.bai kal-touring.de** bietet Tips für Individualreisende. Unter **www.baikal.ru** und **www.baikalsea.ru** gibt es Informationen und Fotos. Das Gebiet Irkutsk stellt sich unter **www.govirk.ru/default.aspx** im Netz vor, die Republik Burjatien ist unter **www.buryatia-online.ru** zu finden. Informationen über die burjatische Hauptstadt findet man unter **www.ulan-ude.ru.** Der Iwolginski Dazan stellt sich unter der Adresse **www.datsan.buryatia.ru** vor, und ausführliche Informationen über den Buddhismus findet man unter **www.budd hism.buryatia.ru.** Eine liebevoll gestaltete Seite zur Krugobaikalka findet sich unter **www.kbzd.irk.ru.** Allgemeine Seiten zu Rußland in deutscher Sprache sind unter anderen **www.aktuell.ru, www.de. rian.ru, www.russland.web.de** und **www. trans-sib.de.**

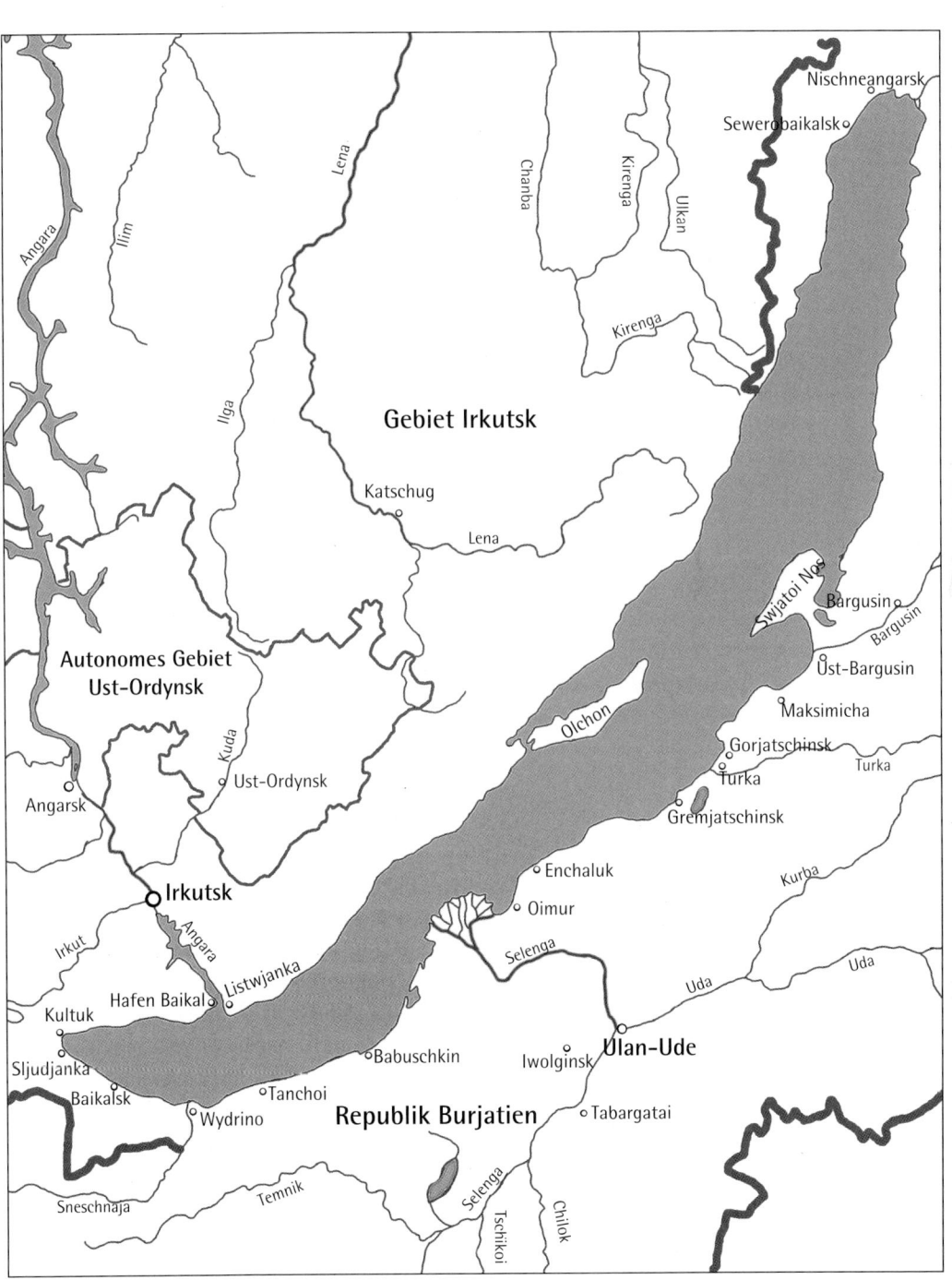